シリーズ 転換期の国際政治 23

東南アジア政治へのアプローチ
君主制・統治・社会経済

中西嘉宏
永井史男 編著
河野元子

晃洋書房

は し が き

　本書のタイトルにある「アプローチ」という言葉は，東南アジア政治に知的に接近するというイメージで名付けたものである．特定の分野について，ある程度定まった知見を整理して体系的に提示するものが入門書だとするなら，本書はその意味での入門書ではないかもしれない．東南アジア政治にまつわる，まだ答えらしい答えすらない問いについて，各著者が考えを巡らせて試行錯誤（アプローチ）する論考を集めたものである．

　そのため，本書を構成する 13 の章は，全体としてのまとまりや主張よりも，それぞれの研究上の問題意識をいかに発展させていくかを大事にしている．編者として読者に最低限の道案内をすべく 3 部構成とはしたものの，各章の主題は著者によって任意にかつ独立に選ばれた．「自分の問題意識と分析を示したうえで，それをより広い文脈に位置づけ，これからの東南アジア政治研究の課題を示すこと」を共通了解としているが，それ以上の筋のようなものはあえてつけていない．どうしてそういう内容にしたのかといえば，東南アジア政治の研究も含めて，広く地域研究のあり方が問われるタイミングが今来ていると思われるからである．これには少し説明が必要だろう．

　諸外国の研究を行うという意味での地域研究が，日本の研究機関で本格的に開始されたのは戦後のことで，米国で増えていた非西洋圏を対象とする人文・社会科学系研究の拡大に影響を受けていた．地域固有の文脈への着目は冷戦と脱植民地化という二つの国際的潮流の産物だったといえる [Cumings 1997]．その一方で，日本の地域研究には戦前から続くアジア（主に中国）での調査研究の制度と人脈が引き継がれていたことも忘れてはならない [辛島 2015]．地域研究に特化した代表的な日本の研究機関のひとつが，現在の日本貿易振興機構アジア経済研究所であるが，それよりも規模は小さいものの，西に目を移せば，本書の編者である河野と中西が現在所属している京都大学に東南アジア地域研究研究所がある．前身ともいえる研究機関が東南アジア研究センターで，そこには，永井もまたかつて助手（現在の助教に相当）として籍を置いていた．なお，本書の執筆者も多かれ少なかれ，同機関にかかわりを持った経験がある．

　1965 年に設置されて以来，長く日本における東南アジア研究のひとつの拠

点としての役割を担ってきた同機関は，米国コーネル大学の東南アジア研究プログラムの影響を受けていたが［アンダーソン 2009］，自然科学者が参加する文理融合型の研究を目指すことを特徴とした．しかし，日本軍によるアジア侵攻の記憶が残り，冷戦とはいいながらベトナムでは熱戦が展開されていたまっただなかで設置された東南アジア研究センターへの学生たちの風当たりは強かった．センターの周囲を囲む反対デモが起きることもあったという．「タイ語を学ぶのはスパイ活動のためだろうとか，水田土壌を研究するのは戦車の走行の可能性の調査だろうとか，あるいは癩病の研究は細菌戦の準備のためではないか」といった批判を受けたと，助教授（現在の准教授に相当）であった石井米雄（タイ史や上座部仏教研究が専門）は苦々しく述懐している［石井 2003：136］．

　この石井が経験した風当たりの強い時代から約 60 年が経った．今，タイ語を学んでいても「スパイ活動」のためだと怪しむ人はまずいない．先達の努力があって東南アジアについて学び，研究することは学術的にも社会的にも定着したといえる．また，そうした定着の背景としてより重要なのは，日本と東南アジアとの関係が政治，経済，社会，文化，あらゆる面で日々深まっていて，両地域の間に新しい相互理解が生まれていることだろう．日本が一方的に東南アジアの主権や文化を侵害するような状況にはない．

　新しい関係を示すわかりやすい例は経済だろう．1980 年代から日本による東南アジアへの経済進出が本格化し，いくつかの危機を経験しながらも，概して順調に拡大してきた．今や，日本の東南アジアへの投資は約 145 億ドルで，中国への投資額の 1.5 倍である（2023 年の海外直接投資額）．かつては安い労働力を求めて出ていった企業も，生産拠点としてだけでなく，人口が相対的に若くて高い成長を続ける東南アジアの市場に魅力を見出している．経済的な相互依存が基礎となって文化面でのつながりも強まる．情報インフラの拡大や Facebook や Tik Tok をはじめとするソーシャル・ネットワーク・サービスがそれを後押ししていることは言うまでもない．

　2010 年代以降に顕著になったのは「東南アジアから日本へ」という流れである．別に難しいことを考える必要はなく，普段行くコンビニを思い出してもらえばよい．店員として外国人が勤めていることは多くの地域で今や日常になっている．そして，その中には少なくない東南アジア出身者が含まれている．他にも，日本の食文化に魚は欠かせないが，高齢化で働き手の不足に悩まされている日本の漁業を実際に漁船に乗って支えているのは，インドネシア人

の若者である．統計的にいえば，日本の外国人労働者 (技能実習生を含む) 約200万人のうち東南アジア出身者が占める割合は約半数で (最も多いのはベトナム人)，日本経済は東南アジアの人たちなしにはうまくまわらない．そして，その数は確実に今後も増えていく．

これだけ大きく変わった両地域の関係は，当然のことながら，日本の東南アジア研究のあり方にも反映する．変化はいくつもあるのだが，ここでは2点を指摘しよう．

一つは，現地調査の価値が変わったことである．かつて，東南アジアに限らず，外国に調査で赴き，ときに長く滞在することはとても貴重かつお金のかかる機会だった．現地に行かないとわからないこと，読めない資料もたくさんあった．ところが今，マレーシアのクアラルンプールへ成田空港から渡航するのに必要な費用は，格安航空券なら往復で5万円程度である．新聞や雑誌，書籍から得ていた情報もインターネット経由で得られる．コミュニケーションのハードルを高くしていた現地語についても，日本での学習環境はよくなっているし，最近ではAIによる翻訳の技術が上がって，PCやスマホがあればだいたい内容はわかる．現地で直接観察することや現地語を習得することの意義が減じているとは思わないが，フィールドワークの方法やそこから得る情報の扱い方は確実に変わってきている．

もう一つの変化は，現地の研究者コミュニティの発展である．途上国が多かった東南アジアも，今や多くが中進国か先進国である．人々の教育水準も上がり，その当然の帰結として，現地の研究水準も文理問わず向上している．現地の研究者も海外で博士号を取得した人たちが担うばかりでなく，国内の研究機関で養成された優れた研究者も多くいる．そして，彼ら／彼女らは自分たちの社会について，自分たちの問題意識と自分たちの言葉で議論している．その内容は，必ずしも日本の地域研究者の問題意識と重なるわけではなく，また，トピックは多様で流行の移り変わりも早い．

こうした，変容する東南アジアと日本との関係を受けて，学術研究として東南アジア政治／政治史にどう向き合っていくのか．この問題意識が本書の根本を支えている．執筆者たちはそれぞれが長年抱えてきた問いや方法を見直しながら新たな思索を進め，今後の課題をそれぞれ提起している．そこには2名のタイ人研究者を含む (ただし，2名ともに日本で博士号を取得している)．各章のテーマはかなり焦点が絞られているので，読者には少々とっつきにくいところもあ

るかもしれないが，それは各地域が抱える文脈と課題に沿って理解することを優先したためである．日本語で書くにしても，現地で共有された問題意識を無視することはできない．その点については，ご理解いただければと思う．

本書の構成は，君主制論，統治論，社会経済論の3つの部からなっている．第Ⅰ部は君主制論である．君主といえば，タイの王様を思い浮かべる人も少なくないだろう．世界で最もお金持ちの王様ともいわれる．先代のプーミポン国王は1946年の即位以来，長きにわたって国民の支持を受け，日本の天皇制ではご法度になっている政治への介入も，ときに公然と行った．そのあとを2016年に王位を継いだワチラーロンコーン国王もまた，王党派のエリートたちの力を借りつつさまざまなかたちで民主化に抗う介入を行っているとされる．君主制とそれが引き起こす政治問題は，実のところタイだけの話ではない．マレーシアには各州のスルタン（王）が輪番で一国の王を務める独特の君主制がある．共和制であるはずのインドネシアにもいくつかの地域にスルタンがいる．この部では，4人の著者が，インドネシア，マレーシア，タイの君主制と政治との関係について，歴史と現代双方から新しい視角を提示している．

第Ⅱ部は統治論である．国家がいかに社会を統治しているのかを問うことは政治研究の一つの中心的課題だろう．地域研究は各地域の統治がどういう個性を持っているのかにこだわってきた．統治機構を公式制度として理解するだけでは物足りず，政府と社会の接点や相互作用に焦点を合わせた理解に関心を寄せる．この部は，タイとミャンマーと戦間期アジアについて，国家の統治の実態を知るための方法と限界を論じた5本の論文で構成されている．具体的な対象は，タイのボーイスカウト，ミャンマーの地方警察幹部，戦間期アジアの国際共産主義運動とその取り締まり，そしてタイの政治的恩顧主義と，同じくタイの地方政治に関するものと一見ばらばらだが，東南アジア政治がはらむ統治の個性や限界，そして謎を抽出しようとしている点が共通している．

第Ⅲ部の対象は社会経済である．冷戦後の東アジアと東南アジアを特徴づけるのはやはり経済開発だろう．アジア通貨危機（1997-1998）やリーマンショック（2008年），さらに新型コロナ禍（2020-2023）など，いくつかの困難に見舞われながらも，東南アジアは世界的に最も成長した地域の一つになった．今や世界の国内総生産（GDP）の4割超は，東アジア，東南アジア，南アジアで生み出されている．開発はなぜどのように進み，それは社会をどう変えたのか．第

Ⅲ部では4つの章が，タイの若者，タイ米，経済ナショナリズム，そして，マレーシアとタイとの天然ゴム産業の比較などを通じて，社会経済の歴史と変化について光と影の双方を論じている．

このように3部に分かれてはいるものの，第1章から順に読んでもらう必要はない．目次で関心のあるテーマを見つけて読んでもらえばよく，時代も国もテーマもさまざまな論考とそこから提示されるこれからの東南アジア政治研究の課題を知ってもらうことがより大事である．

最後に本書の来歴について簡単に記しておこう．この本は日本学術振興会による科学研究費補助金の研究成果である（基盤研究（B）課題番号：21H03703）．出版の構想を遡れば，編者の一人である永井が，長くタイを中心とする東南アジア政治研究を牽引した玉田芳史先生の定年退職に合わせて論文集を出版してはどうかと提案したことにはじまる．その後，編者の河野元子を代表者とする上記共同研究のなかで，その研究成果の公開と合わせて，玉田先生の教え子有志や先生を慕う人たちに声をかけて本を出版する企画が持ち上がる．

突然の声がけではあったが，執筆者の皆さんは快諾してくださり，晃洋書房の協力も得てこうやって書籍として刊行されるに至った．ということで，玉田先生の定年退職からずいぶん時間が経ってしまったし，本書はいわゆる定年記念本の体裁はとっていないものの，執筆者たちの玉田先生に対する恩返しの書でもあることは明記しておきたい．現地の研究者や人々の考えや思いを知ることを大切にし，事実の理解をおろそかにすることなく，面白くて意義のある問いを立て，ゼミ中に目を閉じて腕組みしながら考える（たまに寝ている？）玉田先生の研究姿勢は，我々にとって常に模範である．

玉田先生の功績については，先生がインターネット上のResearchmapを常に更新してくださっているのでそちらをご覧いただきたい（https://research-map.jp/tamada-asafas-ku）．多くの業績のなかでも編者のオススメ（その価値に比べてあまり注目されていないもの）は，日本タイ協会が発行する『タイ国情報』で「連載」されているタイ政治事情の解説である．ダウンロードして読んでもらうと，刻々と変わる複雑怪奇なタイ政治の見取り図が得られるだろう．

2024年12月

編著者　中西嘉宏・永井史男・河野元子

◆参考文献◆

＜邦文献＞

アンダーソン，ベネディクト［2009］『ヤシガラ椀の外へ』NTT 出版.

石井米雄［2003］『道は，ひらける：タイ研究の五〇年』めこん.

辛島理人［2015］『帝国日本のアジア研究：総力戦体制・経済リアリズム・民主社会主義』明石書店.

＜欧文献＞

Cumings, Bruce［1997］"Boundary Displacement : Area Studies and International Studies during and After the Cold War," *Bulletin of Concerned Asian Scholars*,29 (1), pp.6-26.

目　次

はしがき

第 I 部　君主制論

第 1 章　共和国のなかの君主制
──インドネシア・ジョグジャカルタの「スルタンによる統治」と現代の王権概念──　3

　1　ジョグジャカルタの「地方君主制」　(3)
　2　スハルト政権期 (1967–1998) のジョグジャカルタのスルタンと政治　(5)
　3　スハルト体制末期　(6)
　　　──ハメンクブウォノ 10 世の社会・政治的影響力の拡大──
　4　民主化後の「スルタンによる統治」の危機と脱却　(9)
　5　ジョグジャカルタの人々から見た「スルタンによる統治」　(13)
　6　現代の王室と王権概念を分析する新たな視角　(16)

第 2 章　試される君主制と民主主義
──マレーシア・ムヒディン政権期の非常事態宣言をめぐる国王の対応──
21

　1　君主制と民主主義をマレーシアから考える　(21)
　2　マレーシアの立憲君主制　(23)
　3　マレーシアにおける非常事態宣言　(25)
　4　ムヒディン政権の課題と政権運営　(29)
　5　ムヒディン政権期の非常事態宣言をめぐる政治過程　(31)
　6　ムヒディン政権期の非常事態宣言に見る君主制と民主主義　(35)

第3章 プリッサダーン親王（1852-1935）略伝
——絶対君主期タイにおける「立憲主義者」の肖像——　　43

1　「立憲主義者」の復権　　(43)
2　プリッサダーン親王の数奇な生涯　　(45)
3　垣間見える近代的個人の姿　　(56)

第4章 「タイ的」なものの残存か刷新か
——「不敬罪」の存在意義——　　63

1　「不敬罪」とは何か　　(63)
2　不敬罪の設立と変遷　　(64)
3　複雑で難しい不敬罪　　(69)
4　不敬罪は単なる法にあらず？　　(74)

第Ⅱ部　統　治　論

第5章 ナショナリズムの数値化の試み
——1910-20年代シャム（タイ）のボーイスカウトに注目して——　　83

1　国王に忠誠を誓う子供　　(83)
2　ルークスアの人数論　　(85)
3　タイ教育史におけるルークスア　　(87)
4　授業としてのルークスア，課外活動としてのルークスア　　(88)
5　『報告書』におけるルークスアの人数　　(89)
6　ネーションを数として把握すること　　(95)

第6章 県警察長ウー・ティンの供述
——脱植民地期ミャンマーにおける国家危機の実像——　　101

1　供述調書からみる　　(101)
2　脱植民地化直後の国家危機　　(103)

3　今そこにある危機　　（106）

4　秩序の動揺　　（111）

5　危機史からみえる国家の構造，そして現代　　（114）

第7章　ブラックボックスとしてのシャム
——戦間期アジアにおける共産主義運動とその取り締まりの観点から——
119

1　東南アジア地域の植民地抵抗運動　　（119）

2　東南アジア地域の警察史　　（122）

3　シャムにおける共産主義運動史　　（124）

4　シャムにおける共産主義運動の取り締まり　　（126）

5　ブラックボックスとしてのシャム　　（128）

第8章　タイの国家，官僚制と恩顧主義
135

1　タイ政治をどう捉えるか　　（135）

2　タイ的文脈における恩顧主義研究　　（136）

3　既存のタイ的恩顧主義研究批判　　（138）

4　タイ国における官僚制，国家そして社会　　（141）

5　近代国家と恩顧主義　　（144）

6　タイ政治の民主化は果たして可能なのか　　（147）

第9章　タイ地方政治研究の射程
——制度論と政治社会学を超えて——
153

1　カムナン・村長が内務省に押し掛ける　　（153）

2　分権化するタイ，自律性を求める地方　　（154）

3　流動する「都市」と「農村」　　（161）

4　二つの「二元論」を超えて　　（165）

第Ⅲ部　社会経済論

第10章　タイの若者たちを理解する
――期待，願望，そして失望――　175

1　政治を変える若者たち　(175)
2　調査対象のサンプリングとデータ収集方法　(176)
3　メディアの利用　(177)
4　教育・雇用・移民に関する考え方　(178)
5　タイの若者たちは，自分たちの生活やタイの政治に満足しているのだろうか？　(179)
6　タイの若者と政治　(181)
　　　――関心，参加，情報――
7　タイの若者とその政治的価値観　(184)
8　溝を埋める　(188)

第11章　幻の米「ガーデン・ライス」
――戦前期タイ米経済の発展と米の品質――　193

1　幻の米「ガーデン・ライス」　(193)
2　戦前期タイ米輸出経済発展は，従来，どのように語られて来たか？　(194)
3　ガーデン・ライスとは？　(195)
4　ガーデン・ライス研究の意義と研究上の限界　(198)
5　ガーデン・ライスの輸出が可能となった要因　(201)
6　タイ高級米の系譜　(205)
　　　――ガーデン・ライスとジャスミン・ライスの連続性と非連続性――
7　モノから考える地域研究　(207)

第12章　タイ経済ナショナリズム論の再考
　　　──タイ米穀会社の事例から──　　　213

　　1　タイ経済ナショナリズム期の官僚と華僑資本家　　(213)
　　2　タイ米穀会社（TRC）の設立　　(216)
　　3　コメ輸出枠確保への布石　　(220)
　　4　華僑資本の対応と新たな官民関係の拡大　　(224)

第13章　マレーシア，タイにおける天然ゴム産業の発展
　　　──「中所得国の罠」からの脱出をめざして──　　　231

　　1　「中所得国の罠」を再考する　　(231)
　　2　天然ゴム産業はいかに発展してきたのか　　(233)
　　3　マレーシアにおける天然ゴム産業の高度化　　(236)
　　　　──国家の成長戦略を越えて──
　　4　タイにおける天然ゴム産業の高度化──ニッチをめざして──　　(240)
　　5　天然ゴム製造業にみる新たな経済成長の可能性と課題　　(244)

人名索引　　(251)
事項索引　　(253)

第 **I** 部

君主制論

第1章

共和国のなかの君主制
──インドネシア・ジョグジャカルタの 「スルタンによる統治」と現代の王権概念──

森下 明子

1 ジョグジャカルタの「地方君主制」

東南アジアには君主制の国が4つある．カンボジア，タイ，マレーシア，ブルネイである．これまでの東南アジア研究では，特にタイにおけるプーミポン前国王の強い政治・社会的影響力が指摘されてきた［加藤1995；玉田2015など］．また近年では，マレーシアにおける国王の政治的役割にも国内外の注目が集まっている（本書第2章を参照）．他方，共和制を敷くインドネシアにも，地方レベルではあるが統治権限をもつ王がいる．ジャワの古都ジョグジャカルタのスルタンである．ジョグジャカルタのスルタンの系譜は，16世紀後半に勃興したジャワ島中部のマタラム王国に遡り，現在はスルタンを称するハメンクブウォノ家とハメンクブウォノ家から分立したパクアラム家の2つの王家が存在する．この二つの王家の当主には，2012年以降，世襲による終身州知事，副州知事の地位がそれぞれ法的に認められている．

インドネシアには今日でも各地に旧王族の子孫が存在するが，法的に地方首長の地位を付与された旧王家はジョグジャカルタのスルタンだけである．その理由は，インドネシア独立闘争期（1945-1949）における前スルタンのハメンクブウォノ9世（在位：1940-1988）の多大なる貢献にある．1950年，共和国政府は「ジョグジャカルタ特別地域設立法」（1950年法律第3号）を制定し，ジョグジャカルタ王国とパクアラム侯国からなるジョグジャカルタ特別地域（以下，便宜上ジョグジャカルタ特別州）において，スルタンが地方首長（以下，便宜上州知事），パクアラム家当主が副首長（以下，副州知事）であることを示した．さらに現在は，2012年制定の「ジョグジャカルタ特別地域の特別権限に関する法律」（2012

年法律第13号）により，スルタンの州知事終身・世襲制が認められている[3]．しかし，スルタン自身に特別な裁量権が付与されているわけではなく，スルタンの権限はあくまでも州知事としての権限に限定されている．また形式的とはいえ，スルタンは5年に一度，州議会による州知事就任・再任の決定手続きと大統領による承認を受けなければならない．しかし見方を変えれば，2012年法律第13号は共和制と民主主義にもとづく制限を設けているものの，事実上「スルタンによる統治」を認めているともいえる．すなわち，インドネシア共和国のなかでジョグジャカルタ特別州にだけは，共和制と君主制の要素が入り混じった特殊な地方制度が適用されている．

　インドネシアは1998年に民主化したが，そのなかでジョグジャカルタのスルタンは一体どのようにして終身州知事の地位を確保することができたのか．本章では現スルタンのハメンクブウォノ10世（在位：1989-現在）に注目し，ジョグジャカルタにおいてスルタンの州知事終身・世襲制という特殊な地方制度が確立した過程をみていきたい．また，ジョグジャカルタの人々の多くがスルタンの州知事終身・世襲制を支持した理由を分析し，現代のジョグジャカルタの人々がもつ君主観・権力観を考察する．

　現代の王権に関する議論は専ら君主制国家を対象とし，君主制が存続する構造的・機能的要因に関する論考が多くみられるが［君塚2018；Anderson 2007など］，本章では，少なくとも東南アジアの現代の王権概念について議論する際には，非君主制国家であっても，地方に旧王族が存続する国家や過去の君主制の名残が現在の政治制度のなかに埋め込まれている国家も分析対象になり得ることを示したい．今日の東南アジアの人々はどのような観点から王が政治権力を持つことを肯定し，どのような場合に否定するのか．国家間で比較すれば，政治制度の違いを超えた東南アジアの人々の君主観・権力観の共通性や，国・地域ごとの違いとその要因を見出すことができるだろう．

　以下では，まず権威主義的なスハルト政権時代（1967-1998）のジョグジャカルタのスルタンと政治について概観し，つぎにスハルト政権末期にハメンクブウォノ10世の社会・政治的影響力が拡大した過程をみる．また民主化後，紆余曲折の末にスルタンの州知事終身・世襲制が法制化された過程を追う．さらに，スルタンの州知事終身・世襲制を支持する人々の支持理由を分析し，ジョグジャカルタで「スルタンによる統治」が正当化される根拠を探る．最後に，本章の分析が今後のジョグジャカルタ政治，そして東南アジアの君主と政治の

関係を見る上で，どのような意義を持つのかを述べる．

2 スハルト政権期（1967-1998）のジョグジャカルタのスルタンと政治

　インドネシア独立から1988年まで，ジョグジャカルタ特別州では前スルタンのハメンクブウォノ9世が州知事を務めていた．ハメンクブウォノ9世は中央政府の閣僚でもあったが，1970年代，独裁的性格を強めるスハルト大統領によって次第に国政での影響力を削がれ，1978年に「健康上の理由」により中央政界から引退した．そして1988年10月，訪問先のアメリカで心臓麻痺のため急死した．ハメンクブウォノ9世には5人の妻との間に15人の王子と7人の王女がいたが，正妻が定められておらず，また生前に次期スルタンが正式に指名されていなかった．そこで，最年長であり称号などから次期スルタンと目されていたマンクブミ王子が，親族協議とスハルト大統領からの了承を得て，1989年3月にスルタンに即位した [Monfries 2015]．マンクブミ王子は戴冠式の儀礼を通してスルタンの伝統的権威を受け継ぎ，ハメンクブウォノ10世となった（詳細は第5節を参照）．

　ハメンクブウォノ10世は1946年に第2夫人の長男として生まれ，1968年に結婚して5人の王女をもうけた．1982年にはジョグジャカルタの名門ガジャマダ大学法学部を卒業している．スルタン即位前のマンクブミ王子はジョグジャカルタの実業家であり，地方政治家でもあった．彼は王家が所有する企業の幹部を務め，1983年にはジョグジャカルタ商工会議所の会頭に就任，また1977年から大政翼賛組織ゴルカルのジョグジャカルタ州支部長を務め，州議会議員でもあった．しかしスルタンの政治的影響力を弱めたいスハルト大統領の思惑により，1984年にはゴルカル州支部長の地位から外されそうになるなど，ジョグジャカルタにおけるマンクブミ王子の政治的影響力は限られていた [Kurniadi 2019]．

　1988年にハメンクブウォノ9世が崩御すると，スハルト大統領は副州知事のパクアラム8世を州知事に任じようと考えた．しかしパクアラム8世はスハルトに対して，州知事の地位はスルタンに付与されたものであり，自分は副州知事のまま州知事の職務を代行すると返答した．他方，スルタンに即位したハメンクブウォノ10世は，パクアラム8世が州行政を牽引する限り，州知事に

なるつもりはないとの意向を述べた[4]．以後，1998年9月にパクアラム8世が崩御するまで，ジョグジャカルタの州知事の席は空席となった．すなわち1988年から1998年までの10年間，ハメンクブウォノ10世は州知事の地位になく，前スルタンのような政治的影響力を持っていなかった．

▌3　スハルト体制末期
——ハメンクブウォノ10世の社会・政治的影響力の拡大——

　ハメンクブウォノ10世の社会・政治的影響力が高まったのは，スハルト政権末期になってからである．当時インドネシアは1997年のアジア通貨危機をきっかけに未曽有の経済危機に見舞われ，全国各地で学生を中心とする改革要求運動（レフォルマシ運動）が拡大・進展していた．デモ隊の要求は，経済・政治改革とスハルトの大統領辞任であった．ハメンクブウォノ10世はレフォルマシ運動に対して当初慎重な姿勢を見せたが，デモへの参加者が増え，デモ隊と治安部隊との衝突で死者が出始めると，レフォルマシ運動を支持する方針を打ち出すようになった．最終的にはジョグジャカルタのレフォルマシ運動の先頭に立ち，これをきっかけにジョグジャカルタでの社会的支持を獲得した．以下，その過程をみていこう．

(1)　レフォルマシ運動に対するハメンクブウォノ10世の慎重な姿勢

　アジア通貨危機をきっかけにインドネシアが経済危機に見舞われると，ジョグジャカルタでも1997年8月頃から学生による抗議行動が散発的に見られるようになった．当時，大学キャンパス内での演説やデモは許されていたが，街頭での活動は禁止されていた．それでも学生たちはキャンパス外へのデモ行進を試み，それを阻止しようとする治安部隊との衝突で多くの負傷者を出した．4月3日には，複数の大学からガジャマダ大学に集まったデモ隊が王宮に向かおうとしたが，治安部隊に阻止され，衝突の結果30名以上が負傷した[Morishita 2020]．このときハメンクブウォノ10世は，学生たちのレフォルマシ運動に対して自らの態度を表明しなかった．

　ハメンクブウォノ10世が沈黙を破ったのは1998年5月，スハルトが大統領を辞任する10日ほど前である．当時は全国各地でレフォルマシ運動が激しさを増し，デモ隊と治安部隊が衝突を繰り返していた．ジョグジャカルタでもデ

モ隊と治安部隊の衝突により，とうとう死者が出た[5]．しかし，この頃のハメンクブウォノ10世の言動はまだ慎重であった．5月11日，彼はイスラーム団体ムハマディヤ議長アミン・ライスとともに，ジョグジャカルタの学生リーダーたちと改革に関する対話を行う意向を発表した[6]．また2日後には，人々が盲目的にスルタンに従うことを恐れるため，現在の危機的状況についてコメントするつもりはないと述べた．その一方で，彼は行動を起こす意思があるとも述べたが，その詳細は述べず，ただ，スルタンとして求められる役割を果たすと人々に約束した [Woodward 2010]．

(2) 人民の側に立ったスルタン

ハメンクブウォノ10世がレフォルマシ運動への支持を正式に表明したのは5月20日，スハルト大統領が辞任を表明する前日である．しかしその一週間ほど前から，スルタンの意向は間接的にジョグジャカルタの人々に伝わっていた．まず5月13日の王宮発表において，5月15日の金曜日に王宮北広場の西側に位置する大モスク (Masjid Gedhe Kauman) で夜の特別礼拝が行われることが告知された．特別礼拝は王宮とムハマディヤ青年組織が後援し，目的は国家指導者の交代を神に求めることであると説明された．そして5月15日，ジョグジャカルタの主要日刊紙クダウラタン・ラヤットは，スルタンが秩序の維持とレフォルマシ運動を支持するために必要であれば街頭に出ると約束したと報じた．その夜の特別礼拝では，王弟ジョヨクスモが演説し，暴力と破壊が伴わない限り，彼とスルタンは学生と人民 (rakyat) による改革闘争を支持すると約束した．また，平和的手段を用いるよう呼びかけた．大モスクに集まった聴衆はジョヨクスモの演説に大きな拍手を送った [Woodward 2010]．

翌5月16日，ハメンクブウォノ10世はついに群衆の前に姿を現した．この日，ジョグジャカルタでは朝から数千人規模の群衆が大通りの一角に集まり，スルタンに拝謁するため王宮への約2.5kmの道のりを行進しようとしていた．参加者は大学生や高校生，市民団体，周辺の住民たちであった．治安部隊はすぐに群衆の行く手を遮り，スルタンは王宮に不在であると説明した．しかし群衆はスルタンへの拝謁をあきらめず，スルタンが到着するまで大通りに居座ると決定した．午後0時半になり，ハメンクブウォノ10世が群衆の前に現れ，約30分間の演説を行った．演説のなかでハメンクブウォノ10世は，人々が破壊行為を行わないよう戒めつつ，「闘争を続けてください．私は常にあな

たがた兄弟と共にいると約束します」と述べた．これに対して群衆は「スルタン万歳！スルタン万歳！（Hidup Sultan!）」と歓声を上げた．この日，ハメンクブウォノ10世は他にも町の2ヶ所で街頭に立ち，群衆に対してスルタンが体制側ではなく人民の側にあること，そして暴力行為に反対であることを繰り返し述べた．ジョグジャカルタ警察の副署長は，スルタンが群衆を鎮め，治安の悪化を回避したことに感謝を述べた［Alit 1998；Wasi and Sunaryo 1998］．

(3) 「改革の指導者」としてのスルタン

5月18日と19日の2日間，ハメンクブウォノ10世は一人静かに王宮内に籠り，誰にも会わなかった[7]．そして5月20日，ハメンクブウォノ10世は王宮にて正式にレフォルマシ運動への支持を表明した．午前中，彼はまずガジャマダ大学の抗議集会に招待されて参加し，集まった数千人の前で演説を行った．ハメンクブウォノ10世は，スハルトが国民の要求に従い，できるだけ早く大統領を辞任することを求めた．そして次のように述べた．

> 先祖から引き継いだ闘争精神の伝統にもとづき，私は人民の中心に立ち，この長い闘争を率いる覚悟ができています．私の父（著者注：前スルタンのハメンクブウォノ9世）から信託を受け，私は人々の前に立ち，正しいことは正しい，間違ったことは間違っていると述べる準備ができています．我々の闘争が人民に根差しているのなら，このレフォルマシ運動は神の祝福を受けてまっすぐな道を進み，必ず正しい門へと至ると確信しています［Wasi and Sunaryo 1998：18］．

演説が終わると，聴衆は「スルタン万歳！」を連呼した．

ガジャマダ大学での集会が終わると，ハメンクブウォノ10世は群衆を率いてガジャマダ大学から王宮までの道のりを行進した．すでに王宮周辺には朝から多くの人が集まり，王宮に通じる周辺の通りにも人が溢れていた．その規模は100万人に達したという．警察や軍による取り締まりはなく，群衆の安全はイスラーム団体ナフダトゥール・ウラマーやムハマディヤの青年部隊，野党民主党の護衛部隊などが守った[8]．

午後1時，ピソワナン・アグン（Pisowanan Agung）と呼ばれる大集会が始まった．ハメンクブウォノ10世はパクアラム8世と共に連名で声明（maklumat）を布告し，人々に以下の4つを呼びかけた．第1に，ジョグジャカル

タ特別州の住民ならびにすべてのインドネシア国民がスルタンおよびパクアラム 8 世と共にレフォルマシ運動を支持すること，第 2 に，国軍が人民と団結し，人民とレフォルマシ運動を守ること，第 3 に，ジョグジャカルタ特別州の住民ならびにすべてのインドネシア国民が団結し，パンチャシラの道徳に反する暴力的行為を阻止すること，そして第 4 に，ジョグジャカルタ特別州の住民ならびにすべてのインドネシア国民がそれぞれの信仰する宗教において国家と国民の安寧を祈ること，である．布告が終わると，ハメンクブウォノ 10 世は演説を行い，自身の発言は決して個人的な野心や感情，偏見などによるものではなく，スルタンの義務 (wajib) としての発言であることを強調した．午後 1 時 45 分，ピソワナン・アグンは「スルタン万歳！」の歓呼をもって閉会した．スハルトが大統領辞任を表明したのは翌 5 月 21 日であった．

　以上，レフォルマシ運動への支持を表明するにあたり，ハメンクブウォノ 10 世の言動には次の 4 つの特徴がみられた．第 1 に，ハメンクブウォノ 10 世は個人としてではなく，伝統的権威をもつスルタンとして終始振る舞った．第 2 に，ハメンクブウォノ 10 世は演説を通して，国民的英雄であった父ハメンクブウォノ 9 世が作り上げた「人民のためのスルタン」というイメージを継承した．第 3 に，ハメンクブウォノ 10 世は決してレフォルマシ運動の先導者ではなかったが，5 月 20 日にジョグジャカルタでの大規模集会を率いたことで，改革の指導者というイメージも手に入れた．最後に，5 月 20 日の大集会はジョグジャカルタにおけるスルタンと州政府の関係を象徴的に示した．すなわち，州政府のトップである州知事代行のパクアラム 8 世が二番手に回り，スルタンであるハメンクブウォノ 10 世がジョグジャカルタの人々とインドネシア国民全体に対してレフォルマシ運動への支持を呼び掛けた．当時のパクアラム 8 世はパクアラム家の当主であると同時に州政府の代表でもあったが，この日，スルタンこそが州のトップであることが示唆された．こうしてハメンクブウォノ 10 世は，スハルト政権末期のインドネシアの政治危機のなかで，ジョグジャカルタにおける社会・政治的影響力を大いに高めた．

4　民主化後の「スルタンによる統治」の危機と脱却

　1998 年 5 月にスハルト体制が崩壊し，インドネシアは民主化の時代を迎え

た．このとき中央政界とジョグジャカルタの一部では，決して民主的とはいえないスルタンの州知事の地位を見直す議論が持ち上がった．1950年法律第3号はスルタンの州知事としての地位を認めていたが，先代のハメンクブウォノ9世にのみ適用されると解釈する者もいた．なにより同法は正副州知事が崩御した場合の次期州知事の決定方法を示していなかった[Harsono 2018]．

州議会や地元の人々の間でも，スルタンの州知事の地位に関する意見は割れていた．州知事の地位は従来通りスルタンに付与されると考える人もいれば，一般自治体と同様に州知事選挙を実施するべきと考える人もいた．ハメンクブウォノ10世自身は公言しないものの州知事就任を望んでいたが，中央政府は州知事選挙の導入を希望していた．2012年までジョグジャカルタ特別州の州知事決定方法は決まらず，その間ハメンクブウォノ10世は異例の措置として州知事の地位に就いていた．以下，こうした1998年から2012年までの州知事の地位をめぐる州内政治および中央政府と州政府の駆け引きをみていこう．

(1) 1998年：パクアラム8世の崩御，ハメンクブウォノ10世の州知事就任

1998年9月，ジョグジャカルタ特別州の州知事代行であったパクアラム8世が崩御した．スハルト体制の崩壊からわずか4ヶ月後である．州知事の決定方法が定まっていなかったため，州知事決定までの過程は混乱をきわめた．州議会は二派に分かれ，一方は1950年法律第3号を根拠にスルタンの州知事就任を主張し，もう一方は一般自治体の首長選挙を規定する1974年法律第5号にもとづき州議会での間接選挙（大統領がその結果をもとに州知事を任命）を主張した[Harsono 2018]．

州議会はパクアラム8世が崩御する1ヶ月前，取り急ぎ間接選挙を実施し，中央政府に対してハメンクブウォノ10世を州知事として推挙した．しかし，内務省は選挙手続きの不備を理由に承認しなかった[13)]．これに対し，ジョグジャカルタではスルタンの州知事就任を求める人々が街頭デモを行い，州議会も再選挙を実施しなかった．州知事の不在という事態を解消するため，ハビビ大統領（1998-1999）は大統領令を発出し，ハメンクブウォノ10世を州知事に任命し，その任期を5年とすること，そして，今後ジョグジャカルタ特別州に関する新法を制定することを示した[Woodward 2010; De Jong and Twikromo 2017]．

(2) 2003 年：州政府による新法の草案作成

　ハメンクブウォノ 10 世の州知事任期は 2003 年までであった．しかしジョグジャカルタ特別州の州知事決定方法は，2003 年になってもまだ定まっていなかった．民主化後に制定された地方行政法（1999 年第 22 号法）は正副地方首長の間接選挙制を定めたが，ジョグジャカルタ特別州は同法の対象外とされた．またジョグジャカルタ州政府は 2002 年から独自の新法草案をつくり，2003 年に州議会を通して国会に提出したが，中央政府は法案の提出手続きに問題があるとして対応しなかった[14]．州政府が作成した法案は大統領がスルタンを州知事に任命すると定め，これによりスルタンの終身州知事制を確保しようとするものであった．当初はジョグジャカルタの人々もこの法案に賛否両論であった[15]．しかし法案賛成派の声は大きく，選挙制導入を求める声は地元の世論やメディア報道から疎外された [Harsono 2018]．

　結局，中央政府から回答を得られないまま州知事の任期切れが迫り，州議会は 1999 年第 22 号法を踏まえて間接選挙の実施を決定した．このとき，スルタンの州知事就任を求める人々は街頭デモを行い，デモには州政府役人やスルタン側近の動員によると思われる人々も参加した．州議会はデモ隊の主張が王宮の意思であると解釈し，間接選挙においてハメンクブウォノ 10 世とパクアラム 9 世（在位：1999-2015）を唯一の正副州知事候補とした．この「選挙」の結果，ハメンクブウォノ 10 世は州知事に再任された[16]．

(3) 2004 年以降：中央政府によるジョグジャカルタ特別州への立憲君主制導入の試み

　2004 年にユドヨノ政権が誕生すると，是が非でもジョグジャカルタに民主的選挙を導入したい中央政府と，スルタンによる州知事終身・世襲制を確立したい州政府の間で対立が深まった．2005 年，ジョグジャカルタ州政府と中央政府はそれぞれジョグジャカルタ特別州に関する新法の草案づくりを開始した．このとき中央政府はジョグジャカルタのガジャマダ大学社会政治学部政治学科に協力を依頼した．中央政府から依頼を受けた草案作成チームはジョグジャカルタでは少数派の選挙制支持派であり，選挙制の導入に加え，スルタンを政治から切り離す立憲君主制モデルを提案した[17]．内務省はこの提案に従った．2008 年，ジョグジャカルタ州政府がスルタンの州知事終身・世襲制を盛り込んだ新法草案を内務省に提出すると，内務省はその草案に修正を加え，立

憲君主制モデルと州知事公選制を強調した法案に改訂して国会に提出した．しかし，国会の多くの会派はこの内務省改訂版の法案に反対した．結局，2008年の国会では決議に至らず，審議は次期国会に持ち越された．

ハメンクブウォノ10世の州知事二期目の任期は2008年10月までであった．ハメンクブウォノ10世は任期満了が近づくと，州知事の地位については人々の判断に委ねると敢えて発言した．これを受けて，ジョグジャカルタではスルタンの州知事続投を求める人々が街頭デモを行い，州議会もユドヨノ大統領にハメンクブウォノ10世とパクアラム9世を正副州知事に再任するよう要求した．2008年10月，ユドヨノ大統領はとり急ぎ，ハメンクブウォノ10世とパクアラム9世の正副州知事の任期を3年間延長する大統領令を発出した [Woodward 2010；De Jong and Twikromo 2017；Harsono 2018]．

2009年に第2期ユドヨノ政権が発足しても，ジョグジャカルタ特別州に関する新法策定は進まなかった．中央政府は立憲君主制モデルの導入を固持したが，国会では意見が分かれ膠着状態が続いた．この頃からジョグジャカルタでは世論の矛先が変化し，人々はスルタンの州知事続投をただ求めるのではなく，ユドヨノ大統領に対する批判を強めた．きっかけは2010年11月末にユドヨノ大統領が，ジョグジャカルタの「君主制」は民主主義に矛盾すると発言したことである．ジョグジャカルタでは多くの人々が，ユドヨノ大統領の発言をジョグジャカルタの伝統文化に対する批判と捉えた．2010年12月にはジョグジャカルタで数万人規模の抗議デモが起き，州議会もスルタンの州知事終身・世襲制を支持すると表明した．もはやジョグジャカルタの人々にとって，問題はジョグジャカルタの歴史と文化を軽視する中央政府の態度にあり，スルタンの終身州知事の地位はジョグジャカルタ文化の擁護という観点からも支持されるようになった．以後2011年から2012年にかけて，ジョグジャカルタではスルタンの州知事終身制を求めるデモや集会が何度も実施された [Ratnawati 2011；Kato 2012；Harsono 2018]．

2011年10月，ユドヨノ大統領はハメンクブウォノ10世とパクアラム9世の正副大統領任期をもう1年延長する大統領令を発出した．しかしユドヨノ大統領はジョグジャカルタに州知事公選制を導入する意思を変えなかった．ハメンクブウォノ10世は，それまで表向きには中央政府に協力的な態度を示していたが，この頃になると公にユドヨノ大統領の方針に異議を唱えるようになった [Ratnawati 2011；Harsono 2018]．

⑷ 2012年：ジョグジャカルタ特別州に関する新法の成立

事態が打開されたのは2012年5月である．ユドヨノ大統領はハメンクブウォノ10世との会合を重ね，4度目の会合においてようやく州政府が提出したもともとの草案を承認することに合意した．ユドヨノ大統領は合意の理由を明らかにしていないが，おそらく，膠着状態が続く州政府との交渉や国会での反対，ジョグジャカルタでのデモ拡大などを受け，とうとうジョグジャカルタへの州知事選挙制の導入を諦めたようであった [Harsono 2018]．最終法案には中央政府の要望が一部盛り込まれたものの，[20] 州知事の決定手続きが明確化され，スルタンによる州知事終身・世襲制が認められた．そして2012年8月，「ジョグジャカルタ特別地域の特別権限に関する法律」（2012年法律第13号）が成立した．

▎5　ジョグジャカルタの人々から見た「スルタンによる統治」

最後に一つ疑問が残るのは，なぜジョグジャカルタでは民主化時代になっても多くの人々がスルタンの州知事終身・世襲制を支持したのか，という点である．1998年にジョグジャカルタで実施された世論調査では，回答者の91.4%がハメンクブウォノ10世の州知事就任を支持し，2010年の世論調査では回答者の93.3%がスルタンの州知事終身・世襲制に賛成した．[21] もちろん「スルタンによる統治」を支持する理由は人によってさまざまであり，明確な理由を持たない人々もいる．また「スルタンによる統治」を好ましいと思っていなくても，声を上げて反対する気はないという人もいる．ゆえに本節の議論は，あくまでも「スルタンによる統治」の支持理由が明確な人々の言説を基にしたものである．しかしながら，そうした言説を通して，現代のジョグジャカルタの人々が抱く君主観や権力観の一端を探ることはできるだろう．

ジョグジャカルタの人々が「スルタンによる統治」を正当化する根拠は，大きくわけて二つある．一つは宗教思想的な要素であり，もう一つは現実主義的な要素である．宗教思想的要素とは，ジャワ独自の王権概念を指す．Anderson [2007] は，現代では一般に君主制の古い思想的基盤，すなわち「君主は一般の人とは違う特別な存在だ」という宗教観の影響が著しく弱まったと指摘するが，ジョグジャカルタでは現在もスルタンの権威の正統性を示す要素として欠かせない．もう一つの現実主義的な根拠とは，ジョグジャカルタの人々が州知

事公選制との比較において，スルタンを州知事に据えることに政治・行政的利点を感じている，ということである．以下，それぞれについてみていこう．

(1) 現代に息づくジャワの王権概念

　ジャワの王権概念は，土着の精霊信仰とインド由来のヒンドゥー・仏教，そして 15–16 世紀に伝播したイスラームの要素を織り混ぜた重層的な信仰体系にもとづいている．18–19 世紀のスラカルタの宮廷文学には，王の正統性を示す根拠として，イスラームとヒンドゥーの伝統を受け継ぐ王家の系譜，光の玉「ワヒュ (*wahyu*)」による天啓，南海の女王ラトゥ・キドゥルとの結婚による土着精霊の支配などが示されている．また王の威光を高める要素として，過去の偉大なる王との血縁的繋がりや共通の経験，短剣クリスなど超自然的な力を宿すプサカ (家宝) なども強調された[22]．1989 年にハメンクブウォノ 10 世が即位した際も，戴冠式と当時のメディア言説を通して，こうした伝統的な王権概念にもとづくスルタンの正統性と権威が示された[23]．今日でも，スルタンの州知事終身・世襲制を支持する人々のなかには，スルタンのもとにワヒュがあるという言説を用いる者がいる [Kato 2012]．

　またジャワでは，王が超自然的な力 (*kasekten*) を保有し，その力は先代の王から遺伝的に継承されると信じられていた．ただし継承される力の強さは先代のそれよりも弱まる．この力は瞑想などの禁欲的行為によっても獲得でき，人々は王の叡智 (*kawitjaksanan*) のなかにその力が体現されると信じた [Soemarsaid 1981]．現代のジョグジャカルタでもスルタンに宿る力を信じる人々は少なくない [Kato 2012; Woodward 2010]．今日では「カリスマ」という表現のなかに表象されることも多い[24]．ハメンクブウォノ 10 世の場合，先祖由来の力に加え，1998 年 5 月のインドネシアの政治危機のなかで，さらなる力の獲得を象徴する禁欲的行為 (1ヶ月の断食と 2 日間の隠遁) を行い，レフォルマシ運動への支持表明のなかでスルタンの叡智を示した．ハメンクブウォノ 10 世がスルタンとしての「カリスマ」を大いに高めた瞬間である [Woodward 2010]．スルタンの州知事終身・世襲制を支持する人々のなかにも，このスルタンの持つ「カリスマ」を強調する者がいた[25]．

(2) 「スルタンによる統治」の政治・行政的利点

　ジョグジャカルタの人々が「スルタンによる統治」を正当化するもう一つの

根拠は，より現実主義的なものである．ジョグジャカルタの人々のなかには，一般自治体の地方首長選挙で金権政治が蔓延していることに鑑み，選挙制を導入するよりもスルタンを終身州知事とする方が，より信頼できる政治指導者を確保できると考える者もいる．[26] こうした考え方の背後にも，スルタンなら理想の王として統治を行うだろうというジャワの王権概念にもとづく想定があるのかもしれない．ジャワの理想の王には叡智，正義感，禁欲的であることなどが求められる [Soemarsaid 1981 ; Anderson 1972]．スルタンの州知事終身・世襲制を支持する人々のなかには，スルタンとその家族が贅沢な生活をしないこと，汚職・癒着・縁故主義に走らないこと，ビジネスを行わないことを支持の条件に挙げる人々もいた [Ratnawati 2011]．これらの条件は，単に人々が州知事に清廉潔白さを求めていると捉えることもできるが，現代の文脈においてスルタンに理想の王であることを求めていると解釈することもできる．

　またスルタンとのパトロン・クライアント関係にもとづき，スルタンの州知事終身制を支持する州民もいた．スルタンの州知事続投を要求するデモには，農村部のスルタンの所有地に暮らす村人たちも参加していた．特にスルタンを支持していたのは村役人たちである [Harsono 2018]．またデモに参加したベチャ（人力三輪車）引きたちは，ジャカルタでベチャが禁止されても，ジョグジャカルタではスルタンの意向でベチャが禁止されず，彼らの生計手段が確保されたことから，スルタンを支持するデモに参加したと説明している [Kato 2012]．

　もう一つ注目すべき点は，スルタンの州知事終身・世襲制を支持する人々にとって，ハメンクブウォノ10世の州知事としての業績はどうやら重要ではないということである．2010年時点のジョグジャカルタの経済成長率と識字率はジャワの他の自治体に比べて低く，またクロン・プロゴ県では砂鉄採掘プロジェクトに対して住民の反対運動が起きている．ハメンクブウォノ10世はジョグジャカルタを不在にすることも多く，州政府の高官たちに仕事を任せたり，文化的行事に代理を立てたりすることも多いという[Ratnawati 2011 ; Harsono 2018]．しかし地方行政に対する不満は，県・市自治体に焦点を当てたインドネシアの地方自治制度の影響もあるのか，州知事よりも県知事や市長に矛先が向かうようである．この点については今後さらなる分析が必要である．

　おそらくジョグジャカルタの人々は「スルタンによる統治」を正当化する際，自治体長としての業績評価よりも，スルタンの地位にある者がジャワの王

としての属性を獲得・維持しているかという点を重視しているのではないだろうか．人々が王に求める属性には，ジャワの王権概念の伝統的解釈にもとづくスルタンの正統性と権威（「カリスマ」），現代的・個人的解釈にもとづく理想の王としての振る舞い，王の叡智を示す行動，経済・社会・文化的庇護者としての役割などが挙げられる．現代的解釈には，先代スルタンのハメンクブウォノ9世が作り上げた「人民のためのスルタン」というイメージや，ハメンクブウォノ10世自身が獲得した「改革の指導者」というイメージも含まれる．ハメンクブウォノ10世は戴冠式とレフォルマシ運動への参加を通して王としての属性を示し，スルタンの州知事終身・世襲制の確立においては，個々の州民の解釈による王の属性から大きく逸脱しない（逸脱していると人々に思わせない）ことで人々の支持を獲得したといえるのではないだろうか．

6　現代の王室と王権概念を分析する新たな視角

　本章ではインドネシア共和国において異色の「君主制」を維持するジョグジャカルタの事例を通して，王の政治権力が正当化される政治的過程と社会的根拠の一端を明らかにした．要約すれば，ハメンクブウォノ10世はジャワの王権概念にもとづき，スルタンの伝統的権威を獲得・維持しつつ，1998年のスハルト政権末期には社会の要求に応えてスルタンとしての政治的役割を果たし，民主化後はジョグジャカルタの「民意」を盾に中央政府にスルタンの州知事終身・世襲制を認めさせた．

　また本章は，東南アジア研究における新たな政治文化論の試みとして，市井の人々の視点から君主と政治の関係性を探った．具体的には，民主化時代においてもジョグジャカルタの人々の多くが「スルタンによる統治」を支持した理由を分析し，現代のジョグジャカルタの人々が抱くさまざまな君主観・権力観にある程度通底する観念の一つとして，ジャワの王の属性に関する人々の伝統的，現代的，個人的解釈があると論じた．もちろん，市井の人々の君主観・権力観を一概にとらえることはできない．人々の言説は，宮廷を中心とする王権思想や王室・メディアによる「上から」のスルタン像に比べ，はるかに多様である．しかし本章で強調したいことは，現代の王室や王権概念を論じる上で，王権概念の伝統的解釈だけでなく，人々が現代的，個人的文脈のなかで王の属性をどのように再解釈し，表現しているかを分析することの重要性である．王

に関する人々の言説が，一見すると王権概念とは関係がないようにみえても，実は現代的，個人的な王権概念の解釈を示している可能性がある．本章の議論は，決して一括りにはできない「民意」の一端を理解する手掛かりを提供するものと考える．

　最後に，現在のジョグジャカルタではスルタンの継承者問題が政治的争点になっている．スルタンの地位は男系継承であるが，ハメンクブウォノ10世には王女しかいない．長女を次期継承者に据えたいハメンクブウォノ10世は，初の女性継承者を正当化する新たな言説を作り出すことができるのか，またそれがジョグジャカルタの人々に受け入れられるのか．スルタンの継承者問題が進展するなかで，ジョグジャカルタの人々の王権概念の解釈はどのように変化するのか，今後注目される．

注

1）これら王家の日本語表記はいくつかあるが，本章では「ハメンクブウォノ」と「パクアラム」を用いる．

2）独立闘争におけるハメンクブウォノ9世の活躍については，Soemardjan[1962]やMonfries[2015]に詳しい．

3）なお，パクアラム家の当主には副州知事の終身・世襲制が認められた．これらを規定する2012年法律第13号の全文は，インドネシア法令検索データベース（https://peraturan.bpk.go.id/Details/39064，2024年6月28日閲覧）からダウンロードすることができる．

4）Hughes-Freeland[1991]によると，スハルト大統領がマンクブミ王子のスルタン継承を了承した際，両者の間で，次期州知事にはパクアラム8世が就くことで合意がなされたという．

5）犠牲者のモセス・ガトットカチャは抗議デモに参加していたサンタダルマ大学の学生であった．彼は頭を殴打され，頭蓋骨を骨折し，搬送先の病院で死亡が確認された[Alit 1998]．

6）ムハマディヤは1912年にジョグジャカルタで設立され，全国に拡大した近代主義イスラーム団体である．議長のアミン・ライスはジャカルタのレフォルマシ運動の指導者の一人であった．

7）これはジャワの王権概念にもとづく行為であったと考えられる．ジャワでは伝統的に，禁欲的行為（隠遁，瞑想，断食など）によって王に宿る超自然的な力が高まると信じられてきた．ハメンクブウォノ10世はレフォルマシ運動への支持を表明する前に1ヶ月間の断食も行っていたという[Wasi and Sunaryo 1998；Woodward 2010]．

8）1998年5月20日のジョグジャカルタの様子についてはWoodward[2010]，Wasi and Sunaryo[1998]，インドネシアの全国紙コンパスの報道記事［*Kompas*, 1998年5月21

日］に詳しい.

9) パンチャシラはインドネシアの建国 5 原則であり，民族主義（国民主義），人道主義，民主主義，社会正義，唯一神への信仰からなる.

10) インドネシア語の声明全文は Wasi and Sunaryo [1998] に記載されている.

11) ハメンクブウォノ 10 世は 1989 年の戴冠式のスピーチでも，先代ハメンクブウォノ 9 世の伝記『人民のための玉座（*Tahta Untuk Rakyat*）』[Roem 1982] を引き合いに出し，自身もこの目的を踏襲すると述べた [Hughes-Freeland 1991].

12) 注 25 を参照.

13) 州議会は 2 名の候補者による間接選挙を実施し，得票数の多かったハメンクブウォノ 10 世を州知事に推挙した．しかし内務省は，規定上，州知事候補者は少なくとも 3 名必要であるとして，選挙結果を無効とした [Harsono 2018].

14) 中央政府は，法案はまず内務省に提出されなければならないとし，国会に提出されたジョグジャカルタ州政府の法案を事実上無視した [Harsono 2018].

15) ジョグジャカルタ州政府が作成した法案に賛成したのは，主に州政府，王宮，貴族たち，村落部の人々であり，反対派（選挙制導入派）は主に地元の民主化促進 NGO と学者たちであった [Harsono 2018].

16) 当時メガワティ大統領（2001-2004 年）は 2004 年の大統領選出馬に向けて忙しく，ジョグジャカルタ特別州での州知事「選挙」の結果を拘りなく受け入れたといわれる [Harsono 2018].

17) ガジャマダ大学の草案作成チームは，スルタンの地位は神聖であるため日々の政治から距離を置くべきと論じ，スルタンを州の儀礼的首長として州知事の上位に置くことを提案した [Harsono 2018].

18) 国会でこの法案を支持したのは，ユドヨノ大統領の支持母体である民主主義者党のみであった．多くの政党は，わざわざジョグジャカルタに立憲君主制を導入しようとするユドヨノ政権の意図を訝しがった [Harsono 2018].

19) 国会では，ユドヨノ大統領の支持母体である民主主義者党と国民信託党の 2 党が立憲君主制の導入を支持し，他の会派は中央政府の方針に懐疑的であった [Harsono 2018].

20) 例えば中央政府の要望として，5 年に一度の州知事再任手続きが法案に盛り込まれた [Harsono 2018].

21) 1998 年に調査を実施したのはイスラーム学生同盟（HMI）のジョグジャカルタ支部である．HMI は 1947 年にジョグジャカルタで設立され，その後全国規模のイスラーム系学生団体に成長した組織である．調査の詳細は Wasi and Sunaryo [1998] を参照．また 2010 年の世論調査は新聞社によるものであり，全国紙コンパスに調査結果が掲載された [Kato 2012].

22) ジャワの伝統的な王権概念の詳細については，青山 [1994; 2005]，Anderson [1972]，Soemarsaid [1981] などを参照.

23) 例えば，戴冠式当日には南海の女王ラトゥ・キドゥルが「登場」した．王弟プラブク

スモによると，式典後のパレードの最中に緑がかった黄色の服を着た美しい女性がハメンクブウォノ 10 世の乗った馬車に入っていったという．後日，新聞には「神秘的な霧」に包まれた馬車に乗るスルタンの写真が掲載された．ハメンクブウォノ 10 世の戴冠式の様子については，Hughes-Freeland［1991］や中島［1991］などに詳しい．

24）ジャワの王権概念におけるカリスマについては Anderson［1972］を参照．

25）例えば 1998 年の HMI による世論調査では，ハメンクブウォノ 10 世の州知事就任を支持する理由として 5 つの選択肢が用意された．そのなかで，スルタンは「カリスマ的人物（*tokoh kharismatik*）だから」を選んだ回答者は 809 人中 185 人（回答者全体の22.9％）いた．他の選択肢には，スルタンは「人民の擁護者（*pembela rakyat*）だから」（256 人が選択，回答者全体の 31.6％），「民主主義者（*figur demokrat*）だから」（同 154 人，19.0％），「改革を率いた人物（*tokoh reformasi*）だから」（同 112 人，13.8％），「わからない」（同 102 人，12.6％）があった［Wasi and Sunaryo 1998］．

26）例えば Ratnawati［2011］や Kato［2012］が実施したジョグジャカルタでのインタビュー調査において，スルタンの州知事終身制を支持する理由として，政治家よりもスルタンの方が良い統治者であることを挙げる人々がいた．

◈参考文献◈

＜邦文献＞

青山亨［1994］「叙事詩，年代記，予言：古典ジャワ文学にみられる伝統的歴史観」『東南アジア研究』32(1), pp.34-65.

―――［2005］「南海の女王ラトゥ・キドゥル：一九世紀ジャワにおけるイスラームをめぐる文化的表象のせめぎ合い」『総合文化研究』8, pp.35-58.

加藤和英［1995］『タイ現代史：国王を元首とする民主主義』弘文堂.

君塚直隆［2018］『立憲君主制の現在：日本人は「象徴天皇」を維持できるか』新潮社.

玉田芳史［2015］「タイにおける脱民主化とナショナリズム」『アジア研究』61(4), pp.42-60.

中島成久［1991］「物語化する王の死：スルタンⅨ世とヒロヒト」『九州人類学会報』19, pp.9-22.

＜欧文献＞

Anderson, Benedict R. O'G.［1972］"The Idea of Power in Javanese Culture," in C. Holt ed., *Culture and Politics in Indonesia*, Ithaca : Cornel University Press, pp.1-69.

―――［2007］"Useful or Useless Relics : Today's Strange Monarchies," *Working Paper Series*（Ryukoku University. Afrasian Centre for Peace and Development Studies), 32.

De Jong, Edwin and Argo Twikromo［2017］"Friction within Harmony : Everyday Dynamics and the Negotiation of Diversity in Yogyakarta, Indonesia," *Journal of Southeast Asian Studies*, 48(1), pp.71-90.

Harsono, Dwi［2018］*A Monarchy without a Kingdom : Yogyakarta's Exceptional System of Government* (Doctoral dissertation, La Trobe University, Victoria, Australia). Retrieved from : https : //opal.latrobe.edu.au/articles/thesis/A_monarchy_without_a_kingdom_Yogyakarta_s_exceptional_system_of_government/21857751（2023 年 2 月 28 日閲覧）.

Hughes-Freeland, Felicia [1991] "A Throne for the People : Observations on the Jumenengen of Sultan Hamengku Buwono X," *Indonesia*, 51, pp.129–52.

Kato, Hisanori [2012] "Local Civilization and Political Decency : Equilibrium and the Position of the Sultanate in Java," *Comparative Civilizations Review*, 66(66), pp.45–57.

Kurniadi, Bayu Dardia [2019] *Defending the Sultan's Land : Yogyakarta, Control over Land and Aristocratic Power in Post-Autocratic Indonesia* (Doctoral dissertation, The Australian National University, Canberra, Australia). Retrieved from : https : //openresearch-repository.anu.edu.au/handle/1885/200940（2023 年 4 月 2 日閲覧）.

Monfries, John [2015] *A Prince in a Republic : The Life of Sultan Hamengku Buwono IX of Yogyakarta*, Singapore : Institute of Southeast Asian Studies.

Morishita, Akiko [2020] "The Military and Indonesian State Power : Contending Perspectives from the Students of Generation 98," in Khoo Boo Teik and Jafar Suryomenggolo eds., *States and Societies in Motion*, Copenhagen : NIAS, pp.144–83.

Soemardjan, Selo [1962] *Social Changes in Jogjakarta*, Ithaca : Cornell University Press.

Soemarsaid, Moertono [1981] *State and Statecraft in Old Java : A Study of the Later Mataram Period, 16th to 19th Century*, Ithaca : Modern Indonesia Project, Cornell University.

Woodward, Mark [2010] *Java, Indonesia and Islam*, Springer.

＜インドネシア語文献＞

Alit, IGK [1998] *Lahirnya Gerakan Reformasi di Indonesia*. Jakarta : DPP Forum Komunikasi Anak Bangsa (FOKAB).

Ratnawati, Tri [2011] "Antara "Otonomi" Sultan dan "Kepatuhan" pada Pusat di Era Reformasi : Studi Kasus Daerah Istimewa Yogyakarta (DIY), " *Governance*, 2(1), pp. 42–68.

Roem, Mohamad et. al. [1982] *Tahta Untuk Rakyat*, Jakarta : Gramedia.

Wasi, Ismoyo and Sunaryo Purwo Sumitro [1998] *Sri Sultan Hamengku Buwono X : Bersikap Bukan Karena Ambisi*. Yogyakarta : BIGRAF Publishing.

第2章

試される君主制と民主主義
——マレーシア・ムヒディン政権期の 非常事態宣言をめぐる国王の対応——

左右田 直規

1 君主制と民主主義をマレーシアから考える

　近代以前，大半の国家は君主を擁していた．しかし，国連の現加盟国193ヶ国のうち独自の君主を擁する国家は28ヶ国のみであり，イギリス以外のコモンウェルス諸国でイギリス国王を国家元首とする14ヶ国を加えても，君主制国家は42ヶ国にとどまる．東南アジア11ヶ国のうち君主制国家はカンボジア，タイ，ブルネイ，マレーシアの4ヶ国である．

　ベネディクト・アンダーソンは，君主制が自明のものとして受容されなくなった歴史的背景として，印刷技術の普及や近代科学の発展，ナショナリズムの興隆や民主主義の流布があると指摘し，現代に君主制が存続しうる条件として，① 戦争や紛争での勝利ないし中立，② ナショナリズムへの適応，③ 民主主義への適応，④ 中産階級との協調を挙げる [Anderson 2007: 3-7]．本章では，特に君主制の民主主義への適応に焦点を絞りたい．

　では，君主制はいかにして民主主義に適応できるのか．カール・レーヴェンシュタインは，君主制が民主主義的に正当化される根拠として，① 宗教的要素，② 国父説，③ 正統性からなる感情的理由づけと，① 中立的権力としての君主制，② 国家の象徴的具現化としての君主制からなる理性的な理由づけを挙げる [レーヴェンシュタイン 1957: 第3章]．宇野重規によれば，生まれによる人間の区別を前提とする君主制と人間の平等性を基盤とする民主主義との間には原理的な緊張が存在するが，君主が政治的諸勢力の上に立つ中立的な調整役となる場合，君主制が民主主義の安定に寄与する可能性もある [宇野 2018: 251-254; 272-273]．本章で注目するのは，この「中立的権力」としての君主という

側面である.

　君主制と民主主義の関係を考察する際に本章ではマレーシアの事例を取り上げる. 1957 年にマレー半島の 11 州からなるマラヤ連邦がイギリスから独立を達成した後, 1963 年にマラヤ連邦と旧イギリス領のシンガポール, サバ, サラワクが合併して新たな連邦国家マレーシアが形成された（1965 年にシンガポールが分離独立）. 独立後のマラヤ連邦ならびにマレーシアは立憲君主制と議会制民主主義の制度を維持してきた（ただし, 1970 年代以降のマレーシアの政治体制は競争的権威主義体制に分類されることが多い）. 現在のマレーシアは, 全 13 州中 9 州が統治者と呼ばれる君主を擁し（他の 4 州は平民の州元首を擁する）, 9 名の統治者が互選で連邦の国王（任期 5 年）を選ぶという独特な君主制を持つ.

　特に 2008 年以降, マレーシアでは連邦の国王や各州の統治者が象徴的な役割を超える実質的な政治権力を行使する局面が増え, 君主制と民主主義との関係が注目されるようになっている. 同国で国王や統治者の政治権力が実質化した背景としては, ① 連邦や州の憲法において国王・統治者に相当の権限が認められていること, ② 国王・統治者の間で政治権力の行使により積極的な世代が台頭してきたこと, ③ 政党システムが一政党連合優位制から二大政党連合制へ, さらには多政党連合制へ流動化し, 国王・統治者と政党との間の力関係が前者に有利になってきたことが挙げられる［左右田 2022 a ; 2022 b］.

　マレーシアの君主制と民主主義の関係を考えるうえで, 本章では, 国王が発令権を持ち, 議会（国会と州議会）の停止を伴いうる非常事態宣言に注目する. 2020 年 10 月下旬にムヒディン・モハマド・ヤシン（Muhyiddin Mohd. Yassin）首相は新型コロナウィルス感染症対応を理由とした非常事態宣言の発令を要請したが, アブドゥッラー（Abdullah）国王（パハン州スルタン）はそれを拒否した. しかし, 首相の再度の要請を受けて, 2021 年 1 月 12 日, 国王は全国に同年 8 月 1 日を期限とする非常事態宣言を発令した. 非常事態宣言が解除される直前まで議会は招集されず, 議会制民主主義が一時的に停止された.

　東南アジア研究の分野では, 「国王を元首とする民主主義体制」と呼ばれるタイの君主制と民主主義に関する研究の蓄積に比べて, マレーシアの君主制と民主主義に関する研究は少ない. 歴史学ではコープクア・スワンナタット＝ピアン［Kobkua 2011］ら, 法学ではアンドリュー・ハーディング［Harding 2017 ; 2020 ; 2022］やアブドゥル・アジズ・バリ［Abdul Aziz 2013］らの業績があるが, 君主制と民主主義という観点から非常事態宣言を考察する試みは十分にな

されていない．そこで，本章では，ムヒディン政権期の非常事態宣言をめぐる国王の対応を明らかにし，マレーシアの君主制と民主主義の関係を探る．

　本章の具体的な問いは，①マレーシアの連邦憲法は国王の非常事態宣言発令権をいかに規定しているのか，②非常事態宣言の発令と解除の際に国王はどのような対応をしたのか，③非常事態宣言をめぐる国王の対応は君主制と民主主義にいかなる意味を持つのか，の3点である．なお，一次資料として連邦憲法と国王宮（Istana Negara）の報道声明を利用し，新聞やニュースサイトのオンライン記事も参照する．

2　マレーシアの立憲君主制

　マレーシアは立憲君主制を採用するが，国王は象徴的な役割を超えた実質的な権限も持つ．以下，同国の立憲君主制の概要と連邦憲法に規定された国王の役割を説明する．

(1)　マレーシアの立憲君主制の概要

　マレーシアは13州と3連邦直轄地域からなる連邦国家であり，また，君主の権力が憲法によって制限された立憲君主制国家でもある．同国の君主制の主な特徴は次の2点にある．第1に，連邦が国王を擁するだけでなく，連邦を構成する諸州の多くも独自の君主たる統治者（ruler/raja[3]）を持つ「連邦君主制」が採用されている．半島部のマレー諸王国はイギリス植民地期の間接統治の下でも存続し，現連邦の13州のうち9州をなしている．9名の統治者のうち1名がヤン・ディプルトゥアン・アゴン（Yang di-Pertuan Agong，最高元首）と呼ばれる国王となる．統治者のいない4州は平民の州元首（Yang di-Pertua Negeri）を擁する．第2に，9名の統治者が互選で国王と副国王（いずれも任期5年）を選出する「選挙君主制」の要素も加味されている．独立以来，9州の統治者が輪番で国王に選出されるのが慣例となっている[4]．

　9名の統治者および4名の州元首は，統治者会議（Conference of Rulers/ Majlis Raja-Raja）の構成員となる（国王と副国王の選出など特定の議題では統治者のみが構成員となる）．この統治者会議は各州の統治者たちを結ぶ重要な役割を果たしている．統治者会議において統治者たちは国王や副国王を選出し，統治者たち（および州元首たち）は重要な問題に関して協議する．国王が他の統治者たちの意向

も考慮しつつさまざまな判断や決定を下すという意味で，連邦レベルでの君主制は一種の「集団君主制」だと言えなくもない．

(2) マレーシアの国王の役割

では，連邦の最高元首たる国王はいかなる権限や任務を持つのか．連邦憲法［Malaysia 2020 a；2020 b］の関連条項にもとづくと，国王の主な役割は以下のように整理できる．

① 執政上の役割：首相の任命権を持ち，首相の助言にもとづき大臣を任命する権限，恩赦を与える権限などを有する．また，連邦軍の最高司令官としての地位が付与されている．

② 立法上の役割：上院議員の一部を任命したり，国会の解散の要請に対して同意ないし不同意を与えたり，連邦法の法案に裁可を与えたりする権限などを持つ．

③ 司法上の役割：首相の助言にもとづき裁判官を任命する権限などを持つ．

④ イスラームの長としての役割：自らの州ならびに統治者を擁しない諸州と連邦直轄地域のイスラームの長としての機能を持つ．

⑤ マレー人およびその他のブミプトラの守護者としての役割：マレー人およびサバ州とサラワク州の先住民の特別な地位を保護する責務を負う．また，各種の儀礼や式典などを通じてマレー人の伝統文化を象徴する役割を担う．

⑥ 国民の守護者としての役割：非ブミプトラを含む国民全体を保護する役割も担う．また，各種の儀礼や式典などを通じて，国民全体の統合の象徴となる．

⑦ 栄典の授与者としての役割：各種の勲章や称号・爵位などのかたちで栄典を授与する．

⑧ 外交上の役割：国家元首として外国からの賓客を接遇し，外国を公式訪問する．

⑨ 非常事態に対応する役割：甚大な非常事態が発生した際に非常事態宣言を発令する権限を持つ．非常事態宣言下で国会が開かれていない場合には勅令を発布できる．

このように，国王には象徴的・形式的な役割を超えた実質的な権限も与えられている．では，国王の最重要な権限の一つである首相の任命はどのようになされるのか．

連邦憲法第43条第1項は，「国王（Yang di-Pertuan Agong）は自らの任務を遂行する際に自らに助言を与える内閣（Jemaah Menteri（Cabinet of Ministers））を任命する」と規定する（Article 43(1), *Federal Constitution*）[Malaysia 2020 a；2020 b]．具体的な任命方法は同条第2項に定められており，「(a) 国王は，まず，自らの判断において，下院議員の過半数の信任を得ているように思われる1名の下院議員を，内閣を主宰する首相（Perdana Menteri（Prime Minister））に任命する．さらに，(b) 首相の助言にもとづき，国会両院のいずれかの議員の中から他の大臣を任命する」(Article 43 (2), *Federal Constitution*) [Malaysia 2020 a；2020 b]．このように，誰が下院議員の過半数の信任を得ているのかを判断する裁量が国王に与えられている．国会での首相指名選挙は存在しない．

連邦憲法第43条第4項は，「首相が下院議員の過半数の信任を得られなくなった場合，首相の要請にもとづいて国王が国会を解散するのでなければ，首相は内閣の辞表を提出する」と定めている（Article 43(4), *Federal Constitution*）[Malaysia 2020 a；2020 b]．つまり，下院議員の過半数の信任を得られなくなった首相は，国王に国会の解散を要請するか，内閣の辞表を提出しなくてはいけない．首相が下院議員の過半数の信任を得られなくなったことをどのように判断するかは連邦憲法に明記されていないが，下院での不信任決議の可決や信任決議の否決の他，政府提出の予算案や法案の下院での否決もその判断材料となりうる．他方，非常事態宣言発令中に国会が停止されてしまえば，下院議員の過半数の信任を得られなくなった首相が首相の座に居座り続けるという事態が生じる余地がある．なお，連邦憲法上，国王に首相を罷免する権限は認められていない．

3 マレーシアにおける非常事態宣言

それでは，マレーシアにおいて国王が発令権を有する非常事態宣言とはどのようなものか．以下，マレーシアで過去に発令された非常事態宣言の歴史を略述したうえで，マレーシアの連邦憲法に規定された非常事態宣言の制度の概要を明らかにする．

(1) マレーシアで発令された非常事態宣言

マラヤ連邦の時代を含めると，マレーシアでは過去11回の非常事態宣言が発令されてきた（**表2-1**）．初回の非常事態宣言のみはイギリス植民地期のマラヤ連邦で植民地政府が発令したが，それ以外の独立以降の非常事態宣言は連邦憲法第150条にもとづき国王が発令した．

非常事態宣言の理由は多岐に及ぶ．大まかに，① 武力紛争（1948年，1964年），② 暴動（1969年），③ 州政の混乱（1966年，1977年），④ 環境汚染（1997年，2005年，2013年），⑤ 感染症拡大（2020年11月，同年12月，2021年）と分類できる．

非常事態宣言の対象地域も異なる．① 全国（1948年（ただしマラヤのみ），1969年，2021年），② 特定の州（1966年，1977年，1997年），③ 特定の地域や選挙区（2005年，2013年，2020年11月，同年12月）と大別できる．

非常事態宣言で国会と全州議会が一時停止されたのは1969年と2021年の2回のみである．2021年に議会が一時停止されたのは，およそ半世紀ぶりのことだったのである．

表2-1 マラヤ連邦とマレーシアにおける非常事態宣言

発令年月日	発令の理由	対象地域
1948年6月16日	マラヤ共産党の武装蜂起	マラヤ連邦全域
1964年9月3日	インドネシアによる対決と軍事侵攻	マレーシア全域
1966年9月14日	サラワク州政の混乱	サラワク州全域
1969年5月15日	首都クアラ・ルンプールでの民族暴動	マレーシア全域 ※国会・全州議会一時停止
1977年11月8日	クランタン州政の混乱	クランタン州全域
1997年9月19日	煙霧被害	サラワク州全域
2005年8月11日	煙霧被害	スランゴール州ポート・クランおよびクアラ・スランゴール
2013年6月23日	煙霧被害	ジョホール州ムアールおよびレダン
2020年11月18日	新型コロナウィルス感染症拡大	サバ州バトゥ・サピ国会下院選挙区
2020年12月16日	新型コロナウィルス感染症拡大	ペラ州グリク国会下院選挙区およびサバ州ブガヤ州議会選挙区
2021年1月12日	新型コロナウィルス感染症拡大	マレーシア全域 ※国会・全州議会一時停止

（出所）Lee［1986；2017［1995］］ならびに *The Star*［2021.1.12］や *Malaysiakini*［2020.8.23］などの各種メディア報道から筆者作成．

(2) マレーシアにおける非常事態宣言の制度

では，マレーシアにおける非常事態宣言の制度はどのようになっているのだろうか．連邦憲法第150条の第1項と第2項は非常事態宣言について以下のように定めている．

> (1) 重大な非常事態 (a grave emergency) が存在し，それによって連邦もしくはその一部において安全，経済生活もしくは公共秩序が脅かされていると国王 (Yang di-Pertuan Agong) が確信すれば，国王は非常事態宣言 (Proclamation of Emergency) を発令し，その中でその趣旨の声明を出すことができる．
>
> (2) 第1項の下での非常事態宣言は，かかる事態が発生する差し迫った危険が存在すると国王が確信すれば，連邦もしくはその一部において安全，経済生活もしくは公共秩序を脅かす事態が実際に発生する前に発令されうる．
>
> (Article 150 (1) (2), *Federal Constitution*) [Malaysia 2020 a ; 2020 b]

このように，国王は重大な非常事態が発生したか，そうした事態が発生する差し迫った危険が存在すると確信すれば，非常事態宣言 (Proclamation of Emergency) を発令できる．これだけだと国王は自身の裁量で非常事態宣言を発令できるかのようにも読める．しかし，過去の非常事態宣言の事例を見ると，下記の連邦憲法第40条第1項，第1A項および第2項の規定にもとづき，国王は首相の助言にもとづいて宣言を発令してきた．

> (1) 本憲法もしくは連邦法の下で自らの任務を遂行する際に，本憲法で別の規定がある場合を除いて，国王は内閣の助言もしくは内閣の一般的権限の下で行動する一大臣の助言に従って行動する．しかし，国王は，内閣が入手可能な連邦の統治に関するいかなる情報も，自らの要請にもとづいて，得る資格を有する．
>
> (1 A) 本憲法もしくは連邦法は，国王が助言に従い，助言にもとづき，助言を考慮したうえで行動するよう定めている．本憲法もしくは連邦法の下で自らの任務を遂行する際に，国王はかかる助言を受け入れ，その助言に従って行動する．
>
> (2) 国王は以下のような任務の遂行に際しては，自らの裁量で行動するこ

とができる.

(a) 首相の任命

(b) 国会の解散の要請に対する同意の保留

(c) 統治者陛下らの特権, 地位, 勲章ならびに爵位のみにかかわる統治者会議の会合の開催要求, およびかかる会合におけるあらゆる行動, および, 本憲法において述べられている他のいかなる場合においても同様である.

(Article 40(1)(1 A)(2), *Federal Constitution*)〔Malaysia 2020 a; 2020 b〕

　第40条第2項に挙げられた任務を遂行する場合や第40条第1項の「本憲法で別の規定がある場合」以外, 国王は内閣や大臣の助言に従って行動することが求められる. 非常事態宣言の発令は, 第40条第2項で列挙された任務に含まれていないので, 内閣や大臣の助言に従って行動すべき任務だとみなす説が有力である〔Faruqi 2021; 2024; Zaki 2021〕.

　非常事態宣言発令中に国会や州議会が開かれない場合, 国王は法に相当する効力を持つ勅令 (ordinance) を発布できる. 宣言発令中でも国会や州議会が開かれる場合は, 国会や州議会で立法がなされる. 以下は連邦憲法第150条の第2B項と第2C項の抜粋である.

(2B) 国会の両院が同時に開会している場合を除き, 非常事態宣言が施行されている間はいつでも, 自らが即時の行動をとる必要がある何らかの状況があると国王が確信すれば, 国王は状況が必要としていると思われる勅令 (ordinances) を発布できる.

(2C) 第2B項の下で発布された勅令は国会の法と同等な強制力と効力を有し, 第3項の下で解除されたり, 無効とされたりするまで, あるいは第7項の下で失効するまでは, あたかも国会の法であるかのような完全な強制力と効力を持ち続ける. また, 第2B項の下で勅令を発布する国王の権限は, 国会において従う必要がある立法上もしくはその他の手続き, もしくは獲得する必要がある票の割合などにかかわらず, 国会が法を制定する権力を持ついかなる事柄についても行使されうる.

(Article 150 (2 B) (2 C), *Federal Constitution*)〔Malaysia 2020 a; 2020 b〕

　非常事態宣言の発令中に国王が発布した勅令は, 国会再開後に国会両院に上

程され，その勅令を無効にする決議が両院で承認されればその効力を失う．また，そのような措置が取られなくても，非常事態宣言終了後 6 ヶ月が経過すれば，勅令の効力は喪失する（Article 150(3)(7), *Federal Constitution*）［Malaysia 2020 a；2020 b］．

連邦憲法第 150 条には国王の非常事態宣言の発令や勅令の発布に関する広範な権限が規定されており，解釈によっては，国王による独裁の危険性すらありうるように見える．しかし，国王が内閣や大臣の助言に従うことを定めた連邦憲法第 40 条の規定や過去の慣行にもとづき，現実には，国王は首相の助言に従って非常事態宣言を発令し，政府が作成した勅令を発布してきた．それゆえ，マレーシアでの非常事態宣言に関しては，むしろ，国王に助言を与える首相への権力集中を通じて民主主義を損なう危険性が潜んでいるといえよう．

4 ムヒディン政権の課題と政権運営

2021 年の非常事態宣言を検討する前に，まず，ムヒディン政権の課題と政権運営を振り返ることにしよう．

⑴ ムヒディン政権の課題

2020 年 2 月の「シェラトンの策動」（Sheraton Move）と呼ばれる連立組み換えによる政変の結果，ムヒディン政権は同年 3 月 1 日に発足した．この 2 月政変では国会下院議員がムヒディンを首相候補とする陣営とマハティール・モハマド（Mahathir Mohamad）前首相を首相候補とする陣営に二分された．アブドゥッラー国王は各党指導者や下院議員と面談してムヒディンが下院議員の過半数の信任を得たと判断し，彼を新首相に任命した．ムヒディンを総裁とするマレーシア統一プリブミ党（Parti Pribumi Bersatu Malaysia：Bersatu），汎マレーシア・イスラーム党（Parti Islam Se-Malaysia：PAS），BN，サラワク政党連合（Gabungan Parti Sarawak：GPS），サバ州の諸政党などが与党陣営を構成した．Bersatu と PAS を中心に政党連合・国民連盟（Perikatan Nasional：PN）が結成された．ムヒディン政権は二つの課題に直面していた．第 1 の課題は新型コロナウィルス感染症の拡大を抑えることである．前政権末期の 2020 年 1 月 25 日の最初の感染確認からムヒディン政権が崩壊した 2021 年 8 月 16 日までの約 1 年半に，マレーシアは感染拡大の 5 つの波を経験した．2020 年 1 月末から 2 月半ばまで

の第1波，2020年2月末から6月までの第2波，2020年9月から2021年3月までの第3波，2021年4月半ばから6月末までの第4波，2021年7月以降の第5波である［伊賀2022: 158］．ムヒディン政権は感染症拡大を抑えるために活動制限令による移動の規制やワクチン接種などさまざまな対策を講じるとともに，大幅な打撃を受けた経済に対する各種の支援策を導入した．

　第2の課題は脆弱な権力基盤にもかかわらず政権を維持することである．ムヒディン政権の権力基盤の弱さは主に以下の諸点に起因していた．① 選挙を経ずに成立した政権であること，② 与野党両勢力が伯仲し，国会下院議員の過半数の支持を確保できなくなる危険性に直面していたこと，③ 寄り合い所帯の与党陣営内に対立を抱えていたことである．ムヒディン首相は当初より下院議員の過半数をわずかに上回る支持しか得ておらず，与党陣営内の対立も相まって，過半数割れによる政権崩壊の危機と常に背中合わせだった．

(2)　与党陣営内の対立と綱渡りの政権運営

　与党陣営内の最大の対立は，ムヒディン首相が率いる Bersatu と彼の古巣の統一マレー人国民組織 (United Malays National Organisation : UMNO) との間に存在した．両党の対立の第1の要因は支持基盤の重複である．Bersatu はモハンマド・ナジブ・アブドゥル・ラザク (Mohammad Najib Abdul Razak) 元首相の汚職疑惑を契機に UMNO を離党したムヒディンやマハティールらが 2016 年に結成した政党であり，両党は支持層が重なっていた．そのため，次回総選挙での候補者調整や地方レベルでの党員の引き抜きなどをめぐる対立が存在していた［谷口2021: 320–321；伊賀2022: 166］．

　両党の対立の第2の要因は，UMNO 総裁を中心とするグループによるムヒディン政権に対する反発である．汚職にまつわる容疑で起訴され裁判を抱えていた UMNO のアフマド・ザヒド・ハミディ (Ahmad Zahid Hamidi) 総裁やナジブ元首相らは，彼らに味方しないムヒディン首相に対して不満を募らせていたと考えられる．ザヒドやナジブが近い将来に有罪となり，国会議員としての地位を失うことを恐れたとしても不思議ではない．UMNO の指導層も一枚岩ではなく，ムヒディン内閣と距離を置く閣外のザヒドやナジブらのグループと，ムヒディン首相を支える閣僚らのグループとの間の対立が顕在化していた．

　与党陣営内の対立に乗じて政権奪取を試みたのが，2020年2月の政変で下野した人民公正党 (Parti Keadilan Rakyat : PKR) のアンワル・イブラヒム (Anwar

Ibrahim) 総裁である. 同年9月, アンワルは自らが国会下院議員の過半数の支持を獲得したと公言した[6]. アンワルは支持者の顔ぶれを示さなかったが, 自党のPKR, 民主行動党 (Democratic Action Party: DAP) および国家信託党 (Parti Amanah Negara: Amanah) からなる政党連合・希望連合 (Pakatan Harapan: PH) の議員と, ザヒド総裁ら一部のUMNO議員が想定された. このアンワルの倒閣の試みは失敗に終わったが, ムヒディン政権が過半数割れの危機にあり, 綱渡りの政権運営を強いられていることを再認識させた [谷口 2021: 321].

　苦境に立つムヒディン首相がひねり出したのが, 新型コロナウィルス感染症対応という第1の課題を政権維持という第2の課題のために利用するという奇策である. 政権発足当初, 野党陣営は不信任決議案を提出しようとしたが, 新型コロナウィルス感染症の拡大を理由に国会の開会が延期され, 開会後も下院の会期がわずか1日に短縮されたため, 不信任決議案を提出できなかった. 先述のアンワルによる多数派工作や野党陣営による2021年度予算案否決の試みも, 政争を諫め, 感染症対応の最優先を求める国王の要望もあって頓挫した. ムヒディン政権の最終手段は, 後述の感染症対応を理由とした非常事態宣言の発令だった. 1年半という短命ではあったにせよ, ムヒディン政権は「新型コロナにより延命した」[伊賀 2022: 166] のである.

5　ムヒディン政権期の非常事態宣言をめぐる政治過程

　このように綱渡りの政権維持を強いられたムヒディン政権の最大の切り札だった常事態宣言をめぐる政治過程を辿ることにしよう.

(1)　発令されなかった非常事態宣言

　2020年10月頃, ムヒディン政権を取り巻く環境は厳しさを増していた. まず, 同年9月末から新型コロナウィルス感染症の第3波が発生し, 10月には新規感染者数が急増して, 第2波を上回る感染拡大となった. この急速な感染拡大を抑えることは政権の喫緊の課題だった. また, 同年9月にはアンワルによるUMNO幹部の一部との協力を通じた政権奪取の動きが表面化し, ムヒディン政権の存続が危ぶまれる状況となっていた.

　そのような中で, 2020年10月23日, ムヒディン首相はアブドゥッラー国王に謁見し, 新型コロナウィルス感染症の拡大防止を理由として全土に非常事

態宣言を発令することを要請した [Istana Negara 25 October 2020]．新型コロナウィルス感染症の拡大防止が緊急の課題だったことは事実だが，動機としてより重要なのは政権の維持である．非常事態宣言が発令されれば，議会の停止や選挙の延期が可能になり，政権崩壊を回避できるからである．

　しかし，10 月 25 日，国王宮の声明で，アブドゥッラー国王は非常事態宣言発令の必要はないとの見解を表明した．声明によれば，国王は他の統治者たちとも協議し，現政権がこれまで新型コロナウィルス感染症にうまく対応し，今後も感染拡大防止のための政策や措置を実行する能力を持つことから，非常事態宣言発令の必要はないと判断したという．同時に，国王は政権の安定を損なう政治工作を止めるように警告し，提出予定の 2021 年度予算案は感染症対策と国家経済の回復のために重要だと強調した [Istana Negara 25 October 2020]．国王は，感染症対応を理由に非常事態宣言を発令する必要はないとムヒディン政権を牽制しつつ，同時に，アンワルら野党指導者と一部の与党指導者による倒閣の動きも諫め，彼らに予算案審議への協力を求めたのである．

　与野党両陣営の指導者たちはいずれも国王の決定を受け入れることを表明した．特に，アンワルら野党陣営の指導者たちとザヒドら与党陣営の反ムヒディン派の指導者たちは，非常事態宣言発令の要請を拒否したアブドゥッラー国王の決定を英断だと高く評価した．[7] 11 月から始まった国会下院の 2021 年度予算案の審議では野党陣営から予算案への反対が表明されたが，与党陣営内の離反は回避され，予算案は一部の修正を経て，翌 12 月に下院にて僅差で可決された．[8] 倒閣の動きは水面下で続けられたが，非常事態宣言を発令せずに国会を開会しつつ，国会での予算案の可決を促すという国王の狙いは，それなりに実現されたといってよい．

(2) 発令された非常事態宣言

　このように国王は全土を対象とした非常事態宣言の発令をいったん避けたが，選挙運動を通じた感染症の拡大を防ぐために，補欠選挙の延期を目的とした特定選挙区のみを対象とする非常事態宣言を発令した．その背景には，2020 年 9 月末に実施されたサバ州議会選挙が第 3 波の感染拡大をもたらしたことへの反省があったと考えられる．2020 年 11 月 18 日に，国会下院バトゥ・サピ選挙区 (サバ州) の補欠選挙を延期するために，同選挙区を対象とした非常事態宣言が発令され，[9] 同年 12 月 16 日には，国会下院グリク選挙区 (ペラ州) と

サバ州議会ブガヤ選挙区の補欠選挙の延期のために，両選挙区を対象とした非常事態宣言も発令された[10]．特定選挙区のみを対象とした非常事態宣言は議会の停止を伴わず，野党陣営からも強い反対はなかった．

2020年9月末以降の第3波の感染拡大は2021年を迎えても収まる気配がなく，1月初めの段階で1日あたりの新規感染者数が2000人を超える状況にまで悪化していた［谷口2022: 318］．ムヒディン首相は1月11日にアブドゥッラー国王に謁見し，感染拡大を防止することを理由として，非常事態宣言の発令を国王に再度要請した．これを受けて，アブドゥッラー国王は翌1月12日に非常事態宣言を発令した．非常事態宣言の期限は同年8月1日までと設定された．国王宮の声明によれば，国王は，首相や政府関係諸機関の長による説明を検討し，他の統治者たちとの協議も考慮しつつ，非常事態宣言の発令を承諾するに至ったという［Istana Negara 12 January 2021］．非常事態宣言の発令に伴い，国会と州議会の招集は停止され，法と同等の効力を持つ勅令が国王の名で発布されることになった．

2度目の非常事態宣言発令の要請も，1度目と同様に，新型コロナウィルス感染症の拡大防止だけでなく，存続が危ぶまれるムヒディン政権の維持を図ったものだった．ザヒド総裁が率いるUMNOの最高評議会は，ムヒディン首相が率いるBersatuとの協力関係を継続するか否かを1月末の党大会で決定すると発表した．また，UMNOの下院議員の数名がムヒディン政権を支持しないことを明らかにしたため，ムヒディン政権が下院議員の過半数の支持を喪失した可能性が高まっていた．ムヒディン政権にとって，非常事態宣言の発令は，国会を停止することで政権を延命させるための方策だった．ムヒディン内閣の閣僚ら与党陣営の大半の議員は非常事態宣言の発令を支持した．他方，倒閣を目指す野党陣営と与党陣営のUMNOの反ムヒディン派は非常事態宣言の発令に反対した．ただし，彼らも国王を批判することは避け，権力維持のために非常事態宣言を利用したとして，発令を要請したムヒディン首相を非難した[11]．

(3) 非常事態宣言の解除とムヒディン首相の辞任

非常事態宣言発令後も新型コロナウィルス感染症の拡大は続き，2021年4月半ばから6月末にかけて第4波，同年7月からは第5波の感染拡大が発生した．野党陣営や与党陣営内の反ムヒディン勢力は，感染症対策について審議するためにも早期に議会を再開し，非常事態宣言を解除するよう政権に迫った．

逆に，ムヒディン首相ら政権中枢は，感染拡大の継続を理由に議会再開の延期と非常事態宣言の延長を図った．6月15日に政府が公表した国家回復計画（Pelan Pemulihan Negara）によれば，国会は活動制限緩和の第3段階でようやく再開され，それは9月か10月頃になると見込まれた．野党陣営からは国会再開や非常事態宣言解除への方針が不明瞭だとの批判が寄せられた[12]．

　議会再開と非常事態宣言解除をムヒディン政権に強く働きかけたのはアブドゥッラー国王だった．国王は2021年6月9日から15日にかけて18人の各政党指導者たちと面談を重ね，新型コロナウィルス感染症対応などの諸問題に関する意見聴取を行った［Istana Negara 15 June 2021］．国王は6月16日のマレー人統治者特別会合（Perbincangan Khas Raja-Raja Melayu）での統治者たちとの協議を受けて，政府に効果的な感染症対策と経済回復策を求めると同時に，感染症対策などの諸課題について審議する場として国会が重要だとの認識を示した［Istana Negara 16 June 2021］．国王は6月29日に国会両院の正副両議長と面談し，できる限り早期に国会を再開すべきだと明言した．この見解は立憲君主としての国王と統治者たちの一致した意見だと説明された［Istana Negara 29 June 2021］．

　2021年7月に入ると，国会下院におけるムヒディン首相への支持が過半数を割ったことは決定的になった．7月7日，ムヒディン首相は，活動禁止令の実施を主導した上級大臣（治安担当）兼国防大臣でUMNO総裁補佐のイスマイル・サブリ・ヤアコブ（Ismail Sabri Yaakob）を空席だった副首相に昇格させ[13]，UMNOを政権につなぎとめようとした．しかし，翌7月8日，ザヒド総裁が主催するUMNOの最高評議会において，政権への支持を撤回し首相の辞任を求める決議が採択された．他方，閣僚となっている最高評議会メンバーなどは首相を支持し続けることを表明した[14]．

　国王による国会の早期再開の要望を受けて，ムヒディン首相は2021年8月1日に予定通り非常事態宣言を解除すること，それに先立って7月26日に国会を召集することを決断した．国会再開初日の7月26日の下院での審議で新たな問題が生じた．タキユディン・ハッサン（Takiyuddin Hassan）首相府大臣（法務担当）が，非常事態宣言発令中に発布された勅令は国会召集前の7月21日に政府によって廃止されたと答弁したからである[15]．勅令廃止は官報に記載されておらず，同大臣の発言に疑問が投げかけられた．7月29日の国王宮の声明によれば，7月24日に国王はタキユディン大臣とイドルス・ハルン（Idrus

Harun）法務長官と協議し，勅令を廃止する提案を国会で審議することで合意していた．国王はその合意が反故にされたことに失望を表明した [Istana Negara 29 July 2021]．国王の同意なしに大臣が勅令の廃止を表明したことで，野党陣営や UMNO の反ムヒディン勢力は政権批判を強めた[16]．8月3日には UMNO のザヒド総裁が，自らを含む10名あまりの国会下院議員がムヒディン首相への支持を撤回し，政権はもはや過半数の支持を得ていないと述べた[17]．

　過半数割れを認めたムヒディン首相は，最終手段として政治制度改革を条件に野党陣営に協力を求めたが賛同を得られず，ついに8月16日に辞任を表明した．アブドゥッラー国王は，8月20日に全下院議員220名の過半数の114名の支持を得たイスマイル・サブリ前副首相を次期首相として任命することを決定し，翌21日にイスマイル・サブリは正式に第9代首相に就任した．UMNO の総裁補佐であるイスマイル・サブリが首相に就任したことで UMNO 一部議員の離反は回避され，与党陣営の過半数は回復された．首相交代で政権の中心は Bersatu から UMNO に移行したが，政権の構成政党は変わらなかった．イスマイル・サブリ新首相は UMNO 党内ナンバー3に過ぎず，ムヒディン政権を支え続けたことでザヒド総裁との対立を抱えており，政権基盤はおよそ強固ではなかった．マレーシアの政局は引き続き不安定な様相を呈することになった．

6　ムヒディン政権期の非常事態宣言に見る君主制と民主主義

　本章の課題に沿ってこれまでの議論を簡潔にまとめたうえで，ムヒディン政権期の非常事態宣言がマレーシアの君主制と民主主義に対して持つ意味を探ることにしよう．

　まず，マレーシアの連邦憲法は国王の非常事態宣言発令権をどのように規定しているのか．第3節で検討したように，国王は重大な非常事態が発生したか，そうした事態が発生する差し迫った危険が存在すると確信すれば，非常事態宣言を発令できる．ただし，国王による非常事態宣言の発令は，内閣——具体的には首相——の助言にもとづいてなされるべき行為だと考えられる．

　次に，非常事態宣言の発令と解除の際に国王はどのような対応を行ったのか．第5節で考察したように，非常事態宣言をめぐるアブドゥッラー国王の対応は，① 2020年10月にムヒディン首相の非常事態宣言発令の要請を拒否した

局面，②2021年1月に首相の要請を受諾して非常事態宣言を発令した局面，③同年6月以降に議会の早期再開と期限通りの非常事態宣言解除を促した局面の3つに分けられる．第2の局面では非常事態宣言発令の要請に同意したが，全般的に，非常事態宣言に対する国王の慎重な姿勢が目立ったといえる．

最後に，ムヒディン政権期の非常事態宣言をめぐる国王の対応は君主制と民主主義にいかなる意味を持つのか．総じて，アブドゥッラー国王は立憲君主制と議会制民主主義の持続と安定を重視する対応を行ったといえる．その具体的な特徴は以下の通りである．

第1に，アブドゥッラー国王は，ムヒディン政権の延命策という性格を帯びた非常事態宣言の発令に慎重でありつつ，国王は首相の助言の下で行動すべきとの立憲君主制の原則も認識していた．2020年10月に国王は首相による非常事態宣言の発令の要請を拒否した．過半数割れが疑われる政権の延命策ともいえる非常事態宣言の発令を躊躇したのだろう．しかし，2021年1月に首相が再度の要請を行った際に国王がこれを受諾したのは，新型コロナウィルス感染症の拡大が深刻化したことに加え，国王は首相の助言の下で行動すべきとの原則に照らして，2度も首相の要請を拒むことは難しいと判断したと考えられる．

第2に，アブドゥッラー国王はマレーシアの連邦君主制を尊重し，他の統治者たちとの合意形成を重視した．2020年10月の非常事態宣言発令の要請の拒否，2021年1月の非常事態宣言発令の要請の受諾，同年6月以降の国会再開と宣言解除への働きかけのいずれの際にも，国王は他の統治者たちと協議し，意見の一致を図った．こうした統治者間の協議を通じた合意形成は国王の決定の正統性を高めたといえる．アブドゥッラー国王は2019年1月の国王即位直前にパハン州のスルタンになった新参の統治者であり，古参の統治者たちとの協議を通じて慎重に合意を形成する必要性を特に強く認識していたと思われる．

第3に，アブドゥッラー国王はマレーシアの議会制民主主義を重視した．国王宮から発出される声明や国王の演説の中では，連邦憲法に依拠して議会制民主主義を尊重すべきことがしばしば述べられた．非常事態宣言の発令時に，国王が議会の早期の再開に積極的な姿勢を示し，非常事態宣言の発令中に発布された非常事態勅令について国会で審議することを望んだことには，議会制民主主義を重んじる国王の姿勢が反映されていた．

第4に，アブドゥッラー国王は議会での議論を重視する一方，新型コロナウィルス感染症対応という緊急課題が存在する状況下で，政治的安定を損なう政争には否定的だった．ただし，ここでいう政治的安定は政権維持と同義ではない．非常事態宣言による延命を図るムヒディン首相から国王が距離を置いたのは，正統性が疑わしいムヒディン政権の存続が，かえって政治的不安定を増幅しかねないという懸念があったためだとも考えられる．

　非常事態宣言をめぐるアブドゥッラー国王の対応は，マレーシアの民主主義の持続と安定に一定の寄与をしたといえるだろう．アブドゥッラー国王とムヒディン首相との間には溝が生じていたことから，国王の対応が実際にどの程度まで政治的に中立だったかについては議論の余地がある．とはいえ，対立する陣営の間で国王が一定のバランスを取ろうとした形跡は見られる．国王はムヒディン首相による1度目の非常事態宣言発令の要請を拒否するなど，非常事態宣言で延命を図る政権から距離を置こうとしたが，同時に，倒閣のために多数派工作に励む野党陣営や与党陣営内の反ムヒディン派を諫め，予算案審議への協力を求めるなど，反対勢力も牽制した．君主が諸勢力の上に立つ中立的権力として振舞おうとし，民主主義の持続と安定にそれなりに貢献した事例とみなすこともできよう．

　他方，仮に国王や各州の統治者が拡大した政治権力を用いて，中立性を大きく逸脱して国政や州政に介入した場合には，君主制が民主主義を脅かす危険性も潜んでいる．多数の政党連合が合従連衡する現在の不確実な状況下では，国王や統治者の判断や決定が国政や州政の帰趨を左右しうるため，君主と政党との間の力関係は前者に有利に傾いてきている．実際，州レベルでは一部の統治者によって立憲君主の役割を逸脱するような政治的介入が行われる事例が見受けられる．国政においてもそのようなことが起こらないとは限らない．

　君主の実質的な権力が拡大する状況を受けて，国王や統治者への批判をタブー視する傾向も強まっている．かつて扇動法（Sedition Act）を抑圧的だと批判していたアンワル現首相（2022年11月就任）は，国王や統治者への問題発言に対しては同法の適用を辞さない姿勢を示している．実際，野党陣営の複数の指導者が国王や統治者に対する発言を問題視され，扇動法によって起訴されている．2024年8月には，補欠選挙における応援演説で2022年総選挙後の国王による首相任命を疑問視する発言をしたために，ムヒディン元首相が扇動法で起訴されるという事態が生じている[18]．

2024年1月30日にアブドゥッラー国王は5年の任期を終えて退任し，翌31日にイブラヒム（Ibrahim）新国王が就任した．ジョホール州のスルタンとして活発に州政に関与してきた新国王は，国政にも積極的にかかわる姿勢を示している．アンワル首相も同国王との関係を非常に重視している．変動期にある現代マレーシア政治を理解するうえで，君主制と民主主義の関係を深く考察することはますます重要になっているといえよう．

冒頭に述べたように，東南アジアの君主制国家はマレーシアだけではない．東南アジアの君主制国家はいずれも憲法を持つという限りにおいて立憲君主制の形式を備えているが，その君主制と民主主義の実態は多様である．ブルネイでは議会制民主主義が機能せず，ハサナル・ボルキア国王を中心とする王族や貴族が政治的実権を握り，実質的には絶対君主制に近い体制が構築されてきた ［金子 2018］．タイでは，プーミポン前国王の下で国王の権威が着々と強化され，「国王を元首とする民主主義体制」が確立したが，21世紀に入って国王の権威に陰りが見え始めるようになった．ワチラーロンコーン現国王に交代後，2020年に君主制改革要求の運動が起こったが，政権や司法機関は「国体」の護持を図っている ［玉田 2021；2022］．カンボジアでは，1990年代にシハヌーク前国王が諸勢力の調停を図るなどの政治的役割を果たしたが，野党勢力に対する弾圧を通じてカンボジア人民党による事実上の一党支配体制が構築されるなかで国王の政治的影響力は衰退し，シハモニー現国王は積極的に政治に関与していない ［山田 2024］．このように多様性に満ちた東南アジアの君主制と民主主義の比較研究も求められているといえよう[19]．

注

1）州議会選挙の延期のため，サラワク州のみ2022年2月2日まで非常事態宣言が延長された．実際には，2021年11月3日にサラワク州の非常事態宣言も解除され，12月18日にサラワク州議会選挙が行われた．

2）タイの君主制に関する研究動向については，櫻田 ［2023：12-31］が詳しい．

3）統治者たちは，クランタン，トレンガヌ，クダ，ペラ，スランゴール，パハン，ジョホールの7州ではスルタン（Sultan），プルリス州ではラジャ（Raja），ヌグリ・スンビラン州ではヤン・ディプルトゥアン・ブサール（Yang di-Pertuan Besar）と呼ばれる．

4）国王ならびに副国王の選出方法については，鳥居 ［2023］を参照のこと．

5）国王の主な役割については左右田 ［2022a：25-26］や富沢 ［2003：224-225］を参照のこと．

6）*Malay Mail*, 23 September 2020.

7）*Malay Mail*, 25 October 2020.

8）*Malaysiakini*, 15 December 2020.

9）*Malay Mail*, 18 November 2020.

10）*Malay Mail*, 16 December 2020.

11）*Malay Mail*, 12 January 2021, *Sinar Harian*, 12 January 2021.

12）*Malay Mail*, 15 June 2021.

13）総裁補佐（Naib Presiden）は，総裁（Presiden），副総裁（Timbalan Presiden）に次ぐ役職である．

14）*Malay Mail*, 8 July 2021.

15）*Malay Mail*, 26 July 2021.

16）*Malay Mail*, 29 July 2021.

17）*Malay Mail*, 3 August 2021.

18）*Malay Mail*, 27 August 2024.

19）数少ない東南アジアの君主制と民主主義の比較研究として Kershaw［2001］がある．

◆参考文献◆

＜邦文献＞

伊賀司［2022］「マレーシア：新型コロナ対応によって延命し，そして辞任した首相」，日下部尚徳・本多倫彬・小林周・高橋亜友子編『アジアからみるコロナと世界：我々は分断されたのか』毎日新聞出版，pp.155-183.

宇野重規［2018］「デモクラシーと君主制」，水島治郎・君塚直隆編『現代世界の陛下たち：デモクラシーと王室・皇室』ミネルヴァ書房，pp.247-276.

金子芳樹［2018］「ブルネイ：現代における絶対君主制国家の安定と改革」，清水一史・田村慶子・横山豪志編『東南アジア現代政治入門』（改訂版）ミネルヴァ書房，pp.231-251.

櫻田智恵［2023］『国王奉迎のタイ現代史：プーミポンの行幸とその映画』ミネルヴァ書房．

左右田直規［2022 a］「マレーシアの君主制と政党政治：首相・州首相の任命に関する一考察(1)」『東京外大 東南アジア学』27，pp.1-33.

―――――［2022 b］「マレーシアの君主制と政党政治：首相・州首相の任命に関する一考察(2)」『東京外大 東南アジア学』27，pp.34-72.

谷口友季子［2021］「2020 年のマレーシア：選挙なき政権交代を実現するも，前途多難な新政権」，アジア経済研究所編『アジア動向年報 2021』アジア経済研究所，pp.315-340.

―――――［2022］「2021 年のマレーシア：流動的な政治情勢が継続」アジア経済研究所編『アジア動向年報 2022』アジア経済研究所，pp.315-340.

玉田芳史［2021］「学生による政治体制改革運動：2020 年のタイ」『国際情勢：紀要』91，

pp.205-225.

――――[2022]「体制転覆判決：国体をめぐる闘争」『タイ国情報』56(1), pp.1-12.

富沢寿勇 [2003]『王権儀礼と国家：現代マレー社会における政治文化の範型』東京大学出版会.

鳥居高 [2023]「国王は何をするのか？：変化する国王の役割り」, 鳥居高編『マレーシアを知るための58章』明石書店, pp.73-78.

中村正志 [2021]「首相交代でマレーシアの連立政権は安定するか」『IDEスクエア：世界を見る眼』(2021年9月), pp.1-10.

山田裕史 [2024]「王族と政治」, 小林知編『カンボジアは変わったのか：「体制移行」の長期観察1993-2023』めこん, pp.83-88.

レーヴェンシュタイン, カール [1957 (1952)]『君主制』(秋元律郎・佐藤慶幸訳), みすず書房.

＜欧文献＞

Abdul Aziz Bari [2013] *The Monarchy and the Constitution in Malaysia*, Kuala Lumpur : Institute for Democracy and Economic Affairs.

Anderson, Benedict R. O'G. [2007] *Useful or Useless Relics : Today's Strange Monarchies* (Working Paper Series, No. 32), Kyoto : Afrasian Centre for Peace and Development Studies, Ryukoku University.

Faruqi, Shad Saleem [2021] "The Monarchy and Article 150," *Fulcrum : Analysis on Southeast Asia* (18 August 2021) (https : //fulcrum.sg/the-monarchy-and-article-150/, 2024年10月31日最終閲覧).

――――[2024] "The Constitutional Position of His Majesty the Yang di-Pertuan Agong," in Abdul Rahman Putra and Zulharry Abdul Rashid eds., *Test of a King : The Wisdom of His Majesty the 16th Yang di-Pertuan Agong Navigating the Nation through Uncharted Waters*, Kuala Lumpur : Istana Negara, pp.5-20 (https : //drive.google.com/file/d/1mbAfAdIXzRylqciJ1qiHeLSyaLxmRPpi/view?pli=1, 2024年10月31日最終閲覧).

Harding, Andrew [2017] "'Nazrinian' Monarchy in Malaysia : The Resilience and Revival of a Traditional Institution," in Andrew Harding and Dian A. H. Shah eds., *Law and Society in Malaysia : Pluralism, Religion, and Ethnicity*, London : Routledge, pp.72-95.

――――[2020] "The Rulers and the Centrality of Conventions in Malaysia's 'Eastminster' Constitution," in H. Kumarasingham ed., *Viceregalism : The Crown as Head of State in Political Crises in the Postwar Commonwealth*, Cham : Palgrave Macmillan, pp. 253-283.

――――[2022] *The Constitution of Malaysia : A Contextual Analysis*, second edition. Oxford : Hart.

Kershaw, Roger [2001] *Monarchy in South-East Asia : The Faces of Tradition in Tran-*

sition, London and New York : Routledge.

Kobkua Suwannathat-Pian [2011] *Palace, Political Party and Power : A Story of the Socio-Political Development of Malay Kingship*, Singapore : NUS Press.

Lee, H. P. [1986] "Emergency Powers in Malaysia," in F. A. Trindade and H. P. Lee eds., *The Constitution of Malaysia : Further Perspectives and Developments*, Singapore : Oxford University Press, pp.135-156.

—————— [2017 (1995)] *Constitutional Conflicts in Contemporary Malaysia*, second edition. Oxford : Oxford University Press.

Zaki Azmi [2021] "Government's Powers during an Emergency," *Journal of the Malaysian Parliament*, 1, pp.19-37.

＜一次資料＞

Istana Negara（随時）*Kenyataan Media*（https : //www.istananegara.gov.my, 2024 年 1 月 30 日最終閲覧）. なお, 同年 1 月 31 日の国王交代後にウェブサイトが一新され, 現在, アブドゥッラー国王在任中の報道声明は閲覧できない.

Malaysia [2020 a] *Federal Constitution*, Kuala Lumpur : The Commissioner of Law Revision, Malaysia.

Malaysia [2020 b] *Perlembagaan Persekutuan*. Kuala Lumpur : Pesuruhjaya Penyemak Undang-Undang, Malaysia.

＜新聞（オンライン版）・ニュースサイト＞

Malay Mail（https : //www.malaymail.com/）

Malaysiakini（https : //www.malaysiakini.com/

Sinar Harian（https : //www.sinarharian.com.my/）

The Star（https : //www.thestar.com.my/）

第3章

プリッサダーン親王（1852-1935）略伝
——絶対君主期タイにおける「立憲主義者」の肖像——

日向 伸介

▌ 1 「立憲主義者」の復権

タイで最初の立憲的な憲法は，人民党による立憲革命の発生から3日後，1932年6月27日に暫定憲法として公布・施行された．この革命により，概ね1880年代後半から構築された絶対君主制が崩壊し，タイの政体は立憲君主制へと移行した．第1次世界大戦を経て1920年に設立された国際連盟の加盟国のなかで立憲政体をとらない国はすでに稀であり [Mérieau 2019 : 302]，主権国家としてかなり遅いタイミングでの憲法の導入であった．

だが，憲法の存在や重要性については，タイ国内においても立憲革命以前からもちろん認識されており[1]，実際にそれを導入しようとする動きも見られた．例えば，革命のちょうど20年前にあたる1912年には，立憲君主制ないし共和制への移行を画策したクーデタ計画が陸軍内部で発覚するという事件が発生した．クーデタ計画の背景として，国軍とは別に直属の義勇部隊を創設したラーマ6世王（在位：1910-1925）に対する反発や，前年に中国で発生した辛亥革命からの影響が指摘されている．加えて玉田 [1989] によると，より根本的な問題は，社会・経済の発展を顧みなかったラーマ5世王（在位：1868-1910）の治世にあり，6世王の王位廃止のみならず体制それ自体の転換を企図したのはそのためであった．

さらに時代を遡り，1885年には，絶対君主制を敷き始めたばかりの5世王に対し，ヨーロッパ在留中の8名の王族・官僚が連名で立憲君主制への移行を国王に直接進言するという動きがみられた．提案は受け入れられなかったものの，タイにおける立憲主義の歴史の端緒に位置付けられるべきでき事として，

よく知られている[2]。一方，その中心人物であったプリッサダーン親王（**写真3-1**）の存在は，公的なタイ史のなかではほとんど黙殺されており，研究の対象となることはあっても，国王に対する反逆者あるいは政治改革者として［Loos 2015: 64］，いわば一面的な理解がなされてきた。

表舞台の歴史からは忘却されてきたプリッサダーンの存在に再び光を当てようとする試みを紐解いてみると，プリッサダーンの親族にあたるチュムサーイ家の人々が中心的な役割を果たしてきた。まず，プリッサダーンが著した自伝[3]（後述）が，ナート・チュムサーイの葬礼配布本［Pritsadang 1970］として刊行されたのち，マーニット・チュムサーイが外交官時代に焦点をあてた資料集［Manich 1977; Manit 1991］を刊行している。

写真3-1　プリッサダーン親王（1887年撮影）
（出所）Pritsadang [1930: Illus. 17]

さらに，スメート・チュムサーイは，立憲君主制の導入に関する論文［Sumet 2004］や概説書［Sumet et al. 2007］を刊行している。一方，外国人研究者としては，ナイジェル・ブレイリーが，ラーマ5世王（在位：1868-1910）政府に対するプリッサダーンの批判的な見解が記録された文書（イギリス外務省文書）を紹介するととともに，プリッサダーンの経歴を簡潔にまとめている［Brailey 1989］。

近年では，タイ近代史研究者のタマラ・ルースが，立憲主義の観点からだけでなく，19世紀後半−20世紀初頭にかけてのヨーロッパ帝国主義や国際的な仏教運動も含めたより広い射程から，プリッサダーンの生涯全体を捉え直そうと試みている［Loos 2016］。ルースの研究成果はタイ語に翻訳され，人文社会科学分野で定評のある出版社アーンから2022年に刊行されている[4]。プリッサダーンの存在が狭義の研究書や資料集を超えて，タイ社会でより広く認知されるようになってきていることを示す例といえる。これは，タックシン政権（2001-2006）の登場に端を発する政治対立を経て，君主制のあり方を最大の争点に掲げる2020年以降の民主化運動を一つの背景とする現象であろう。王室賛美に徹する公定史観だけでなく，より客観的な歴史に対する社会的な欲求が高まりつつあるなか，歴史に埋もれてきた最初期の立憲主義者の存在が関心を呼んで

いるのである.

　本章では，これまで多くの研究者が焦点を当ててきた立憲思想の問題には深く立ち入らず，プリッサダーンの小説よりも数奇な生涯の全体像を叙述することにより，タイの近代史を個人史的な視点からたどってみることにしたい.

　なお，1939 年 6 月 24 日まで対外的に使用されていた国号は「シャム」である．したがって，下記では，それ以前の事象については「シャム」を，以後の事象については現在の国号である「タイ」を用いることとする.

2　プリッサダーン親王の数奇な生涯

(1)　出生からイギリス留学まで（1852-1881）

　プリッサダーン親王（Phraworawongthoe Phraongchao Pritsadang/ Prince Prisdang Chumsai）は，ラーマ 3 世王（在位: 1824-1851）の第 21 子チュムサーイ親王と，パモーンモントリー家出身のモム・ノーイの間に，1852 年 2 月 23 日に生まれた．ラーマ 3 世王とラーマ 4 世王（在位: 1851-1868）はともにラーマ 2 世王（在位 1809-1824）の子（異母兄弟）で，5 世王は 4 世王の子なので，プリッサダーンは 3 世王の孫，4 世王の姪孫（甥の子），5 世王の従甥（従妹の子）にあたることになる.

　4 世王ではなく 3 世王の孫という血筋，そしてちょうど1870 年代に成人に達したという世代的なタイミングは，プリッサダーンの人生を方向付けた外的要因として指摘しておく必要がある．1870 年代前半は，自身の権力基盤の強化と近代化を目指す 5 世王が初期改革を試みたものの，国王に次ぐ立場にあったウィチャイチャーン副王（在位: 1868-1885）との対立が 1874 年に「副王宮危機」へと発展して最終的にイギリスの介入を招くという混乱の時期であった [永井 1996]．5 世王からみると改革の障壁であった副王や，有力貴族のチュアン・ブンナークが1880 年代に相次いで世を去ったのち，1890 年代にかけて 5 世王は主要閣僚ポストに自身の異母弟にあたる親王たちを任命することによって中央政府内での権力を掌握していく．シャムの絶対君主制とは，君主が統治権を掌握するのみならず，王族のなかでも 4 世王の子孫（モンクット・ファミリー）という特定の血族集団が国家権力を占有するという特徴をもっていた [玉田 1996]．このような状況のなかで，プリッサダーンは比較的高位の王族ではあるものの，モンクット・ファミリーからみると傍系に属しており，かつ中

央政治における権力構造が変化しつつある時代の渦中で壮年期を迎えるという微妙な立ち位置にあった.

1871年, ラーマ5世王は近隣の植民地行政を視察するため, シンガポール・バタヴィア (ジャカルタ)・スマランを訪問した. これに随行していたプリッサダーンは, シンガポールのラッフルズ・カレッジに留まって英語を学んだ後, 同年5世王が初めてイギリスへ派遣した留学生3名のうちの1名に選ばれた. イギリスでは基礎教育を経てパブリックスクールのセント・ポールズ校で半年ほど学んだのち, 1874年にロンドン大学キングスカレッジ (King's College London) の応用理工学科に入学し, 1876年に卒業した. ヨーロッパの大学を卒業した初めてのシャム人王族であったばかりではなく, 多数の学業優秀賞を受賞したことから, 頭脳明晰であったことがわかる. その快挙は, ロンドン・タイムズ紙でも報じられた [Pritsadang 1930: 196 (19-20)].

大学を卒業した年, プリッサダーンはシャムに帰国し, ナレート親王[5]やテーワウォン親王[6]を補佐する公務についた. そうして1年ほど過ごした後, 土木工学を学ぶために再びロンドンに旅立ち, 1877年の冬に到着した. ロンドンでは, イギリス土木学会 (Institution of Civil Engineers) に籍を置いて3年間研修を受けた後, 修了証を取得した. その間, 1879年に一時的に研修を離れ, 2等書記官として外交上の業務を補佐することがあった. 1880年にシャムに帰国すると, ラーマ5世王の沿岸部行幸に同行して国王と親しく接する機会を得た. また, 兵隊が不足していたシャム軍に仕官した他, イタリア王国のジェノヴァ公 (在位 1855-1931) やハワイ王国のカラカウア国王 (在位: 1874-1891) など, シャムを訪れた海外の要人を接待する仕事にあたった [Pritsadang 1930: 10-17].

(2) ヨーロッパでの活躍と国制改革奏上 (1881-1886)

1881年, 5世王は, 後に第3代ドイツ皇帝 (在位: 1888-1918) となるプロイセンのヴィルヘルム2世の結婚式にシャム代表として参列させるため, プリッサダーンを再びヨーロッパに派遣した. 結婚式にはヨーロッパ留学中のシャム人学生も参列していたので, プリッサダーンは彼らを留学先に送り届けてから, 最終的にロンドンに到着した. 任務を終えてシャムに帰国する支度をしている最中の1882年3月5日, 5世王は, シャムと条約を締結していたヨーロッパ11ヶ国およびアメリカに対するシャム特命全権公使にプリッサダーンを任命した. それまで, シャム政府は自国人の公使を外国に常駐させたことは

なく，外国人を雇用してその役割を代行させていた．したがって，プリッサダーンはシャム人として最初の常駐公使ということになる．二度の留学を無事に終え，行幸時に親しく接し，外交の分野でも任務を忠実に果たしてきたプリッサダーンに国王は信頼を置いていたのであろう．プリッサダーンは期待に応え，各国における公使館の設置，1855年にイギリスと締結したバウリング条約の一部改正，万国郵便連合への加盟，各国の要人とのネットワークの構築，シャム人留学生の監督など数多くの仕事を順調にこなしていった［Pritsadang 1930: 30-41］．

　一方，プリッサダーンが外交の舞台で華々しく活躍していた1880年代前半から中頃にかけて，シャム本国を取り巻く地域の政治状況が変化していた．

　まず，1884-85年にかけて，フランスと中国の間で清仏戦争が起こり，その講和条約である天津条約において清朝がベトナムの宗主権を放棄したことにより，フランスによるベトナムの保護国化が確定した．また，イギリスとビルマの間でも1885-86年にかけて第3次英緬戦争が起こり，その結果コンバウン朝が崩壊し，ビルマはインド帝国に編入されることとなった．近隣地域で植民地化が進行する最中の1884年，5世王はプリッサダーン個人に宛てた書簡において，シャムが独立を維持するためには，どのような方策をとるべきかを下問した．

　これに対してプリッサダーンは，1885年3月8日付で「ラッタナコーシン暦103年——王族・官僚による国政改革の奏上——」(Chaonai lae Kharatchakan Krapbankhomthun Khwamhen Chatkan Plianplaeng Ratchakan Pahendin Ro.So. 103) と題する長大な文書を，ヨーロッパに駐在ないし留学していた8名の連署のもとで5世王に提出した．連署に名を連ねた王族・官僚は，署名順に，①ナレートウォーラリット親王，②ピッタヤラーププリッターダー親王[7]，③サワッディワットナウィシット親王[8]，④プリッサダーン親王，⑤ノックケーオ・コットセーニー，⑥スン・サートラーパイ，⑦ブット・ペンクン，⑧クン・パティパーンピチットである．5世王が意見を求めたのはプリッサダーン個人に対してであったが，プリッサダーンは独断で他のメンバーを誘った．奏上書は4名の王族が中心となって起草し，その後で残りの4人が閲覧した．

　奏上書全体を概観すると，植民地化を含むさまざまな危機をシャムが回避するためには，日本をモデルとして旧来の統治体制を改革する必要があると最初に訴える．ちなみに，シャムを狙う最も危険な存在はフランスであるとしてい

る[9]．次いで，ヨーロッパ諸国の帝国主義的な対外政策の特徴を整理し，考え得る対策例を挙げるが，それでは根本的な解決にはならないので，ヨーロッパ式に統治改革を行うべきであるとする．すなわち，①万事に国王が判断を下す絶対君主制（absolute monarchy）から，国王が国家元首となり，高位の臣下に勅令として専権を与える立憲君主制（constitutional monarchy）への変革．②国家の防衛と行政の内閣への委任，省庁権限の独立．また，国王の代替わりの際の混乱を防ぐための王位継承法の制定．③賄賂の撲滅と，公務員への相応の給与の支給．④法の尊重と，法の下の平等．⑤ヨーロッパ人から批判されるような旧法の改革．⑥言論の自由．⑦能力にもとづく公正な公務員採用の7点である．続いて，ヨーロッパ諸国がなぜ主権国家として安定しているのか理由を挙げ，最後に，仮に改革を進めた場合に考え得る問題点を列挙・検証している［Pritsadang 1973: 1-43］．

　これに対する5世王の回答をみると，奏上の主眼である憲法の導入を明確に拒否している．即位以来18年間にわたって，国内外の苦難を乗り越え，他国の情報にも常に接してきた自分は，傲慢な井の中の蛙のような絶対君主などでは決してないからというのがその理由である．また，憲法制定はもとより法制業務一般についても，この時点ではさほど重視をしておらず，シャム人だけでこれにあたるのは難しいので，将来的に外国人を雇用して法制度を整備していくべきであろうと述べている．代わりに，最優先すべきものとして，行政改革（government reform）を挙げている［Pritsadang 1973: 47-53］．

　本章では立憲主義をめぐる議論にはこれ以上立ち入らないが，両者の根本的な違いは上記から明らかだろう．プリッサダーンらは王権を憲法によって規定したうえで，法の支配にもとづく平等な社会の創出を目指しているのに対し，5世王はあくまで国王による直接的な国家運営を堅持している．5世王は回答の終盤で，政治体制の改革のような新しいことを考えるのは一旦やめて，命令したとおり，行政機構をどのようにすべきか考えて欲しいと釘を刺している．

　国政改革の奏上に署名をした王族らは，奏上から間もなく，シャムに帰国するように5世王から命じられた．そのため，プリッサダーンが悲劇的ともいえる後半生を歩むことになった原因については，絶対君主制に対して否定的な見解を示したこと，ないしは5世王はプリッサダーン個人に意見を求めたにもかかわらず，公使館員の大半に署名をさせて提案をしてきたことで国王の怒りを

買ったという説 [Sumet 2004: 112] が長らく定説となってきた．しかし，後述するように，プリッサダーンも含め，奏上にかかわった者たちはシャム帰国後も相応の地位を与えられているので，説得力に欠けるところがある．

いずれにせよ，国王から帰国の命を受けたプリッサダーンは，万国郵便連合への加盟業務が残っているという理由で引き延ばしを試みたものの，最終的には1886年にヨーロッパを離れた．

(3) シャム帰国と仏領インドシナ・英領マラヤへの亡命 (1886-1896)

1886年2月，バンコクに戻ってからわずか15日後，プリッサダーンは母をコレラで亡くした．帰国後，自分の住居が用意されておらず，母の家の相続もできなかったプリッサダーンは，軍隊の兵舎や水上家屋で暮らすようになった [Pritsadang 1930: 61-63]．

公務においては，外国語での業務が必要であった郵便局・電信局の局長に1887年に任命された．これは，プリッサダーンが公使時代に万国郵便連合への加盟を果たした経歴をもっていたことと関係していると考えられるが，局長の上には大臣に相当する職が置かれていたため，プリッサダーンはその指揮下にあり，担当する仕事は限られていたと不満をこぼしている．並行して，ダムロン親王が委員長を務めたシリラート病院設立委員会の委員や，国王の諮問機関である枢密院の顧問官にも任命されるなどした．また，海外から来賓を迎える際には接待を命じられ，国内を案内することがあった．そのなかには，日本の小松宮彰仁の名も挙げられている [Pritsadang 1930: 63-66]．

以上のように，海外経験を考慮した任務は与えられていたものの，シャム公使まで務めたプリッサダーンにとっては満足のいく待遇ではなかったようである．その転機となりえたのが，5世王の中央省庁改革の一環として計画された土木局 (1889年設置，1892年に土木省に格上げ) の設置計画である．土木局は，英領インドの公共事業局をモデルとして，郵便，電信，河川，灌漑等に関係する公共事業を担う組織として計画されており，プリッサダーンはその立案を任せられた．現任の郵便・電信局長であり，留学中は応用理工学を専攻し，イギリス土木学会の研修修了認定も受けていたプリッサダーンはまさに適任であり，順調にいけば大臣職に相当する土木局長の地位を得られる可能性もあった．しかし，計画書の提出までは果たしたものの，このまたとない好機は「ある事件」によって台無しとなり，プリッサダーンではなく，ラーマ5世王の異母弟

であるナリット親王が初代土木局長に任命された [Pritsadang 1930: 68-69].

　一体，何が起こったのだろうか．プリッサダーンは自伝のなかで具体的な説明を付していないが，近年の研究 [Loos 2016: Ch. 4] によると「ある事件」には2人の人物がかかわっていたという．

　一人は，モムチャオ・パーンという人物であった．モムチャオ・パーンは5世王の親類であるモムチャオ・サイという女性の義理の息子にあたる．このモムチャオ・サイから借金をしていたプリッサダーンは，ちょうど自分が計画立案にかかわっていた土木局で働けるようモムチャオ・パーンに便宜を図ることによって，借金を帳消しにしようと試みたという．真相は不明だが，そのように理解したラーマ5世王は激怒し，プリッサダーンを批判する書簡を送っている．実は5世王は，プラオンチャオ格の王族でありながら宮殿をもたないプリッサダーンに相応の邸宅を下賜しようと考えていた．しかしこのでき事がきっかけとなり，入居が予定されていた邸宅は没収されてしまった．国王の信用を失ったプリッサダーンはひどく落ち込み，拳銃で自殺まで図ろうとまでしたが，自殺するなら自分も共に死ぬと妻に言われたので思い留めたと自伝で述懐している [Pritsadang 1930: 63-64].

　プリッサダーンの人生に転機をもたらしたもう一人の人物が，チャオプラヤー・スラサックモントリー（本名チューム・セーンチュートー）の兄にあたるプラヤー・スントーンソンクラーム（本名チャン・セーンチュートー）の妻クンイン・シーであった．1886年にシャムに戻ってから邸宅を構えることができなかったプリッサダーンは，ロンドンで共に公務にあたって以来の親友であるチュームに，自分の妻を家に置いてくれないかと頼み，チュームはこれを承諾した．妻が暮らすチュームの家に頻繁に出入りしていたプリッサダーンは，同居人であったシーとそこで出会うことになる．

　当時，チャンはすでに没しており，シーは未亡人であった．プリッサダーンとシーの関係が実際どのようなものであったのかは明らかではないが，王族や官僚から成るバンコクのエリート社会の中で，2人が密通しているのではないかという噂が次第に流れるようになった．加えて，ラーマ5世王が内宮に仕官するようシーに命じたところ，シーはこれを拒否するという事件も起こった．やはり理由は定かではないが，ブンナーク家出身のシーは先進的な考えをもつ自律的な女性であり，一夫多妻制には反対であったとプリッサダーンが述べていることから，内宮に入るのに抵抗があったのかもしれない．しかし，シーの

大胆な行動により家名に傷がつくことを恐れたチュームはシーを家から追い出してしまった．居場所を失ったシーと，国王の不興を買ってしまったプリッサダーンは，後にそれぞれシャムを離れ，仏領インドシナで落ち合っている．

　国王からの信頼を取り戻せず，しかもゴシップの標的となってしまったプリッサダーンに手を差し伸べたのが，ラーマ5世王の実弟パーヌランシー親王[13]であった．1890年6月に特別使節として日本を訪問する予定であった親王は，使節団付きの秘書としてプリッサダーンを同行させることを5世王に求め，許可を得た．プリッサダーンにとっては，外交官として再び活躍できるかもしれない好機であったはずである．ところが日本滞在中，プリッサダーンは，シーがシャムから逃亡したという報に接する．もし自分がこのままシャムに戻ったらシーの件についてあらぬ批判を受けることになるだろうし，もしかしたらチュームに殺されてしまうとのではないかと恐れたプリッサダーンは，帰国途上の香港で使節一行に別れを告げ，そのまま公務を離れてしまった．国王の許可なしに公務を放棄し，しかも国外に逃亡することは，国王に対する重大な背任行為である．

　プリッサダーンはその後，香港から仏領インドシナへと移動し，サイゴン（現在のホーチミン）でシーと落ち合った．シーの親戚がカンボジアの宮廷に仕えていたので，プリッサダーンはそのつてを頼ってノロドム王（在位1860-1904）のもとで職を得ようと考えていたようである．しかし，外交官時代に反フランス的な姿勢を見せていたプリッサダーンがノロドム王と関係をもつことを恐れたフランス政府はその試みを阻止し，プリッサダーンを監視下に置いた．一般人として働くことを諦めたプリッサダーンは，次いでカンボジアで出家しようと考えるが，この試みもフランスによって阻止された．シャムと領土争いをしている最中のフランスにとって，反仏感情をもつプリッサダーンは厄介な存在であったからである．また，シャム側にとっても，国王を裏切るかたちで国を離れ，かつ国情をよく知っていたプリッサダーンがフランス側にいることは危険であった．結局，1891年3月にフランス政府はプリッサダーンに国外退去を命じた．

　カンボジアから追い出され，シャムに戻ることもできないプリッサダーンは，シーと共に英領マラヤに向かった．プリッサダーンはそこでナ・プーケット家出身で財力のある未亡人女性と結婚し，その財産によって長年の借金を返すことができたという．次いで同年7月，マラヤ連合州を構成するペラの知事

フランク・スウェッテナム（Frank Swettenham）がプリッサダーンを雇用して住居と給料を与え、プリッサダーンはそれから3年半の間、イギリス政府のもとで働いた。亡命者のプリッサダーンをあえて雇用した背景には、ペラの北に位置するラーマンの帰属をめぐるシャムとイギリスの対立があった。スウェッテナムは、すでにイギリス領となっていたペラにシャム側から人を引き込むために、プリッサダーンに道路や寺院を建設させたのである。土木技術をもち、かつシャムの国情をよく理解していたプリッサダーンは、イギリスにとって有用な人材であった。この間、プリッサダーンは国王を中心とするシャムの政治体制の内情を批判的に記した機密メモをスウェッテナムに残している［Brailey 1989：49-79；玉田 1996：87-88］。

（4） セイロンでの出家生活と仏舎利奉迎計画 （1896-1911）

プリッサダーンは、仏領インドシナ時代から英領マラヤ時代に至るまで、英領セイロン（現在のスリランカ）での出家の可能性を終始探っており、旧知の間柄であったラーマニヤ派の高僧、スブーティ師と書簡のやりとりをしていた［Loos 2016：Ch.5］。そしてついに 1896 年 10 月、プリッサダーンは英領マラヤから英領セイロンに渡り、翌 11 月にコロンボの南に位置するカルタラのワスカドゥワ寺で得度式を受けることになった。国境を越えた「仏教」の存在がここでは重要になってくるので、近代におけるセイロン仏教界の状況や、シャムとの関係史を簡単にまとめておきたい。

現在の東南アジア大陸部で信仰されている上座仏教は、おおよそ 11 世紀以降にスリランカから伝播したとされる。しかし、本家ともいえるスリランカ仏教もただ連綿と継承されてきたわけではなく、イスラム教やキリスト教の流入、植民地化の影響によって度々危機を迎えた。その度に要請を受けたシャムやビルマの僧侶たちが復興を助けたという背景があることから、18 世紀にシャム僧団の支援によって再建された「シャム派」と呼ばれる宗派があり現在では最大の宗派となっている他、ビルマ僧団の支援を受けて成立したアマラプラ派・ラーマンニャ派といった宗派がある。

また、スリランカと東南アジアの上座仏教世界において、仏教は王権によって保護されることによって社会に浸透したという側面があり、仏教と王権は密接な関係を保ってきた。しかし、イギリスの植民地化によってスリランカやビルマの王制が途絶えた他、ラオス・カンボジアもフランスの植民地支配下に置

かれたことから，19世紀末の時点で独立国家の君主として仏教を保護する地位にあったのはシャム国王のみとなっていた．このような国際状況のなかでプリッサダーンを受け入れたスブーティ師には，ラーマ5世王のもとで各宗派を統合しようという意図があった [Loos 2016: 125]．亡命者とはいえシャム人の王族であり，元外交官で国際的な人脈にも恵まれ，しかも出家することを望んでいたプリッサダーンは，セイロン仏教の再興にとって格好の協力者であるとスブーティ師の目には映ったのであろう．プリッサダーンも期待に応え，出家から間もない1897年4月，ヨーロッパ行幸の途上で5世王がちょうどセイロンに立ち寄る予定となっていたので，国王訪問を機に同地の仏教各派を統合しようと画策した．この試みは失敗に終わったものの，セイロンを訪問した5世王は，シャムに帰国してワチラヤーン親王を助けるようにとプリッサダーンに命じた．突然の公務放棄から10年あまりを経て，ついに国王から恩赦が与えられたのである [Loos 2016: 113]．

　念願の帰国を前にして，プリッサダーンは1897年12月から仏陀の故地であるインドへ仏蹟巡礼の旅に出発した．奇しくもこの旅の途中，1898年に考古学上の大発見があった．イギリス人の地方行政官ウィリアム・ペッペ（William Claxton Peppé）が仏舎利を発見したのである．皮肉にもこの事件が，プリッサダーンの人生をまたしても狂わすことになる．プリッサダーンは，仏舎利発見の報に接すると，急遽北インドの発見地に向かい，仏舎利をシャムに寄贈するよう求めるとともに，セイロンの仏教復興運動の中心人物であったヘンリー・オルコット（Henry Steel Olcott）とともにビルマにも赴き，5世王のもとで仏教徒が団結しようと呼びかけて回った．仏舎利発見を，自身の名誉回復のまたとない機会と捉えたのだろう．プリッサダーンはシャム人の王族という身分や，スブーティ師の後ろ盾があることを利用して，ペッペから仏舎利を得ようと直接交渉を試みた．しかし，仏舎利の扱いの判断は最終的にイギリス政府の判断を仰ぐことになり，プリッサダーンを介さず，直接5世王に寄贈すべきという意見がイギリス側では優勢となった．シャム側も，シャム人として最初に仏舎利寄贈に尽力したプリッサダーンの存在を尊重することはなく，1899年2月15日に開催された寄贈式典では，チャオプラヤー・ヨムマラート（本名パン・スクム）[14] が国王代理として仏舎利を受け取った．[15] そればかりか，インドからセイロンに戻り，シャムに帰国しようとしていた矢先，自分がもしシャムに戻れば強制還俗させられ，過去に犯した罪によって拘束されるだろうという報にプ

リッサダーンは接することになった．原因は，プリッサダーンがペッペの許可を得ずに仏舎利を盗んだとする，パン・スクムからテーワウォン親王への報告であった．真相は不明だが，プリッサダーンのことを快く思っていなかったテーワウォン親王が画策したのではないかとルースは推測している［Loos 2016: 121］．テーワウォンの報告を受けた5世王も気が変わり，一度は許したプリッサダーンの帰国を再び禁じた．

　ショックを受けたプリッサダーンは遺書を残すほど憔悴し，それから2年ほど療養生活を送った．だが回復すると，僧侶としてさまざまな足跡をセイロンに残した．例を挙げると，回復後に一時的に住んでいた島では，住民の信望を集めた他，セイロン総督のヘンリー・ブレイク（Henry Arthur Blake）とその妻のエディス，ヴィクトリア女王の孫娘にあたるメアリー・ルイーズ（Princess Marie Louise）など，外国の要人たちの訪問を受けた．また，前述のヘンリー・オルコットをはじめとする西洋人が，小島に住むプリッサダーンのもとで受戒した．1905年，プリッサダーンはスブーティ師に，島を離れ，コロンボ郊外のコタヘーナにある寺院の住職となるように命じられた．コタヘーナに移ってからも西洋人の訪問者が絶えず，多くの寄付金を集めたという．同年，ブレイク夫妻とプリッサダーンは協力して，無宗派・無料の男子学校を，翌年には女子学校を設立した．プリッサダーンは寺の中に「ミュージアム」を設立していたが，そこで集まった寄付も，学校設立に投じられた［Loos 2016: 123-126］．

　1910年10月，セイロン社会で活躍していたプリッサダーンのもとに，ラーマ5世王崩御の知らせが届いた．訃報を受けたプリッサダーンは，父王を継いで即位したラーマ6世王に，大恩のある5世王の葬儀に僧侶として参加させてほしいと願い出て，これを許された．そして1911年2月，15年振りにシャムへの帰国を果たした．

(5) シャム帰国と長い余生 (1911-1934)

　5世王の葬儀は，崩御から半年後の1911年3月に執り行われた．プリッサダーンはあくまで僧侶として参列するつもりだったが，ここで問題が生じた．上座仏教社会では，例え国王・王族であっても，身分にかかわらず，僧侶に対しては敬意を払わなくてはならないという大原則がある．この点からすると，みずから公務を放棄して失踪し，5世王存命中にはついに帰国を許されなかった人物を僧侶として遇する必要はないと政府は判断したのであろう．プリッサ

ダーンは，葬儀への参列と引き換えに僧衣を脱ぐことを要求され，強制還俗さ
せられるかたちとなった．また，葬儀の後，当時法王の地位にあった王族のワ
チラヤーン親王[16]に対して，再び出家してシャムに尽くしたいと願い出たが許さ
れなかったうえに，セイロンに戻ることも禁じられた．5世王の死をきっかけ
にシャムに戻るという願いは果たされたものの，僧侶として俗世から逃れる自
由も，国外に逃れる自由もともに失ってしまったのである．

　ちょうど60歳で帰国したプリッサダーンの生活は，決して恵まれたもので
はなかった．そもそも住む場所すらなかったので，知り合いの王族の家を転々
とする生活を送り，時には寺院の片隅で寝起きすることもあったという．その
ため，住居を与えて欲しいと国王に度々願い出ているが，土地や住居が下賜さ
れることはついになかった．仕事については，1912年に英字新聞のサヤー
ム・オブザーバー紙に職を得たものの問題を起こしてすぐに解雇された．英語
教師をすることもあったが，それだけではとても糊口を凌ぐことはできないの
で6世王に直訴し，幸い月80バーツが支給されることになった．その後も，
昔のように政府に仕官したいと度々願い出たが聞き入れられなかったので，外
務大臣のテーワウォン親王に直訴したところ，1923年にやっと外務省での翻
訳の仕事を得ることができた．この時すでに70歳となっていたプリッサダー
ンは，高齢のため仕事が大変で仕方がないと記している [Pritsdang 1930: 113]．

　帰国後の重要な足跡としては，やはり本章の基礎資料ともなっている自伝の
刊行について触れておかなくてはならない．自伝は，『陸軍准将プリッサダー
ン親王略伝』という題名のもと，1930年にわずか100部のみ刊行された．当
初は全3巻を予定して目次もすべて用意してあったが，最終的に刊行されたの
は第1巻のみであった．第1巻は，序文のあと「出生から青年期，イギリス留
学（1回目），イギリス留学（2回目），公使としての公務，バンコクでの公務，
スリランカでの出家，帰国してバンコクで死を待ち1924年に至る」という章
立てで，時代順に自伝が綴られている．本文の後には，公務員としての経歴
や，自身についての英語の紹介記事，多数の写真などが付録されている．最終
章に「1924年に至る」とあるように，当初は1924年に72歳の誕生日を記念
して刊行する予定であったが，印刷所との問題や体調不良のため計画が遅れ，
序文は1928年2月24日（誕生日の翌日）付で書かれ，最終的に刊行されたのは
1930年であった．「バンコクでの公務」の章は，日本への使節団に同行した
後，香港からサイゴンへ発つ前に，パーヌランシー親王に公務を辞する旨を記

した書簡を渡したところで終わっており，仏領インドシナと英領マラヤでの時代についての記述は欠落している．

　人民党による立憲革命が起こったのは，自伝の刊行から間もない1932年6月24日のことであった．その半世紀近くも前に憲法導入の必要性を国王に訴えていたプリッサダーンは，立憲君主制の実現とその後の政治状況をどのように観察していたのだろうか．興味深いところだが，残念なことに記録は残されていない．それからさらに3年後の1935年3月16日，プリッサダーンは84年の長い生涯をバンコクで終えた．

3　垣間見える近代的個人の姿

　大学院に入学し，タイの政治史や文化史を学び始めた頃から現在に至るまで，筆者はなぜかプリッサダーン親王に惹かれてきた．今改めてその理由を考えると，風変わりで謎めいたこの人物に，近代的な自我をもった個人の姿を垣間見てきたからだろうと思う．タイ近代史の表舞台に登場する重要人物たちは，それが国王・王族であっても庶民の革命家であっても，個性をもつ一人の人間としての性格描写は希薄で，歴史の流れに整合的な偉人として描かれてきたように筆者の目には映る．換言すれば，王権 vs. 民主主義，体制 vs. 反体制，国家 vs. 市民社会，中央 vs. 地方といった所与の価値観の鋳型に，歴史に生きた人々を当てはめながら語られてきたという印象が強い．学問上，一定の類型化は必要なことだろうし，それによって事実を歪めているということにはならないだろうが，ちょっと真面目過ぎる気もする．

　このように感じるのは，筆者がもともと文学を専攻していたことと，研究者としてこれまで中心的なテーマとしてきたのがダムロン親王であったことに起因していると思われる．初代内務大臣として中央集権改革を指揮し，さらにはタイの公定史観の生みの親でもあるダムロン親王は紛れもなくタイ近代史上の重要人物だが，自伝的な著作も第三者による伝記も綻びがなく完璧で，長らく研究対象としてきた割には，あまり親しみが感じられない．一方のプリッサダーン親王の人物像が完璧とはほど遠く，謎や分かりにくさばかりが目立つことは，以上の短い伝記からもよく分かるだろう．そしてこの分かりにくさこそが，略伝という形式をとって本章が示したかったことに他ならない．

　比較的高位の王族ではあったが，権力の中枢からは外れており，絶対君主制

の批判者ではあったが，選挙制度の導入を求めることまではせず，自他ともに認める5世王の忠実な臣下であったが，突如命令に背いたうえに批判的な言葉まで残し，金銭や女性関係の醜聞が多いと同時に仏教に対する思いが強く，自己主張が時に激しい一方で，厭世的なところがある……．型にはまらないプリッサダーンの人となりや生涯は，近代という時代の合理主義的な側面ばかりでなく，価値観が複雑に絡まり合い，ときに対立していた様子を体現しているように思われる．過渡期にある時代，異なる価値観の間で苦しむ近代小説の主人公のような姿が垣間見えるのである．その矛盾と悲哀に満ちた生涯を通して，偉人伝にも抵抗の物語にも回収されないように，プリッサダーンの人生を借りてタイの近代史を語りなおすことが本章の狙いであった．魅力的な個人史を語ることが，歴史そのものへの理解や愛着を深めることは，身近にある日本史の例からも明らかだろう．外国の歴史を学ぶうえで，その必要性はより大きいとは言えないだろうか．

　教訓めいた結論で締めくくるのは本章の意図にはそぐわないので，プリッサダーン親王自身の言葉をもって終わりに代えたい．次に示すのは，自伝の冒頭近くに置かれた一節である．

　　　私は自分のことを，これから述べるような人間であると考えている．そこで，これを読んだ者が私のことを非難したり，嘲笑したり，自業自得だと思ったり，憐れんだり，あるいは賞賛してくれたらよいと思い，みずから〔自伝を〕執筆し刊行した．なぜなら人々のなかには，自分は戦士や学生や智者や政治家や学者であるから，何でも知っている，何でも分かっていると言う者がおり，自分の思想や見方にもとづいて，私のことを危害のある性格の人間，やかましい人間，頭のおかしい人間などと批判しているからである．彼らは私のことを頭がおかしいというが，私はそれで満足である．なぜなら，私は良い人間よりも優位な立場にあるからである．プリッサダーン親王のことをまだ知らない人々は，私が死ぬ前に，自分の人格にもとづいて考えるのか，〔私を批判する人々と〕同じように考えるのか，その機会が得られるだろう．〔Pritsadang 1930: i-ii〕

付　記

　本章は，日本学術振興会科学研究費　JP 19 K 13367，JP 22 K 00842 の研究成果の一部である．

注

1）西洋における憲法（constitution）概念は，アメリカ人宣教師のブラッドレー（Dan Beach Bradley, 1904-1873）が創刊したタイ語新聞 *Bangkok Recorder* 紙において，1865 年に紹介されている［Mérieau 2019：302］.

2）プリッサダーン親王らによる国政改革の要求とその政治思想史的位置づけについては，タイにおける公的国家イデオロギーの形成に関する村嶋の論文［1987］で明晰に論じられている.

3）自伝の原本［Prisdang 1930］は，デジタル化されたものがチュラーロンコーン大学図書館のウェブサイト上で公開されている（https://digiverse.chula.ac.th/Info/item/dc: 3124, 2024 年 10 月 1 日閲覧）.

4）王室・軍を中心とする権威主義体制に対して批判的な立場をとる出版社として有名なファーディアオカン社から 2009 年に独立した出版社である．独立前は，ファーディアオカン社のもとで，3ヶ月に1回発行される雑誌『アーン』を発行していた.「アーン」とはタイ語で「読む」を意味する.

5）ナレートウォーラリット親王（Phrachaoborommawongthoe Kromphra Naretworarit, 1855-1925）．ラーマ4世王の第17子．御璽大臣，在イギリス公使，在アメリカ公使，枢密院顧問官等の要職を歴任した．立憲革命後の 1933 年の反乱を主導したことで有名なボーウォラデート親王は，ナレートウォーラリット親王の子である.

6）テーワワォンワローパカーン親王（Phrachaoborommawongthoe Kromphraya Thewawongwaropakan, 1858-1923）．ラーマ4世王の第42子．ラーマ5世王～6世王治世期，38 年間という長期にわたって外務大臣（任期：1885-1923）を務めた.

7）ピッタヤラーププリッターダー親王（Phrachaoborommawongthoe Krommakhun Phitathayalapphritthada, 1863-1913）．ラーマ4世王の第61子．枢密院顧問官，土木大臣，御璽大臣，宮内大臣等を歴任した．絶対君主制期～第2次世界大戦後にかけて，教育大臣，枢密院議長，ラーマ9世王摂政等を歴任し，知識人としても有名なピッタヤラーププルッティヤーコーン親王（通称ターニー親王）は，ピッタヤラーププリッターダー親王の子である.

8）サワディワットナウィシット親王（Phrachaoborommawongthoe Krommaphra Sawatdiwatnawisit, 1865-1915）．ラーマ4世王の第75子．イギリスで法学を修めた後，法務大臣，最高裁判所長官等を歴任．ラーマ7世王の配偶者であるラムパイパンニー王妃は，サワディワットナウィシット親王の子である.

9）小泉［2011］は，1880 年代のシャムをめぐる国際状況について，イギリス・フランスといった西洋列強の脅威という側面のみならず，中国との関係も視野に含めて考察されるべきであると指摘している．同論文ではプリッサダーン親王の言動もとり挙げられているので，参照されたい.

10）ダムロンラーチャヌパープ親王（Somdet Phrachaoborommawongthoe Kromphraya Damrongratchanuphap, 1862-1943）．ラーマ4世王の第57子．学校教育の普及で功績を挙げた後，23 年間にわたって内務大臣（任期 1892-1915）を務めた．ラーマ6世王治

世期に入り内務大臣を退いた後は，文化行政と著述活動に注力した．

11) ナリッサラーヌワッティウォン親王（Somdet Phrachaoborommawongthoe Chaofa Kromphraya Naritsaranuwattiwong, 1863-1947）ラーマ4世王の第62子．建築，土木，軍事，財務など多くの分野で活躍した他，絶対君主制末期にはダムロン親王らとともに国家最高会議の委員を務めた．知識人，芸術家としても知られる．

12) プラヤー・スラサックモントリー（本名セーン・チュートー）とブンナーク家出身の母のもとに1852年に生まれる．軍人として，1880年代に現在のラオスで起こったホー族の反乱の制圧を指揮し，功績を挙げた．また，ラーマ5世王〜6世王治世期にかけて，枢密院顧問官や農商務大臣を歴任した．

13) パーヌランシーサワーンウォン親王（Somdet Chaofachai Phanurangsisawangwong, 1850-1928）．ラーマ4世王の第45子で，ラーマ5世王と同じくテープシリンタラー王妃を母とする．軍人として経歴を積み，国防大臣（任期1901-1910）を長く務めた他，1883年に設立された郵便局・電信局の初代局長を務めたことから，今日では「タイ郵政の父」として知られている．

14) スパンブリーに生まれる．平民の出であったがダムロン親王に取り立てられ，絶対君主制期に土木大臣，首都大臣，枢密院顧問官を歴任し，立憲革命後もラーマ8世王の摂政団を務めた．

15) イギリス政府からシャムに寄贈された仏舎利は，さらにその一部が日本に寄贈され，名古屋市の日暹寺（現・日泰寺）に安置された．仏舎利の発見から日本に渡るまでの一連の経緯については佐藤［2017: 91-112］に詳しい．

16) ワチラヤーン親王（Somdet Phramahasamanachao Kromphraya Wachirayanwarorot, 1860-1921）．ラーマ4世王の第47子．仏教大学の設立，仏教教科書の出版，サンガ統治法の制定など，タイ仏教の近代化に大きな役割を果たした．1910-1921年には，タイ僧団の最高位であるサンカラート（僧王）の地位にあった．ダムロン親王とともに，寺院を利用した初期の学校教育の普及にかかわったことでも知られる．

◆参考文献◆

<邦文献>

小泉順子［2011］「1880年代中葉におけるシャムの對佛・對清關係」『東洋史研究』70 (1)，pp.67-99.

佐藤照雄［2017］『戦前期日本の対タイ文化事業：発想の起点と文化事業の特性との関連性』柘植書房新社.

玉田芳史［1989］「タイにおける1912年反乱計画：5世王による改革の問題点」『愛媛法学会雑誌』15 (3-4)，pp.149-183.

―――― ［1996］「チャクリー改革と王権強化：閣僚の変遷を手がかりとして」『チャクリー改革とタイの近代国家形成』（玉田芳史編，重点領域研究「総合的地域研究」成果報告書シリーズNo.11），pp.34-111.

永井史男［1996］「5世王の初期改革（1873-74年）をめぐる一考察」『チャクリー改革と

タイの近代国家形成』（玉田芳史編，重点領域研究「総合的地域研究」成果報告書シリーズ No.11），pp.112-120.

村嶋英治［1987］「現代タイにおける公的国家イデオロギーの形成：民族的政治共同体（チャート）と仏教的王制」『国際政治』84，pp.118-135.

＜欧文献＞

Brailey, Nigel [1989] *Two Views of Siam on the Eve of the Chakri Reformation : Comments by Robert Laurie Morant and Prince Pritsadang*, Scotland : Kiscadale Publications.

Loos, Tamara [2015] "Renegade Royalist : Autobiography and Siam's Disavowed Prince Prisdang." In *A Sarong for Clio : Essay on the Intellectual and Cultural History of Thailand*, edited by Maurizio Peleggi New York : Cornell University Press, pp.63-77.

————— [2016] *Bones around My Neck : The Life and Exile of a Prince Provocateur*, New York : Cornell University Press.

Manich Jumsai [1977] *Prince Prisdang's Files on His Diplomatic Activities in Europe, 1880-1886*, Bangkok : Chalermnit.

Mérieau, Eugenie [2019] "The 1932 Compromise Constitution : Matrix of Thailand's Permanent Constitutional Instability," in Kevin Y.L. Tan and Bui Ngoc Son eds., *Constitutional Foundings in Southeast Asia*, New York : Hart Publishing, pp.297-318.

Sumet Jumsai [2004] "Prince Prisdang and the Proposal for the First Siamese Constitution, 1885," *Journal of the Siam Society*, 92, pp.105-116.

＜タイ語文献＞

Manit Chumsai ed. [1991] *Pramuan Chotmai khong Phraworawongthoe Phraongchao Pritsadang : Ratchathut Ong Raek khong Thai pracham Thawip Yurop*. Bangkok : Khanakammakan Chamra Prawattisat Thai lae Chatphim Ekkasan thang Prawattisat lae Borannakhadi Samnak Lekhathikan Nayokratthamontri.

Pritsadang, Phraongchao [1930] *Prawat Yo Nai Phanekphiset Phraworawongthoe Phraongchao Pritsadang tae Prasut Pho.So. 2392 thueng 2472 Lem 1*. Bangkok : n. p.

————— [1970] *Prawat Yo Nai Phanekphiset Phraworawongthoe Phraongchao Pritsadang tae Prasut Pho.So. 2392 thueng 2472 Lem 1*. (cremation volume of M.R.W Nat Chumsai) Bangkok : Niyomwitthaya.

—————, et al. and Phrachunlachomklaochaoyuhua, Phrabatsomdet [1973] *Chaonai lae Kharatchakan Krap Bangkhomthun Khwamhen Chat Kang Plianpraen Ratchakan Phaendin Ro.So. 103 lae Phraratcha Damrat nai Phrabatsomdet Phrachunlachomklaochaoyuhua Song Thalaeng Phraborommarachathibai Kaekhai Kang Pokkhrong Phaendin*. (cremation volume of Nang Wasik Siriwat) Bangkok : Rongphim Niyomkit.

Sumet Chumsai Na Ayutthaya, *et al.* [2007] *Phraongchao Pritsadang : lae Kho Sanoe kiao kap Ratthamanun Chabap Raek pho.so.* 2428. Nonthaburi : Sathaban Phrapokklao.

第 4 章

「タイ的」なものの残存か刷新か
──「不敬罪」の存在意義──

櫻田 智恵

1 「不敬罪」とは何か

「不敬罪」がたびたび政治的論争の的になる国がある。東南アジアのタイ王国である。タイでは不敬罪が王室に対する言論の自由を阻み，ときには政治的に利用されることすらある[岩佐1994；櫻田2023]。「不敬罪」で検挙，起訴される対象はタイ人だけでなく外国人も含まれる。一度起訴されると勾留が長く，保釈申請が通ることも稀で，不透明な裁判行程と不当に長い刑期が話題となって世界中で注目を浴びてきた。実際，タイの不敬罪は世界で最も厳しいと言われており，国連人権高等弁務官事務所が法の改正を要請するほどである[1]。しかし実際には，「不敬罪」という名前の罪は存在せず，あくまでも刑法112条の通称に過ぎない[2]。

ではなぜ，刑法112条は不敬罪と呼ばれているのだろうか。そもそも何が「不敬」で，何をすれば不敬罪なのか。王室に対する攻撃だけが不敬罪なのか。誰が訴え，誰が裁くのか。不敬罪に関連してよく言及される「憲法裁判所」というところは，どのような役割を果たしているのか。頻繁に話題にのぼるにもかかわらず，不敬罪に関する理解はあまりすすんでいるとはいえない。

2020年以降，この不敬罪をめぐって政府と民衆との対立は顕在化してきた。2014年にはソーシャル・メディアへの書き込みも規制の対象となり[玉田2015：6-7]，不敬罪が人々にとってある意味「身近」になったことも影響している。単なるゴシップではなく，実態の整理とそれを支えてきた思想的背景を見ていくことで，タイ政治やタイ社会のより正確な理解が可能になるだろう。

不敬罪については，ストレックフスによる研究が最も詳細で，不敬罪の歴史

や訴訟の過程，関連する法律との関係性などについてまとめており，この法律が「タイ人らしさ」を守るため，そして王室を守るためにどのように用いられてきたのかを論じている [Streckfuss 2010]．また，メリオーがタイにおける法の思想的背景について論じたものがある [Mérieau 2021]．日本語で書かれたものとしては，岩佐が政治状況を不敬罪との関係から説明したものがある [岩佐 2018]．本章では，タイにおける不敬罪の基本的事項を整理し，その思想背景について改めて考えてみたい．

　なお，「タイ」という国名が使用されるようになるのは 1939 年以降で，それ以前はシャムだが，本章では混乱を避けるため「タイ」という表記で統一した．

2　不敬罪の設立と変遷

　不敬罪について考える上で前提として頭に置いておきたいのは，西洋による植民地化に対抗するため，もしくは実質的な植民地化状況を脱するために実施されたと言われる近代的な改革のほとんどは，国王，または王族が主導する形で行われたという点である．タイとよく比較される日本の場合，天皇は頂点に君臨していたものの，実質的に諸制度の方向性を決め，その成立への音頭を取ったのは天皇ではない．つまり，天皇という存在を守り，天皇制を強化することは目指されたものの，天皇その人自身の利益に関しては重視されていない．これは日本における刑法上のいわゆる「大逆罪」や不敬罪，内乱罪などの議論によく表れており，何をもって天皇を害したとするのかなどの点がかなり詳しく議論されてきた [新井 2013；2016 ほか]．そうであるがゆえに，この法律の運用はかなり慎重になされた．

　一方タイの場合，国王が諸改革の方向性を定め，すべてを統括する形で王族らが分担して実務を担った．そのため，それらの改革の多くは，その良し悪しはともかくとして，国王や王族の利益を損なうものではなく，むしろ強化する方向に動いた．これが後に王族の特権性に疑問を呈し，絶対王政を打倒する目的で行われた立憲革命 (1932 年) にも繋がっていくことになる．直接的に不敬罪の成立過程とは関係がないものの，こうしたタイの基本的な方向性は念頭においておく必要がある．

(1) 刑法ができるまで

とはいえ，不敬罪が含まれる刑法が，王室の特権性を維持するという目的で，国王や王族が独占的に作成したわけではない．その草案は，お雇い外国人であった日本人法律家政尾藤吉が中心的役割を果たして作成されており，当時の君主制国家にとってはある程度常識的なラインが守られている．

ここで，タイの司法の歴史について簡単に振り返ってみよう．

タイの司法省は 1892 年に設置された[3]．当初，ラーマ 5 世は法律の起草者として外国人顧問を雇うことに消極的だったようだが，最終的には受け入れ [西澤 1999：233]，最初に雇われたローラン・ジャックマンの助言を受けて 1895 年に立法評議会が創設された．これは，勅令 (法) や各種命令を討議し，決定，公布するため機関である[4]．この他，裁判所の再編も行われ，1912 年には最高裁判所も司法省の管轄下に置かれることとなり，それまで責任分散的であったタイの司法は，司法省のもとで一括管理されることになった．

ジャックマン引退後は，財政顧問はイギリス人，外交顧問はアメリカ人，司法顧問は日本人というように権限が分割された [吉川 1978：89]．それぞれの分野で顧問の国籍が異なるのは，特定の国からの影響が強まるのを避けるためであり，司法，特に犯罪を取り締まる刑法については，当時保護民問題でフランスやイギリスと揉めていたこともあって，それ以外の国の人物に任せる方向性になったようである[5]．また，日本とタイが通商航海条約を締結する際に日本人が法律顧問として司法改革を援助するという合意がなされたことが直接的な理由であった [飯田 1998：50]．

刑法の起草にかかわったのは，1897 年に外務省委託によりタイの法律顧問となった先出の政尾である．政尾が渡タイすることになった経緯については彼の自伝的な論稿に詳しいので参照されたいが [政尾 1907]，刑法がほぼ政尾の手によって起草されたことを鑑みれば，本人も認めているように，当時の日本の刑法とタイの刑法とは多くの共通点を有している [香川 2001：34-37]．

もともとタイでも王族の身体を害した場合等に関する罰則があったとはいえ，本章で論点としている不敬罪や扇動罪も，完全にタイのオリジナルではなく，日本の旧刑法とほとんど類似する形で制定されている．なお，後述するように刑法は 1957 年に改正されるが，全体としては政尾が起草した刑法が踏襲されている．ではなぜ，根本的に両国の不敬罪は類似しているにもかかわらず，日本では慎重な運用が目指され，タイでは頻繁に適用がみられるという実

際の運用上の違いが見られるようになったのだろうか.

(2) 不敬罪の歴史

　タイの君主制に関する研究は,君主制の歴史の長さに対して極端に少ない.
その理由をヒューイソンは,タイ人にとっては不敬罪の恐怖が,外国人にとっ
てはタイから追放されてしまうという恐怖が背景にあると指摘している
[Hewison 1997: 59].

　実際,多くの研究者が君主制や国王について議論することが難しいと述べて
いる.例えばトンチャイは,「研究者は罰せられるか,もしくは自己検閲によ
り不敬罪に抵触してトラブルになることを防いでいるからである」[Thongchai
2008: 19] と述べているし,コープクアは,1990 年代になるとタイ王室が経済
的にも中心的存在になったことを指摘した上で,その結果として不敬罪がタイ
政治の中心に沈黙のブラックホールを生み出してしまったという [Kobkua
Suwannathat-Pian 2003: 26].不敬罪について,その法律の変遷や検挙数などを詳
細に分析したストレックフスは,不敬罪の適用範囲が「確定できない方法で」
どんどん拡大しているとした上で,*The King Never Smiles* の発行が不敬罪に
抵触するとしてタイ国内では発禁になったことなども,研究者の自己検閲に影
響を及ぼしている可能性を指摘している [Streckfuss 2010: 291, 373].

　ではなぜ,不敬罪はここまで大きな影響力を持つようになったのだろうか.
そもそも不敬罪とはどのような罪であり,どのような刑が科されるのだろう
か.ここでは不敬罪の歴史について概観してみよう.

　先にも述べたように,不敬罪は通称であり,本来は刑法 112 条のことを指し
ている.これが不敬罪に相当するものになったのは 1957 年刑法以降のことで
ある.[6] 前節で述べたように,タイの刑法は政尾が起草した 1908 年刑法があ
り,その後 1957 年改正刑法が施行され,[7] これが現行のものとなる.なお,不
敬罪の厳罰化は 1976 年クーデタで発布された革命評議会布告や,施行には至
らなかったが 2007 年修正案等もあるが,基本的には 1957 年改正刑法の規定が
継続している.[8]

　では,不敬罪がどのような変遷を辿ってきたのか,ソムチャイとストレック
フスの論文から簡単にみてみよう [Somchai and Streckfuss 2008].

　まず,1900 年から 1908 年の間 (国王勅令) は,王族や友好国の元首,自他国
の国旗などに対する侮辱を罰する刑法 4 条が存在した.[9]

1908 年に制定された刑法，つまり政尾が起草者となったタイ初の近代法では，国王・王妃，王位の推定相続人 (Heir-Apparent)，摂政への侮辱を禁止する刑法 98 条と，これまでの国王の王子および王女への侮辱を禁止する刑法 100 条がつくられた．余談だが，日本の大津事件の影響を受け，諸外国の貴顕に危害を加えた場合も処罰する別の法も存在する [香川 2001: 36]．

1908 年刑法は，基本的に 1900 年の勅令よりも厳罰化の方向にあるものの，国王その人と国家の分離が明確になった点に特徴がある．それ以前の勅令では，「国王に対する行為は国家に対する行為であり，その逆もまた然りであった」[Somchai and Streckfuss 2008: 3]．しかし政尾による 1908 年刑法では，国王や王族（また摂政）個人への中傷（98 条・100 条）と，国を乱すこと，つまり内乱や扇動に対する規定（104 条）とを分けて刑法に明記したからである．

その後，現行の刑法の土台となっている 1957 年改正刑法では，二つの大きな変更がなされている．一つは 104 条に関する変更で，後に詳述する．もう一つは現在最も注目されている 112 条の創設である．

> 国王，王妃，王位継承者，摂政を中傷，侮辱，脅迫した者は 7 年以下の懲役に処する　　　　　　　　　　　　　　　　　　　　　　　　　　（112 条）
> ※罰金の支払いによる釈放は無し（著者加筆）

1957 年の改正は「現代的な考え方にもとづき，より広範囲に，より理路整然と法令を整理する必要性から行われたと主張されている」[Streckfuss 2010: 103] が，実のところ，刑罰の軽かった刑法 100 条をより刑罰の重い 98 条に統合させた上で，新たに刑法 112 条を作ることにより，厳罰化している．

また，厳罰化したことに加え，その適用範囲が大幅に拡大されたことに注意が必要である [Jitti 2536 (1993): 1115]．なぜなら国王や王族に対する「侮辱」がここに含まれたためである．ソムチャイらも指摘するように，名誉毀損と侮辱には大きな違いがある．両方とも，個人の名誉心（感情）だけではなく，社会的名誉や評価が傷つけられたかどうかが焦点であり，公然性が必要である点では同じである．しかし，前者では事実の摘示が必要で具体的な内容，例えば「ＡさんはＢさんの財布を盗んだ」という内容が示されるが，後者ではデブ，ブス，クズ，バカ，アホなど，客観的評価基準がないような中傷的な言葉や暴言を対象とし，事実の摘示は必要ない．つまり，前者が，「少なくとも理論的には証明も反証も可能である」[Somchai and Streckfuss 2008: 6] のに対し，後者

は不可能である.

当然,タイにおいても両者は別のものである.一般的な私人の場合,両者は明確に分けられており裁判の過程も刑罰も異なる.それが,王室の場合によってのみ,明確に分けられていないことには注意が必要である.

その後,厳罰化の流れはさらに 1976 年に強まった.

> (略)……これらの罰則は強化されるべきである.……(略)
>
> 刑法 112 条の規定を廃止し,次のように改める:国王,王妃,王位継承権保有者,摂政を中傷,侮辱,脅迫した者は 3 年以上 15 年以下の懲役に処する
>
> (国家行政改革審議会布告第 41 号)

懲役は 3 年から 15 年[14)]と過去最高の重さとなり,翌 1977 年には検挙数も過去最高になった [Streckfuss 2010:163].ストレックフスは「1976 年[15)]に突如,王宮と宗教は同一の価値があると捉えられるようになった.それはまるで,絶対王政が打倒されるより前のようだった」と指摘している [Streckfuss 2010:107].これ以降,基本的に不敬罪,つまり刑法 112 条の内容は現在に至るまで維持[16)]されている.なお,不敬罪に問われた人物が軍関係者である場合,軍事法廷で裁かれることもあり,その裁決過程が不透明であるものも少なくない.

112 条の成立要件は名誉の毀損,侮辱,悪意を示すことであり,「悪意を示す」には「将来加害行為をなすことを対外的に表明することと定義されるが,言葉や態度で表現することに限られず……国王賛歌が流れている際に関心を示さず,直立しないこともその対象となるとされる」[平井 2022:48].また,基本的には「表現の自由を保障するための免責事由(第 329 条)も適用されない」[平井 2022:48]ため,国王に対して敬意や関心を示さないこと自体が罪になる可能性を孕んでおり,この点に関して言えば,思想や表現の自由という基本的人権は保障されているとは言い難い[17)].これは,1958 年に政治の実権を握り,国王を翼賛してきたサリット・タナラットが個人よりも「国家の人権」を優先すると表明してきたことと関係が深いと考えられる.不敬罪で保護される国王や王室の権威は,国民個人の人権を保護するよりも重大だと捉えられてきたことが影響しているのだろう.

3 複雑で難しい不敬罪

　不敬罪が複雑である理由は，112条の適用範囲が広いことそのものだけではなく，他の法律や条項ともかかわっていることや，手続きが不透明であることが影響している．

　まず，先に述べたように，名誉毀損と侮辱との両方が含まれていることが大きな理由の一つと考えられる．不敬罪に問われて有罪になる確率が高いのは，名誉毀損罪に当たるもの全般である．このうち，口頭での名誉毀損は刑法326条に，文書の場合は刑法328条にあたり，それぞれで量刑が異なっている[18]．SNS上などでの書き込みは文書に該当するので，この場合は328条が適用される．

　例えば，「私がaという内容で国王を侮辱した，とBさんがSNSに書き込みをした」と訴えた場合，「私」に対する名誉毀損でBは起訴され，その後で「aという内容」が国王を侮辱しており，これを考案したとしてBは不敬罪でも起訴される可能性があるということである．そうであるがゆえに，政治的に対立する相手を攻撃する手段にも使用されることがある［Haberkorn 2021: 321-325］．

　次に，不敬罪の場合は告発に関する書類が必ずしも提出されないという点も不敬罪が恣意的に適用されているのではないかとされる要因である［Streckfuss 2010: 37］．不敬罪，つまり名誉毀損や侮辱は親告罪であるため，通常であれば名誉を毀損されたとする当人が訴えることになる．しかしながら，王室の名誉を毀損したとして国王や王族自らがそれを訴えることは難しく，もしそのようなことがあれば逆に王室の権威が失墜することにもつながりかねないため，当人らが親告することはない[19]．もし親告したならば，神聖で不可侵であるはずの国王や王室という存在の名誉が，市政の人々と同様に毀損されかねない脆いものであるという印象を与える可能性があるからである．

　そうした両刃の剣としての役割を意識してか，前国王プーミポン・アドゥンヤデートが不敬罪の適用に消極的な発言をしたことは有名である．1993年にある印刷物について繰り広げられた恩赦と不敬罪に関する事件について，宮内事務所が「陛下は彼らの行為を犯罪とは見なしておられない」と述べたにもかかわらず無視され，結果的に告訴された[20]．これは，国王は表面上「気にしていない」と述べたに過ぎず，裏ではこれを罰するように指示していた，とも捉え

られるかもしれない．しかし，先に述べたように，不敬罪の濫用や人々から見て全容がわかりにくい中でこれを適用することは，必ずしも王族を守ることに繋がらず，国王や王族自らがこれを積極的に用いるとはあまり考えられない．

では，誰が「王室の名誉が傷つけられている」と親告するのだろうか．告訴した者が個人の場合，その人物については公開されないことが多く不透明であるが，不敬罪で起訴されたものの事例を見る限り，多くは不敬罪に該当すると思われる事案を発見した個人が警察や弁護士，検察に調査を依頼することから始まる．調査の結果，その事案が不敬罪に相当する可能性が高いということになれば，警察，弁護士，検察などが訴えを提出することになるようである．司法機関である裁判所の判事が「国王の名において」職務を遂行することの他 [玉田 2015]，警察や法関係の職務の多くもまた，「国王と国家の名において発言する権利がある」[Streckfuss 1995] からである．

こうした不敬罪，つまり刑法 112 条そのものの適用や内容に関する難しさに加え，不敬罪と強く結びついている二つの法の存在がさらに理解を困難にしているといえる．

(1) 他の法令との関係①：出版法

まず，マス・メディアや研究者にとって大きな影響を与えている出版法について[21]みてみよう．

王族に対する名誉毀損は，印刷法上でも罪となる．この法令は警察がいわゆる「検閲」を行うための法であり，*The Devil's Discus* [Kruger 2009 (1964)] や *The King Never Smiles* [Handley 2006] がプーミポン前国王を批判したとしてタイで発禁処分となったのも，この法令にもとづく．当然，新聞などの内容についても介入することが可能であるが，その場合の多くは突然の禁止命令ではなく，事前に警告がなされ，従わない場合に発行が禁止される．

印刷物に関連する法は，遡れば 1922 年から存在し，主に国王や王室による政策を非難する出版物や新聞記事の流布防止を目的として 1934 年まで運用されてきた[22]．その後 1941 年に出版物全般を取り締まるようになり，法の名前も帳簿文書新聞法から出版法に変更された．

出版法という名前では 1941 年のピブーン政権下で新聞検閲を強化する目的で公布，施行されたものが最初である [宇戸 2023]．これはもともと第 2 次世界大戦が拡大する中で，政権批判を取り締まる目的で公布されたが，結果的に，

絶対王政を打倒して誕生した人民党政権のもとで不敬罪を補強するような法令が公布されたことは皮肉なことだった.

　出版法自体では厳しく処罰することはできないものの，印刷物の差し止めや没収が可能で，差し止め後に内容精査を行うことから，不敬罪に抵触するような内容が疑われる場合，人々の手に渡る前にこれを回収し，後に不敬罪で立件することができるという特徴がある[23].

　なお，不敬な内容の出版物の輸入規制は残るものの，2007年の法令をもって実質的には出版法による「検閲」はなくなった. 表面的に見れば，言論の自由が一部で保障されたということになるだろうが，結局これは不敬罪の文脈から見れば，出版法がなくても不敬罪で対処できる範囲が拡大しつつあることの証左でもある. むしろ，出版法に関連する検閲が無くなったことにより，事前に不敬罪に該当する危険性を知ることができないという問題もあることに注意すべきである.

(2)　他の法令との関係②：扇動罪

　印刷法よりも不敬罪とさらに密接に関係しており，また不敬罪と同時に罪に問われることが多いのが扇動罪である. これは王室や王族に対するものよりも広い範囲に適用されるもので，先に述べたように，これは日本の旧刑法上は内乱罪とされたものに該当する.

　1908年刑法では不敬罪は98条と100条に規定されたが，この扇動罪は104条[24]に規定されている[25]. 1908年刑法のあと，1927年には104条が改正され，印刷物や出版物に対する取り締まりを強化した. 最高10年の懲役と5000バーツ以下の罰金であり，かなり厳しく規定されている. しかしながら，この刑罰は1932年に立憲君主制に移行した後の改正で，刑罰と除外条項の点で大きく変化した. 特に重要だったのは，除外条項が設けられたことであった.

　　ただし，当該言葉，文章，印刷物，または手段が，単に善意の表現であるか，**憲法の精神の中，もしくは公共の利益のために，政府または行政の行為に対する批判的かつ公平な意見に相当する場合は，本条による違反はな**いものとする

　　　　　　　　　　　　　　　　　　　　　　　　　　　　　　　（太字筆者）

　これはかなり画期的で，それ以前は政治を批判する術を持たなかった人々が，憲法の精神の範囲内や公共の利益のために発言したり行動したりできるよ

うになった [Somchai and Streckfuss 2008: 4]. 実際に, 1946 年に選挙運動をしていた者が政府を批判した際,「民主主義の原則のもとでは, 選挙期間中に政府を批判することができる」とし, 無罪になっている. これは, 政府に対する批判を行った場合の判決であるが, 君主制に対する批判に対しても同様の考え方が適用されるものと判断できる [Somchai and Streckfuss 2008: 5-6]. つまり, 1932年の絶対王政の崩壊と共に, 王室の権威は憲法のもとで管理されるようになっていたのである.

しかし, 王室の権威が再び盛り立てられる 1950 年代に入ると (1957 年改正刑法), この除外条項は削除された. また, それまで扇動罪としてこの条項に含まれていた国王に対する「侮辱」に関連する記述も削除され, 代わりに現在不敬罪と呼ばれている 112 条に国王に対する「侮辱」を取り締まる文言が含まれるようになった.

なお, 扇動罪について, 有罪になる件数は特に 2005 年以降増加している. これはタックシン派と反タックシン派の衝突の影響が大きいと考えられるが, 同時に注目すべきはその有罪率である. ストレックフスによれば, 有罪率は 1980 年代後半から 90% を超え 1990 年代に入ってからはほぼ 100% で推移している [Streckfuss 2010: 162-164]. 不敬罪の有罪率もほぼ 100% で推移している [Streckfuss 2010: 197-199]. ここからわかるのは, この二つのいずれかの罪で起訴された場合, その刑から逃れることはほぼ不可能だということである.

(3) 憲法との関係

ここまで不敬罪の内容や歴史について確認してきたが, タイのことを知る人であれば, ある疑問が浮かんでくるかもしれない. かの有名な憲法裁判所は, どこで不敬罪とかかわっているのか？ という疑問である.

不敬罪とセットで語られることが多い憲法裁判所だが, 実はその歴史は新しい. 正式設立は 2001 年のことであり[26], 選挙の無効判決を出すなど政治に大きく影響を及ぼすようになったのは, 2006 年にタックシン・チンナワットの資産に関連する判決を下して以降である. そもそも憲法裁判所は, 1997 年憲法下で政治や行政に対するチェック機能を強化した際に新設／再編された司法関連組織の一つであり, 当初から政治に対して影響力を持つように設計されている. しかしながら, 不敬罪は刑法である. だとすれば, 通常の司法裁判所で裁かれるべきであり, 憲法裁判所は関係がないように思える. なぜ不敬罪の事案

には，たびたび憲法裁判所が登場するのだろうか．

結論から言えば，それはタイの憲法が国王の不可侵性を保障しているからである．つまり，国王に関する名誉毀損，侮辱，悪意の表明は，刑法に違反すると同時に憲法違反でもある．不敬罪の歴史をまとめたメリオーも，「不敬罪は単独の刑法として理解されるものではなく，タイでは国家元首の憲法上の地位，すなわち元首の神聖性を実現するものだと考えられている」と述べているように［Mérieau 2021: 88］，両者は密に接続している．

タイではクーデタのたびに憲法が変わり，暫定憲法を含めると現在に至るまでに 20 の憲法がある．本章執筆時（2024 年 4 月）時点の憲法は 2017 年憲法である．これほど頻繁に憲法が入れ替わるタイにおいても，1947 年以降ほぼ変わらない規定がある．「タイ国は民主主義政体であり，国王を元首とする」という文言，そして 1991 年憲法以降の「タイは，国王を元首とする民主主義政体である」という文言である［下條 2022: 23］．これが刑法 116 条の後ろ盾になっていると考えられる．

またもう一つ，ほぼ恒常的に用いられてきたのが，国王の神聖性と不可侵性に言及するものである．各憲法は，「国王は崇敬にして神聖な地位にあり，何人も侵すことができない」としている．「これは単に国王の政治的無答責を意味するのではない．現代のタイ国民にとって国王は疑いもなく「聖性をもつ存在」であり，国王の「玉体」は不可侵であり，これに触れることは許されない」［秦 2017: 6］．この考え方が，刑法 112 条の後ろ盾になっていると考えられる．

なお，最も民主的と言われた 1997 年憲法起草の際，この条文と刑法 112 条との関係性が話題に上っている．そこでは「批判は必ずしも不可侵を侵害する意図によってなされるものではない」という意見も出たものの，最終的には憲法裁判所がこれを判断するとして，憲法と刑法 112 条との相関について憲法内に明記することはなかった［Mérieau 2021: 85］．しかしその後，憲法裁判所は刑法 112 条に関する憲法の解釈を求められている．訴えのあった 2012 年当時の憲法だった 2007 年憲法における国民主権（第 3 条），国王の不可侵性（第 8 条），権利と自由の制限（第 29 条），表現の自由（第 45 条）に関し，刑法 112 条はそれを侵害しているのではないか，という点について判断を迫られたのである．結果的に，2012 年 10 月 10 日の判決で，憲法裁判所は刑法 112 条の合憲性を認めた［Mérieau 2021: 85］．

こうした経緯があるため，本来司法裁判所で判決が下されるべき刑法112条不敬罪や刑法116条扇動罪については，憲法裁判所による判断が下される場合があるのである[27]．ただし，憲法裁判所は実質的に刑期等を言い渡す機関ではなく，処罰を決定することはできないという点に注意が必要である．いずれにせよ，不敬罪や扇動罪などの刑法の問題は，司法上の問題だけでなく，憲法という国家全体を規定するものの問題でもあることを念頭に置いて置く必要がある．

4　不敬罪は単なる法にあらず？

こうした不敬罪が存続し続けてきた理由はどこにあるのだろう．単に王室の保身や王室を取り巻く人々の利権が絡んでいるという単純な話なのだろうか．

確かに不敬や扇動罪はいろいろな立場の人々（主に政治エリート）によって利用されてきた．しかし同時に，その時々の批判に耐えうるため，伝統的な価値観やタイ社会のあり方などを用いてさまざまに理論武装してきた．それは単に国王を守る法そのものを維持するという目的を超えて，「タイ的なもの」やタイ的なものとしての「国王」をどう解釈し，守るのかというナショナリズム的な営みだったように思われる．

例えば，法の支配を「nitirat」と訳すか「nititham」と訳すかという問題は何度も議論されてきた[28]．nitirat は西洋的な「法律」の概念を強く反映したもので，一方の nititham はその言葉通り，仏教的な tham（徳）概念を反映した「仏法」的な概念を強く反映している．これをターニンは，書かれた「法」を優先するか，「正義」を優先するかと述べ，タイの社会には後者が合致していると主張する [Thanin 1977]．この主張そのものが王室の権威を押し上げるためのものだということは明白だが，こうした主張はなぜ不敬罪の存在が許容されてきたかを考える上で重要な示唆を与える．

この概念のもとでは，法律が厳しすぎる場合に正義を確保する「予備的権限」を持つ国王という存在が許容される [Mérieau 2016]．国王は「正義」の究極の保護者であり，実際には恩赦や，司法への「助言」などの形でそれが実行される．これはつまり，国王を超憲法的な行為者に押し上げることにつながっている．そうした慣習的な国王のあり方を，近代的な方法で保証するのが不敬罪だとも捉えられる．

また，不敬罪に問われた人物が裁判の過程で自分はいかに「正当な」タイ人であるのかを強調することがよく見られる．これは，本人にも裁判を見ている人にも「真のタイ人」とは何かを再認識させる効果が期待できる［Streckfuss 1995］．不敬罪は，ある意味ではタイ人としてのアイデンティティを公的に維持させるために必要不可欠なものとして，現在も生き続けているのである．だとすれば，不敬罪の存在意義は，単なる政治の道具としての枠組みを超えている．

　不敬罪の運用は，現国王ワチラーロンコーンの指示により，2018年から停止していた．その影響もあって，2020年8月にはタイ史上初めて王室を直接批判して改革を求める運動が高まりを見せた．その後2020年11月に不敬罪の運用が再開され，この運動を主導していたとして数名が逮捕される事態となった．また，こうした運動の流れを受けて，2023年選挙で最大野党となった前進党は不敬罪改正の公約を掲げ，絶大な支持を獲得した．本章執筆時現在，前進党は「不敬罪改正公約が不敬罪である」と訴えられている[29]．また，不敬罪で勾留され，ハンガーストライキを実施していた女性が亡くなるという事件も発生している．

　不敬罪をめぐるこうした動向は，法律や政治の問題に留まらず，「タイ的なもの」をどう捉えるかというタイ社会の土台となっている部分に刷新を迫る根本的な問題なのではないだろうか．そうだとするなら，不敬罪の問題を単に王室の保身や利権絡みの時代遅れのものとして断罪するのではなく，これを支える制度的・文化的背景について考察を深めていく必要があろう．

注

1）BBC News Website（https : //www.bbc.com/news/world-asia-40298570，2020年4月20日閲覧）.

2）「不敬罪」「扇動罪」などの名前はあくまでも通称であり，刑法112条や刑法116条と記載するのが正確であるが，本章では混乱を避けるためこの通称を使用する．以下，「不敬罪」といった場合は刑法112条を，「扇動罪」といった場合は刑法116条を指す．

3）タイの役人を制度的に管理しようとする動きが急速に発展したのは19世紀のことである．ただし，この時点では選抜試験や国家からの給与はなく，現代においてイメージされる役人や公務員とは異なる存在であることには注意が必要である．これ以前のタイの司法としては，アユッタヤー王朝でのマヌ法典，現王朝であるラッタナコーシンになってからの「1805年の改正法典」が存在した．しかし，これらの法典では懲罰的な

刑罰が多いこと，裁判の仕組みをはじめとする司法制度が西欧諸国と異なることなどが治外法権の撤廃の弊害となっていた．そこで司法制度を改革することで，それらの課題を克服しようとした［田中 2004；Mérieau 2021］.

4）この立法評議会が正しく機能したかどうか，また有用であったかは疑問が残る．ラーマ5世自身，これが失敗であったとしており，その理由を「イエスマンか国王次第という者しかおらず……あとから国王のせいにする」と述べている［Sumet 2004: 112］.

5）民商法についてはフランスを参照にしたとも言われているが，日本の民商法を参照にしたとする研究もある［五十川 1996］.

6）拙著『国王奉迎のタイ現代史』（2023年，ミネルヴァ書房）内に，「1958年刑法」と記載があるが，誤りである.

7）1956年11月13日に成立，1957年1月1日に施行された.

8）刑法そのものの改正は2019年までの間で30回ほど行われているが［平井 2022: 205］，不敬罪に該当する部分が議論されたのはこの2回である.

9）最高で懲役3年，もしくは罰金1500バーツ

10）不敬罪とは関係ないが，刑法を制定した後で民商法制定にもかかわっていた政尾は，タイの一夫多妻制を非難し，文化的・慣習的にはそれで良いかもしれないが，法律がそれを保護するべきではないという考えを持っていた［五十川 1996］．そのため刑法でも，側室らも保護したそれまでとは異なり，明確に王妃を保護するものに変化している.

11）最高で懲役7年，もしくは罰金5000バーツ.

12）最高で懲役3年，もしくは罰金2000バーツ.

13）ただし，侮辱罪も一対一の場での暴言よりも，公衆の面前での暴言の方が刑としては成立しやすい.

14）これは，被告人一人あたりではなく，「件数」に対して課される．例えば，被告人A氏が，3件の発言などによって起訴された場合，各件に15年の懲役が課されて合計45年の懲役となる場合がある．実際に，2000年に不敬罪で起訴された Anchan Preelert 氏は，SNS上の29件の書き込みに対して罪が問われ，軍事法廷において懲役87年の判決が下った（その後，民間の裁判所において再判決がくだり，43年6ヶ月に減刑）．さらに，不敬罪に問われると，その勾留期間が長引くことも多く，上記の Anchan 氏の場合は裁判までの勾留期間が4年近くにわたった［Amnesty International（https://www.amnesty.org/en/latest/news/2021/01/thailand-87-prison-sentence-lese-majeste/, 2022年4月20日閲覧）］.

15）1973年10月13日の政変によってタイは民主化に大きく舵を切ったが，その揺り戻しで1976年10月6に軍による強硬な民主運動取り締まりが行われ，多くの学生が命を落とした．これ以降，軍部はより一層王室との関係を強め，王室はタイの象徴として強固な存在になっていった.

16）2005年と2007年には，さらに厳罰化する案が出された．この時の案では，量刑が最長で20年以上となったことで話題となった．民衆の反発を招き，結果的には棄却され

て現状維持となった.

17) タイの不敬罪と現代的に比較しやすいのは,ネパールの反逆罪（罪と罰）法で,王室に対する「憎悪,悪意,侮蔑」を作り出したとして有罪となった者には,最高3年の禁固刑が言い渡される [Streckfuss 1995: 446].

18) 1976年-1992年までは,前者が最高1年の懲役,または2000バーツの罰金,後者が最高2年の懲役,または4000バーツの罰金であった.1992年以降,前者が2万バーツの罰金,後者が20万バーツの罰金となった.

19) 日本では,この点についてかなり細かい議論が展開している.天皇や皇族への名誉毀損の場合,誰が訴えるのか,もし天皇や皇族自身が訴えを行うとすれば,それは市井の人々と同様の立場であると捉えられる危険性があるなどが議論されている [新井 2013].これは,天皇の神格化を目指していた明治政府にとっては大きな問題であった.身体に対する危害（暗殺等）については誰の目にも明らかで罰することができるが,名誉毀損や侮辱などは目に見えないことから特に天皇に対するそれを取り締まることは困難であった.そのために実質的にこの法律は政府批判の際の天皇に対する言及などに適用された.

20) 事件の内容や経緯について,詳しくはStreckfuss [1995: 460-63] を参照されたい.

21) 出版法の他,1930年映画法などもあり,映像も規制の対象になることがあるが [c.g. Streckfuss 2010: 4-5],ここではそれらは扱わない.

22) 政治や王室に関連するものの他,仏教や猥褻関係の出版物などを広く取り締まっている.

23) 出版法の変遷については,今泉慎也氏,小林磨理恵氏のご教示による.

24) 最高で懲役3年,もしくは1000バーツ以下の罰金

25) これ以前にも扇動罪に類する勅令（1900年）があるが,国王が行ったことや判断したことを批判することも罪になっており,国王と国家の分離が十分であるとはいえない.そのため,国王と国家がより明確に分離している1908年刑法からを「扇動罪」とする [Somchai and Streckfuss 2008: 4].

26) 1997年憲法によって創設された.司法裁判所が初期は憲法裁判所の設置に反対していたこともあり,正式設立は2001年.

27) なお,憲法裁判所に付託された場合には,憲法裁判所による裁定があるまで,通常裁判所の判決の言い渡しは停止される [今泉 2024: 18].そのため,不敬罪で起訴された人たちの勾留期間が大変長くなることがある.

28) 2007年憲法の審議では,仏教的な意味合いから,nitirat ではなく nititham が採用された.また,1990年代にグッド・ガバナンスという言葉がタイに入ってきた際,最終的にはタンマ=dhamma を語源とする thamma-phiban という言葉が訳語として定着した.これはつまり,良い統治や良い政治がタンマの概念と結びつき,タンマを遵守できることが最も良いとされたことを意味している [Mérieau 2018: 291-293].

29) 同時に,2017年憲法に新しく創設,規定された「国家転覆」を禁止する条項に該当しているという疑いもかけられている.

◆参考文献◆

＜邦文献＞

新井勉［2013］「近代日本における大逆罪・内乱罪の創定」『日本法學』79(2)，pp.175-209.

─────［2016］『大逆罪・内乱罪の研究』批評社.

飯田順三［1998］『日・タイ条約関係の史的展開過程に関する研究』創価大学アジア研究所.

石井米雄［1983］「タイの伝統法：『三印法典』の性格をめぐって」『国立民族学博物館研究報告』8(1)，pp.18-32.

五十川直行［1996］「タイ民商法典の比較法的考察〈序説〉(1)：日本民法典との歴史的関連性」『法政研究』62(3/4)，pp.320-52.

今泉慎也［2024］「タイの憲法裁判所：近年の判決を中心に」『盤谷日本人商工会議所所報』742，pp.17-21.

岩佐淳一［1994］「"タイ的原理"と王室ニュース：タイの放送は国民統合の強力な媒体としての役割を担ってきた」『総合ジャーナリズム研究』31(4)，pp.26-31.

─────［2018］『王室と不敬罪：プミポン国王とタイの混迷』文藝春秋.

宇戸優美子［2023］「タイの新世代の出版社と若者たちの政治的関心」東京大学附属図書館アジア研究図書館　上廣倫理財団寄付研究部門 Web サイト.

香川孝三［2001］「政尾藤吉伝 (3)：法律分野での国際協力の先駆者」『国際協力論集』9(2)，pp.25-56.

櫻田智恵［2023］『国王奉迎のタイ現代史：プーミポンの行幸とその映画』ミネルヴァ書房.

下條芳明［2022］「タイ王国憲法の歴史的概観と特色：近年の憲法政治の動向を交えて」『経営実務法研究』24，pp.15-38.

田中厚彦［2004］「タイ国における法制度の近代化」『東洋学園大学紀要』12，pp.85-97.

玉田芳史［1996］「タイのナショナリズムと国民形成：戦前期ピブーン政権を手がかりとして」『東南アジア研究』34(1)，pp.127-50.

─────［2015］「クーデタ後のタイにおける政治的自由とソーシャル・メディア」『タイ国情報』49(1)，pp.4-15.

玉田芳史編［1996］『チャクリー改革とタイの近代国家形成』文部省科学研究費補助金重点領域研究「総合的地域研究」総括班.

西澤希久男［1999］「タイ民商法典編纂史序説：不平等条約改正と法典編纂」『名古屋大学法政論集』177，pp.223-71.

秦辰也［2017］「タイの王権と『タイ式民主主義』：プーミポン国王時代の再考察」『渾沌』（近畿大学大学院文芸学研究科紀要）14，pp.1-27.

平井佐和子［2022］「タイ刑法典（各則編）(1)」『西南学院大学法学論集』55(1)，pp.47-82.

政尾藤吉［1907］「暹羅の新刑法に就いて」『法学協会雑誌』25(1)，pp.1624-1626.

村嶋英治［1987］「現代タイにおける公的国家イデオロギーの形成：民族的政治共同体（チャート）と仏教的王制」『国際政治』1987(84)，pp.118-35.

―――［1996］『ピブーン：独立タイ王国の立憲革命』岩波書店．

吉川利治［1978］「『アジア主義』者のタイ国進出：明治期の一局面」『東南アジア研究』16(1)，pp.78-93.

＜欧文献＞

Haberkorn, Tyrell [2021] "Under and beyond the Law : Monarchy, Violence, and History in Thailand," *Politics & Society*, 49(3), pp.311-336.

Handley, Paul M. [2006] *The King Never Smiles : A Biography of Thailand's Bhumibol Adulyadej*, London ; New Heaven and London : Yale University Press.

Hewison, Kevin [1997] "The monarchy and democratization" in Hewison, Kevin ed., *Political Change in Thailand : Democracy and Participation*, London : Routledge, pp.58-74.

Jitti Tingsaphat [2536 (1993)] *Kham athibai pramuan kotmai aya phak 2 taun 1*, Krungthep (Bangkok) : Samnakphim Winyachon.

Kobkua Suwannathat-Pian [2003] *Kings, Country and Constitutions : Thailand's Political Development, 1932-2000*, London : Routledge Curzon.

Kruger, Rayne [2009 (1964)] *The Devil's Discus : The Death of Ananda, King of Siam*, Dmp Publications.

Mérieau, Eugénie [2016] "Thailand's deep state, royal power and the constitutional court (1997-2015) " *Journal of Contemporary Asia*, 46(3), pp.445-466.

―――[2018]"Buddhist Constitutionalism in Thailand : When Rājadhammā Supersedes the Constitution," *Asian Journal of Comparative Law*, 13(2), pp.283-305.

――――[2021] "A History of the Thai Lèse-Majesté Law," in Harding, Andrew and Munin Pongsapan eds., *Thai Legal History : From Traditional to Modern Law*, Cambridge University Press.

Somchai Preechasilpakul and Streckfuss, David [2008] *Ramification and Re-Sacralization of the Lese Majesty Law in Thailand*, Bangkok : The Thai Khadi Research Institute/Thammasat University.

Streckfuss, David [1995] "Kings in the age of nations : The paradox of lese-majeste as political crime in Thailand," *Comparative Studies in Society and History*, 37(3), pp.445-475.

―――[2010] *Truth on Trial in Thailand : Defamation, Treason, and Lèse-majesté*, London : Routledge.

Sumet Jumsai [2004] "Prince Prisdang and the proposal for the first Siamese constitution, 1885," *Journal of the Siam Society*, 92, Bangkok, pp.105-116.

Thongchai Winichakul [2008] "Toppling democracy" *Journal of Contemporary Asia*, 38(1), pp.11-37.

第**II**部

統治論

第5章

ナショナリズムの数値化の試み
──1910–20 年代シャム（タイ）のボーイスカウトに注目して──

圓入 智仁

1 国王に忠誠を誓う子供

第32項　初級ルークスアになることができる者は，以下の通りである．

（(1)～(3) は略─引用者）

(4) ルークスアになることは，国王に報いる (sanoong) ことを目指して，チャートや国家 (chaat baanmuang) を守るという意味であることを，理解しなければならない．

第37項　（以下は引用者による大意）2級ルークスアの試験に合格した者は，隊長により，現役隊への入隊式が執り行われる．その際，新入隊員は次の三つの「ちかい」(khamman sanyaa) をたてる．

　　一つ，私は国王に忠誠心を持つ (mii cai cong rak phak dii)．

　　二つ，私は男子としてふさわしい行いをすることを決意する．

　　三つ，私はルークスアの規則と習慣に従うことを決意する．

　　　　　　　　「ルークスア管理規則」(初版, 仏暦 2454 年／西暦 1911 年)[1]

　英国発祥のボーイスカウトは，ラーマ6世ワチラーウット王 (1881-1925, 在1910-1925, 以下，6世王) によって，シャム（現在のタイ）に「ルークスア」として導入された．その際，「ルークスア管理規則」が制定され，ルークスアへの加入を希望する子供には，国王に報いること，あるいは国王に対する忠誠が求められた [Phrayut n.d. : 11-22].[2]

　Murashima [1986 : 27] によると，6世王は国王に忠誠を誓い，国王に従う者がタイ・ネーションの真のメンバーであると考えていた．また，村嶋 [1996 :

190-192] は「チャート」を「民族的政治共同体」ないし「民族共同体」と表現し，その「チャート」に関する 6 世王による説明として，「国王専制政治のもとで民族共同体（チャート）を西洋製ネーションの理論と仏教的王権論にいう国王選出説とを折衷」した結果であるとする．「一九世紀末に西洋に留学したタイの王族や官僚貴族の子弟」は，「王者は会衆によって選出された存在であるという仏教的王権論」を援用し，「王者を選んだ会衆をネーション（チャート）と読み替えた」のである．ここから，ルークスアのメンバーは，国王に対する忠誠心を持つ「チャート」の一員であると言える．

　本章の主題であるルークスアについては，6 世王研究の一部として Vella [1978] や Greene [1999] などが言及している．いずれも，6 世王が近習を集めて創設した大人の擬似的な軍隊組織「スアパー」に関する研究の一部としての扱いである．なお，スアパーとは `Sua Pa Maew Mong' という，辺境の地で敵の動きを観察してシャムの軍隊に報告する者たちを指す，古いタイ語から派生した名称である [Ratanapat 1990 : 70].[3] タイ語の「スア」が虎，「パー」が森林やジャングルを意味しており，日本語ではスアパーの訳語に「野虎隊」を充て，英語では 'The Wild Tiger Corps' と表現することがある．タイ語の「ルーク」は子供を意味することから，ルークスアは「子虎隊」となろう．Vella [1978 : 27-29] によると，6 世王は 1910 年の即位から半年後の 1911 年 5 月にスアパーを立ち上げ，ナショナリズムの高揚を企図した．続けて 6 世王は直後の 7 月に，ボーイスカウト（Vella はルークスアを「(the) Boy Scouts」，「the Boy Scout movement」と表記）を創設した．[4]

　英語の「ネーション」は概念であり，それを量的に把握することは難しいかもしれない．[5] ただ，Murashima [1986] や村嶋 [1996] に倣って，「国王に忠誠心を持つ人物」を「チャート」として捉え，それに該当する子供の人数をルークスアの統計にもとづいて把握することは可能である．そこで本章では，ルークスアが発足した 1911/1912 年から，1929/1930 年までの統計に依拠して，絶対王政下のシャムにおける子供の「チャート」の広がりを，数として把握することを試みる．

　村嶋 [1996 : 188] によると，20 世紀初頭のタイでは，タイ族，その一部に含まれるが独自の文字と言語を持つラーオ，さらにマレー系ムスリムやビルマ人，中国人などが居住していた．「タイ族が優勢とはいえ彼らは近代的民族意識を欠き，かつ政治的文化的自立性を有する諸種族を包含したタイ帝国という

のが実態であったので，統合のレベルの低い状態からチャートを新たに作る必要があった」[村嶋 1996: 190] のであり，その手段としてルークスアが利用されたと考えることができる．

2 ルークスアの人数論

ここで，本章で扱うルークスアの定義をしておきたい．当時，ルークスアには，子供たちが獲得した知識や技術のレベルに応じて，見習い（1918 年以降），初級，2 級，1 級という階梯があった．このうち，2 級ルークスアになる試験に合格した後の入隊式では，国王に対する忠誠を誓う儀式を執り行っていた．この 2 級ルークスア以上を正式なメンバーと考えることもできるが，Vella [1978] の言うボーイスカウトを通した愛国心的な考えやナショナリズム的なスローガンの普及という観点で考えると，国王に報い，「チャート」や国家を守るという意味を理解することを求められていた初級ルークスアや見習いルークスアも [Sathuan 1961: 37-38; Phrayut n.d.: 15]，「チャート」に数えて良いだろう．

さて，これまでルークスアの人数に関してはどのような議論があったのだろうか．Vella [1978: 43, 260-261] は，スアパーや「ボーイスカウト」を通して 6 世王の愛国心的な考えが地方にも広まったが，その数は多くなかったとする．特にボーイスカウトは参加するために必要な制服の購入が難しかったとして，6 世王期の各年で多くても 2 万 2000 人，6 世王期を通して 4 万人から 5 万人が参加して訓練を受けたと推測している．さらに，そのナショナリズム的なスローガンや考えがボーイスカウトに参加した子供の親やきょうだいに影響し，おそらく 20 万人に，程度の差はあるにしても「ネーション」に対して肯定的な印象を与えただろうとも述べている．

スアパーに関する歴史学の修士論文を執筆した Yupaporn [1985: 62-64] によると，スアパーは 1911 年に 141 人で発足し，初年のうちに 4230 人を数えるまでになった．その後，1916/1917 年には 1996 人の新規加入，1917/1918 年には 2340 人の新規加入があり，1924/1925 年には参加者が 1 万人を超えていたとする[6]．

Chaiwat [1986] はルークスアをテーマにした初等教育学の修士論文を執筆し，その中で，1911 年のルークスアの成立から 1985 年まで，公文書などを使

用してルークスアの歴史，組織，規則などを整理している．これら二つの修士論文では，本章で扱う『シャムのルークスア報告書』(*Raaigaan Kaan Luuksua Haeng (Krung) Sayaam*（第5号までは *Krung* の語がある．以下，『報告書』と表記）も引用しながら，Yupaporn [1985: 67] は 1916/1917 年から 1925/1926 年まで，Chaiwat [1986: 53] は 1911/1912 年から 1929/1930 年までルークスアの人数を記載している．

　Chaiwat [1986: 53] によると，ルークスアの設立初年にあたる 1911/1912 年の人数は 246 人であり，1915/1916 年は 2549 人であった．246 人の根拠は不明であり，2549 人は現役の2級以上のルークスアの人数であると思われるが，『報告書』でその数字を集計すると，2397 人である．翌 1916/1917 年について，Yupaporn [1985: 67] は 8703 人とし，Chaiwat [1986: 53] は 7967 人とする．『報告書』にもとづいて，当年の現役の初級以上のルークスアの人数を集計すると 8803 人（そのうち，現役の2級以上のルークスアは 3826 人）であった．いずれも根拠は同じ『報告書』であるため，これらの数字の誤差は集計上のミスであると思われる．その後，1918/1919 年に初級ルークスア前段階として見習いルークスアが設定されると，Yupaporn [1985: 67] も Chaiwat [1986: 53] も，ルークスアの人数を初級以上とするか，あるいは見習い以上とするか，統一して記すことができていない．

　以上で見てきたとおり，ルークスアの人数論について Vella は推測の域にとどまり，Yupaporn と Chaiwat は『報告書』を主な根拠としているが，その計算の精緻さが十分でなく，また対象の選定も基準が曖昧であった．そこで，本章ではルークスアの人数を統計的に検討するため，Yupaporn[1985: 67] と Chaiwat [1986: 53] が引用した『報告書』を精査し，ルークスアの人数を確定する．この『報告書』は少なくとも第1号 (1916/1917 年版) から第 14 号 (1929/1930 年版) までは発行されていたと思われ，手元には第 1, 3-5, 9, 11-14 号 (1916/1917 年，1918/1919-1920/1921 年，1924/1925 年，1926/1927-1929/1930 年のもの) がある．これにより，ルークスアが発足した 1911/1912 年の5年後から，6世王逝去とラーマ7世プラチャーティポック王 (1893-1941，在 1925-1935，以下，7世王) 即位 (1925 年) を経て，1929/1930 年までの間を網羅できる [圓入 2022]．

3 タイ教育史におけるルークスア

村嶋 [1996: 191] は「民族的政治共同体 (チャート)」と宗教, 国王を三位一体として, タイ人の三者への忠誠を求めた6世王の考えについて議論する中で,「ルーク・スア (ボーイスカウト)」について以下のように述べている.

> 一〇代の在学中の青少年を実質上全員ボーイスカウト会員として, 彼らに民族と国王に対する義務と団結の重要さを訓練した. スカウト運動は現在まで小学校高学年・中学校教育の必修科目として継続しており, タイ民族意識形成上の役割は大なるものがある.

この文章は検討を要する. まず, 10代の在学青少年を実質上全員, ルークスアに参加させていたのだろうか. また, ルークスアでは民族と国王に対する義務と団結の重要さを訓練していたのだろうか. さらに, ルークスアが6世王期から村嶋の言う現在, 少なくとも20世紀の間は小学校高学年・中学校教育の必修科目であったのだろうか. そして最後に, ルークスアが「タイ民族意識形成上」, 果たした役割は大きかったと言えるのだろうか.

これらはいずれも, ルークスアを研究する際の重要な検討課題である. 前2者は6世王の統治下を対象として, 検討する必要がある. 三つ目はルークスアについて現在に至るまでの学校教育上の位置づけを把握しなければならない. その上で, 4つ目を総合的に検討する必要がある. 本章では, これらの入り口として, 主に第1の点を検討の対象としたい.

タイの Ministry of Education [1976: 44-45] は, ボーイスカウトが1913年当時, 3段階あった中等教育の第1段階と第2段階に導入され, それは1909年の初等教育カリキュラムにおける初歩的な軍事訓練の代わりであったと述べている. さらに, ボーイスカウトの学校教育における目的が規律意識とナショナリスティックな態度の涵養であり, それがスカウト運動と, 良き市民としての日常生活のさらなる学校外活動の基礎固めになったとしている. また, ボーイスカウトの目的が国王とネーションに対する忠誠心 (a loyalty or allegiance) や, ナショナルな宗教 (the national religion) に対する信仰心, そしてナショナルな団結 (the national unity) への責任感を持たせることであったとも指摘する[7]. 関連して Chantana [1993: 22-23, 29] も, 1970年代の教育省の文献にもとづ

き，1913 年に 8 歳から 12 歳の 5 年間（男子，女子は 3 年間）の初等教育に，男子を対象とするボーイスカウトが設定されたとする．

タイでは初等義務教育法が 1921 年 9 月 1 日に布告され，同年 10 月 1 日に施行された [Ministry of Education 1976: 40]．これにより男子は 5 年間，女子は 3 年間の初等義務教育が定められ，男子には倫理，タイ語，シャムの自然史，衛生学，デッサンなどと並ぶ科目としてボーイスカウトが設定された[8]．ただ，その際の就学年齢は 7 歳から 14 歳であり，この間に就学義務が課されていた [Ministry of Education 1976: 41, 43]．

Warunee [1981: n.p.] は 1921 年 11 月 1 日の普通教育課程にもとづいて，男子に 5 年間の初等教育，3 年間の前期中等教育，3 年間の中期中等教育，そして 2 年間の後期中等教育，女子に 3 年間の初等教育，3 年間の前期中等教育，3 年間の後期中等教育が，それぞれ設定されていたことを示している．その中でルークスアはいずれも男子の初等教育における必修科目ウィチャー・ルークスア（科目としてのルークスア，週あたりの時間数は不明），時間外の科目としてカーンフックハット・ルークスア（ルークスアの訓練），前期中等教育の時間外の科目としてパックレーム・ルークスア（ルークスアの宿泊），中期中等教育の必修科目ウィチャー・ルークスア（週あたり 1.5 時間）と時間外の科目としてカーンフックハット・ルークスア，後期中等教育の時間外の科目としてカーンフックハット・ルークスアとして配置されていた[9]．

Chantana [1993: 22-23, 29] は，1921 年から初等教育の対象が 7 歳から 14 歳の間の 5 年間（男子，女子は 3 年間）となり，引き続き男子には科目としてのボーイスカウトが設定されたことも指摘している．この時の入学は 7 歳から 10 歳の間であり，初等教育における男子のボーイスカウトは 1 年次から 5 年次まで週に 1 時間であったという[10]．

▌ 4 授業としてのルークスア，課外活動としてのルークスア

上述のタイの Ministry of Education [1976], Chantana [1993], Warunee [1981] の議論を総合すると，当時のルークスアの学校教育の位置づけについて，以下のように推測できる．ルークスアの発足当初は男子の 5 年間の初等教育においてルークスアの授業が行われており，その対象は 8-12 歳であった．この授業としてのルークスアの他に，課外活動としてのルークスアも実施されてお

り，11 歳になると参加できた．初級ルークスアや見習いルークスアから始まる階級制度は，課外活動における 11 歳以上の希望者を対象とするルークスアに適用していた．

1921 年に初等義務教育法が施行されたことで，7 歳から 14 歳までの間に男子は 5 年間，初等教育を受けることになり，引き続き，学校で授業としてのルークスアを履修した．また，11 歳以上の希望者を募って実施される課外活動としてのルークスアも継続した．さらに，中等教育にもルークスアが導入され，その中期では授業として，また前期・中期・後期のそれぞれで課外活動としてのルークスアが導入された．

以上のように考えると，年齢階梯や教育課程上の整合性がとれる．関連して，Chantana [1993: 89-90] は次のことを指摘している．保護者にとってボーイスカウトの活動そのものは義務ではなかったため，学校で組織されたボーイスカウトの隊に子供たちを参加させるかどうかを決めることができたこと．また，子供にとっては，ボーイスカウトの活動に参加したところで，その活動の内容や方法論の多くは軍隊の規律や方法論にもとづいており，中央や地方のボーイスカウトの組織がしっかり計画しているため，活動の中でも限られた範囲内でしか主体性を発揮できなかったことである．

授業としてのルークスアと，課外活動としてのルークスアが別々に存在していたことの証左として，ルークスアの登録抹消に関する規程がある．「管理規則」初版の第 43 項 (改訂版の第 92 項) では，「(1) 礼儀正しくない人の振る舞いをすること．例えば，酒や薬を飲用して酔ったり，ヤクザのように乱暴になったりすることである．」，「(2) 賭博をすること．」など，10 項目が設定されていた [Sathuan 1961: 41-42; Phrayut n.d.: 17-18, 119-120][11]．学校でルークスアを授業として履修することがルークスアのメンバーであることと同義ならば，ルークスアとしての登録を抹消されることは考えられない．

5 『報告書』におけるルークスアの人数

そもそも，『報告書』に記載されているルークスアの人数は，その規模から，初等教育や中等教育に就学して授業としてのルークスアを履修している者の総数ではなく，課外活動としてのルークスアに参加している人数であると考えられる．この『報告書』にもとづき，1915/1916 年から 1929/1930 年までの

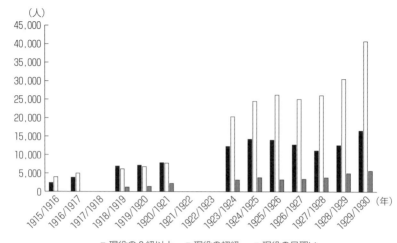

図 5-1 現役ルークスアの登録人数
（出所）『シャムのルークスア報告書』各号の該当ページより集計して筆者作成.

間のルークスアの登録人数をグラフ化したものが，**図 5-1** である．この間，1925 年 11 月に 6 世王が崩御し，7 世王が即位している．

この**図 5-1** から指摘できることは，以下の通りである．

(1) 初級ルークスアの人数の伸び

まず，1923/1924 年以降の初級ルークスアの人数の伸びを確認できる．1918/1919 年から 1920/1921 年の間は約 6100～7700 人で推移していたが，1923/1924 年には約 2 万人に増加した．この背景には，1921 年に始まる初等教育の義務化の影響を想定できる．そこで，以下では『シャム王国統計年鑑』(*Statistical Yearbook of the Kingdom of Siam*) を参照して，初等教育などにおける修学人数を把握する．この年次統計は 1913/1914 年に No.1 が発行され，No.14 となる 1928/1929 年までのものを入手できている．『報告書』の扱う年にあわせて図を作成するが，年次統計の入手できているもののうち，初等教育や中等教育の就学者が確認できるのは，1915/1916 年と 1922/1923 年以外の年次である．そのうち，**図 5-2** で初等教育の就学者数をグラフ化している．

図 5-2 から，義務教育の導入により初等教育の就学者が 10 万人規模から 50 万人規模へ増加したことが確認できる．初等教育において授業としてのルーク

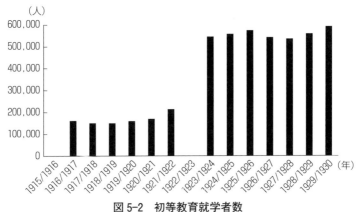

図 5-2　初等教育就学者数
（出所）『シャム王国統計年鑑』各号の該当ページより集計して筆者作成．

スアを履修する子供が増えた結果，課外活動としてのルークスアに参加する子供，つまり初級や見習いのルークスアも，増えたと考えられる．その後，1925年の6世王の崩御のためか，初級ルークスアの人数と初等教育就学者数はやや減少した[12]．ただ，それは一時的であり，1929/1930 年にかけて両者は増加した．なお，**図 5-1** と**図 5-2** では1桁の違いがあり，ここから，課外活動としてのルークスアに参加した者の割合を推測することができるだろう．

(2) 2級以上のルークスアの人数の停滞

図 5-1 より，初等教育の義務化以降，2級以上のルークスアの人数は増加したものの，初級ルークスアほどの伸びではなかったことも，読み取れる．1924/1925 年に2級以上のルークスアは1万4243人となり，義務化前の 1920/1921 年の 7838 人と比べて約 1.8 倍となった．その後は 1927/1928 年の1万1078人に減少した．

2級ルークスアの登録人数が伸び悩んだ背景を考える鍵は，2級ルークスアになるための試験にあると推測できる．この試験では整列などの基本姿勢，モールスなどの信号，追跡，記憶，徒歩，火起こし，縄結び，水泳，方位，身体器官という具体的な知識や技術などを求めていた [Phrayut n.d.: 104-105]．初等教育の義務化によって新たに就学し始め，課外活動としてのルークスアに参加した初級ルークスアにとって試験の合格は難しく，進級できなかった可能性

がある．または，何らかの理由により2級ルークスアに必要な知識や技術の習得をせず，初級以下に止まるルークスアがいた可能性もある．いずれにしても，初等教育の義務化前と比べて，ルークスアの子供たち全体における上昇志向，いわば「熱心さ」が相対的に低下したと考えられる．このことは2級ルークスアの受験率，合格率の推移から確認できるが，今後の課題としたい．

　2級ルークスアへの進級が初等教育と中等教育のどちらに在学中だったのか，詳細は不明である．ただ，中等教育に関して言えば，その就学者数が本章で扱う期間中，1917/1918年の1万838人から1925/1926年の1万7984人まで増加している．その後は減少に転じて1927/1928年に1万3934人となるが，再び増加に転じて1929/1930年には1万6534人となっている．この間，概ね1万1000人から1万8000人の間の推移であった．ここに初等教育の義務化に伴う就学者数増加の影響は，あまり見られない．それでも，初等教育で課外活動としてのルークスアに参加し，初級などとして登録した者が，中等教育への進学後も登録を継続していた可能性は考えられる．

(3)　2級ルークスアになること

　初級ルークスアと2級以上のルークスアの人数の差については，ルークスアへの入隊式を経たかどうかを考える必要もある．1918年に改訂された『ルークスア管理規則』第55項には，「2級ルークスア科目の試験に合格した初級ルークスアは，現役隊に入る儀式を終えるまでは，2級ルークスアとして見なすことはできない．」という規定がある [Phrayut n.d.: 104]．

　実際に，2級ルークスアになるための試験に合格した者と，現役隊に新規に入隊した者の間には数字上の誤差が生じている．図5-3で示すとおり，1916/1917年に2級ルークスアの試験に合格したのは2583人だったが，入隊式を経験したのは1684人であった．割合にして65％強であり，残りの合格者は入隊式を経ていない．この割合は本章の対象期間を通して，60％台から80％台であった．その理由として，指導者や装備の不足など入隊式を実施できない隊としての理由，保護者の反対や経済的な困難など，家庭や個人としての理由を考えることができる．

　さらに図5-3からは，6世王が崩御した1925年前後の人数の変化が顕著に表れている．崩御前年の1924/1925年と1926/1927年を比べると，2級ルークスア合格者数で約30％減，現役隊への新規入隊者数で約44％減であった．7

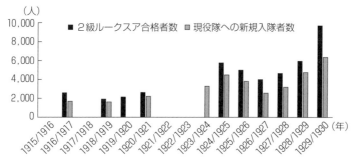

図 5-3　2 級ルークスア合格者数と現役隊への新規入隊者数
(出所)『シャムのルークスア報告書』各号の該当ページより集計して筆者作成.

世王が廃止したスアパーに比べると，ルークスアにおける 6 世王の崩御の影響は，この程度だったと言うこともできる．

(4) ルークスア人口の微減と増加

　Yupaporn [1985] や Chaiwat [1986] は 1925/1926 年から 1928/1929 年の数字を把握しておらず，結果的に両者はルークスアの人数が増加の一途をたどっていたように捉えていた．しかし，図 5-1 からは 6 世王が崩御した 1925/1926 年に 2 級以上のルークスアと見習いルークスアの人数の小さなピークを，またその前年の 1924/1925 年には初級ルークスアの人数の小さなピークがあった．図 5-2 の初等教育就学者数と，中等教育就学者数も，1925/1926 年で一つのピークを形成しており，就学者数全体が 6 世王の崩御の影響を受けて減少したことが考えられる．

　図 5-1 や図 5-3 からは，1928/1929 年や，続く 1929/1930 年には過去数年の停滞を取り返すかのような人数の増加を確認できる．その背景には，7 世王によるルークスアの積極的な振興の影響が考えられる．

　イギリスやフランスでの留学経験がある 7 世王は，発足間もないこれらの国でのボーイスカウトを見聞きしていた可能性があり[13]，さらにボーイスカウトが世界規模の組織であることから，容易に廃止できないと考えていた可能性がある．例えば，6 世王の崩御によって開催できなかったルークスアの第 1 回全国大会を，7 世王は 1928 年 2 月から 3 月にかけて実施した．1929 年には日本のボーイスカウト（当時は「少年団」）の招きにより，ルークスア 18 名が渡日し

た．同年，イギリスで開催されたボーイスカウトの第3回世界大会にルークスアの派遣団を送っている[14]．後者は6世王時代の1920年のイギリスにおける第1回大会，1924年のデンマークにおける第2回大会に続く派遣であった．さらに上の図表が対象とする年以降，1930年には第2回全国大会を開催し，翌1931年にはタイで初めてとなるルークスアの指導者養成を約1ヶ月にわたって実施した．

(5) ルークスアの人数の人口比

ここでも『シャム王国統計年鑑』を参照して，ルークスアの人数を人口統計と比較して検討する．このことにより，ルークスアの人数を客観視できると考える[15]．入手できている『シャム王国統計年鑑』の中では，1911/1912年（No.1）の他に，1919/1920年（No.8），1929/1930年（No.15）に人口が掲載されている．なお，1911/1912年は，ルークスアの人数がきわめて少ないので検討の対象とはしない．

1919/1920年の人口統計によると，11歳以上18歳未満の男子人口は81万5603人と推計できる[16]．この年のルークスアの人数は2級以上が7124人，見習い以上では1万5273人であった．該当人口に占める割合は2級以上が0.87%，見習い以上が約1.87%であった．

1929/1930年の人口統計によると，11歳以上18歳未満の男子人口は，104万100人と推計できる．この年のルークスアの人数は2級以上が1万6548人，見習い以上では6万2929人であった．それぞれ，該当人口に占める割合は2級以上が約1.59%，見習い以上が約6.05%であった．本章の対象期間において，おおむね課外活動としてのルークスアに参加していたのは，人口比でわずか1桁のパーセンテージであった．本章で検討してきた，「国王に忠誠を誓い，国王に従う者」としての子供の「チャート」の人数割合は，この程度であった．

(6) 初等教育の就学割合

ここで，やや乱暴な議論ではあるが，同じ資料を使って，本章の研究対象期間中，男子初等教育の就学年齢を8歳から12歳と仮定し，当該年齢の人口と就学人口（男女合算）を検討する．なお，就学人口には男女の区別がないため，初等教育における授業としてのルークスアが男子に限定していたことを念

頭に置きつつ，検討を進めたい．

1919/1920 年について，8–12 歳の人口は 127 万 3346 人と推計できる．この年の初等教育の就学者数は男女合わせて 15 万 8959 人であり，就学割合は約 12.5% となる．また，1929/1930 年については，8–12 歳の人口は 137 万 4571 人と推計できる．この年の初等教育の就学者数は男女合わせて 59 万 585 人であり，その就学割合は約 43% となる．初等教育への就学割合が男女同率と仮定すると，これらの割合の男子が，初等教育における授業としてのルークスアを履修していたことが推測できる．

1932 年の，いわゆる立憲革命前の時点で就学割合が 40% を越えており，授業としてのルークスアを通して「チャート」の概念を学んでいた可能性のある子供が，この割合でいたことが想像できる．ただし，上述のとおり，そのほとんどが課外活動としてのルークスアに参加していなかった

6　ネーションを数として把握すること

本章はナショナリズムの数値化に挑戦する取り組みであった．イギリスやフランスの植民地に囲まれたタイにおいて，自らがタイ人であると意識させることは，統治者にとって重要な課題であり，タイの領土に居住する人達に，自らがタイ人であることを意識させる手段として 6 世王はスアパーやルークスアを導入したと考えられる．ルークスアの参加者は国王に忠誠心を持つチャートであり，当時の『報告書』によって，その人数を数えることが可能になった．

そのことに関連して，本章では当時の学校教育カリキュラムと，本章で検討したルークスアの人数から，6 世王期や 7 世王期においては，授業としてのルークスアと，課外活動としてのルークスアの二つが存在していた可能性が高いことを指摘した．授業としてのルークスアの授業を履修することが，村嶋の指摘する「民族と国王に対する義務と団結の重要さ」を訓練に結びつけていたかどうかについては，当時の教科書などを検討する必要があり，本章では扱わなかった．

その訓練の結果，6 世王の思惑通り国王に忠誠心を持ち，ルークスアの活動にもっと参加したいと考える子供が育っているならば，課外活動としてのルークスアに参加する子供の数が，より多くなっていたはずである．課外活動としてのルークスアに参加し，2 級ルークスアの試験に合格して現役隊への入隊式

を経るほど没頭していたのは，当時のタイの子供の人口の僅か1～2％であって，きわめて少なかった．この事実から，ルークスアの活動が子供の興味を引くものではなかった，保護者が活動に参加させたくないと思っていた，あるいは地元に課外活動としてのルークスアを展開する組織がなかったなど，消極的，ないし否定的な側面を推測できる．

　昨今，イギリスやアメリカ，日本だけでなくヨーロッパやアフリカ，アジアなど世界各地で少しずつ，ナショナリズム研究の一環として，ボーイスカウトが注目されるようになってきた．その中で人数論を扱う論考は管見の限り皆無であるが，本章で扱ったシャム（タイ）のルークスアのように詳細なデータが残っているならば，その発展の規模を客観的に論じる有効な手段となるだろう．本章で扱ったような子供が参加する組織としては，第2次世界大戦下，日本の大日本青少年団，ドイツのヒトラーユーゲント，イタリアのバリッラ，戦後も共産圏で続いたピオニールやそこから派生したと思われる中国少年先鋒隊，朝鮮少年団などが思いつく．他にも，特定の思想や宗教，政治的な考えによって成り立つ組織の構成人数や，それぞれの支持者の数を検討できる．

　世にさまざまなナショナリズム論がある．その多くは理念的であり，主観的である．ネーションという英語で表現される民族あるいは国民，方言を含めたさまざまな言語，宗教などは，明確な線引きをすることが難しい．このように生物的ないし文化的特徴を共有することの他にも，統治者を支持すること，あるいは統治者に忠誠を誓うことも，ネーションを構成する要素となるだろう．さらには，これらのことを自らの発意で行うのか，誰かに強制されて行うのか，あるいは意図せず，いつの間にかそうなっているのかという動機やきっかけを考慮する必要もある．

　本章で扱った「国王に忠誠を誓い，国王に従う者」の集団が，簡単に消滅することもある．本章で少し扱った，大人の組織「スアパー」が該当する．6世王が崩御した後，7世王はルークスアを継続させたが，スアパーは廃止した．もっとも，ルークスアも世界連盟を構成するボーイスカウトの一組織でなかったら，7世王は存続させなかったかもしれない[17]．

　「ネーション」や国民，民族などの言葉が，具体的に誰を想定していて，何人存在するのかを解明すれば，その拡大や縮小，もしくは消滅までをも考えることができるはずであり，これまでにない，ナショナリズム論を展開することができるだろう．

付 記

本章は，日本学術振興会科学研究費 21 K 02186（基盤研究（C），「20 世紀前半の
タイの子供組織ルークスアにおける民族・宗教・国王に関する教育」，研究代表者：
圓入智仁，2021–2024 年度）の助成を受けたものである．

注

1）シャム（1939 年 6 月 24 日以降は「タイ」）では仏暦 2482 年まで，暦は 4 月始まり
だった．つまり，仏暦 2482 年は西暦では 1939 年 4 月から 1940 年 3 月だった．本章で
は年の表示を西暦で統一するが，その際，月日が明らかなでき事は，その月にあわせた
西暦の年数を表記する．例えば，「ルークスア管理規則」の初版が出たのは仏暦 2454 年
7 月 1 日であるため，「1911 年 7 月 1 日」と記す．また，仏暦の 1 年間を指す場合は，1911
/1912 年などと表記する．

2）「ルークスア管理規則」（以下，管理規則）は，1918 年 4 月 1 日に改訂された．引用
した初版の第 32 項（4）は，改訂版の第 49 項 4 に同じ文言として受け継がれた．な
お，初版の第 32 項（1）～（3）では，ルークスアの活動に参加を希望する子供の年齢が
満 11 歳以上，満 18 歳未満であること，所属する学校などにルークスアが組織されてい
ること，そして父母か保護者の承諾を求めていた．これらの大意も，改訂版第 49 項に
受け継がれた［Sathuan 1961：37–38；Phrayut n.d.：15, 103–106］．この第 49 項は初
版が規定していた「初級ルークスア」よりも，1 段階前の「見習いルークスア」に関す
る項目であり，次の「5」が加えられた．
5．ルークスアの弟として振る舞うべきである．また，一つの班より少なくないルーク
スアの面前で，隊長や副隊長と一緒に以下の通りに自ら誓う．
（1）国王に忠誠心をもつ（mii cai cong rak phak dii）．（（2）以下，略—引用者）
初版の「管理規則」第 37 項も改訂版第 65 項で，ほぼ同じ文言を受け継いでいる．

3）村嶋［1987：127］によると，「スアパー（Suapā）とは文字通りの意味は『野虎』で
あるが，タイ古語では戦争において司令官の耳目となって敵側の情報を勇敢に収集する
斥候を意味した．」という．なお，英語で「斥候」は scout，「斥候術」は scouting であ
る．イギリスでボーイスカウトを創設したベーデン・パウエルは陸軍の軍人であり，彼
はボーイスカウト活動の方法や内容を書籍 *Scouting for Boys* にまとめて出版した
［Baden-Powell 1908］．この本を通して，ボーイスカウト活動はイギリス国内だけでな
く，アメリカ，タイそして日本を含む世界の各国や地域に伝播した．

4）Vella［1978：28–29］は，スアパーの起源を 1905 年に 6 世王が実施した戦争ゲーム
に遡るとしている．ナショナリズムの高揚など，1908 年のイギリスに端を発するボー
イスカウトから学んだことは多いが，そのまねをしたわけではないとする．

5）Vella［1978：260–261］はナショナリズムを数値化することは難しいとした上で，軍
艦購入のための寄付をした人数，軍事訓練を受けた人数などからナショナリズムの広が
りを考えることができるとしている．

6）さらに，女性の組織もあったという．

7）Krasuang Suksaathikaan［文部省 1992：213］は，1913 年の普通教育カリキュラム改訂により，ルークスアが道徳の涵養を目的として学校教育に導入されたとしている．

8）この他に選択科目として自然科学入門，歌唱があった．

9）時間外に教えることとなっていたのは，他に科学（初等教育），歌唱や宗教に関するもの（初等教育から中等教育）があった．

10）Chantana［1993］は Junior Red Cross にも度々言及している．それは 1922 年，義務教育の学校に導入された．制度的には男子も参加できたが，実際には女子が Junior Red Cross，男子がボーイスカウトと，性別に活動していたとする．

11）その他，「(3) 行くべきではないところに行くこと．」，「(4) 父母の言いつけを守らないこと．」，「(5) 些細なことでも，物を盗んだり詐欺をしたりすること．」，「(6) いつも嘘をついていて，改善の余地がないこと．」，「(7) 扇動すること，もしくは他のルークスアに悪事を紹介すること．」，「(8) どのようなことでも間違ったことをして学校から追い払われること．」，「(9) 管理者の権力に服従しないこと．それは故意のことであり，強烈な行いである．」，「(10) 現役隊に入るにあたって立てた誓いに反する振る舞いをすること．」であった．

12）初級ルークスアの人数と初等教育就学者数の減少の理由は，よくわからない．いずれも 6 世王期に始まったことであり，その崩御によって，これらの活動や制度に対する不安を持つ保護者がいたのかもしれない．

13）7 世王は即位前の 1906 年からイギリスやフランスで留学し，1915 年にタイに帰国した．この間，イギリスで 1907 年にボーイスカウトが始まり，フランスでは 1911 年に全国組織が発足した．留学中に各地でのボーイスカウトを見聞きしていた可能性は十分にある．

14）このような対外関係は，7 世王がルークスアを継続させた一因だったと考えられる．

15）同じことを圓入［2003］も取り組んでいるが，基盤となるルークスアの人数を Yupaporn［1985］と Chaiwat［1986］に依拠しており，数の正確性に疑問符がつく．

16）『シャム王国統計年鑑』の 1919/1920 年版には，「性別の人口」として，クルンテープ州以外の各州は男女別に 6 歳以下，7–9 歳，10–11 歳，12–14 歳，15–16 歳，17 歳，18–20 歳などの人口を示している．また，クルンテープ州は 6 歳から 9 歳，10 歳から 11 歳，12 歳から 14 歳，15 歳から 17 歳，18 歳から 20 歳などの男女の人口を示している．これらから，各年齢の人口を算出した．その際，例えば 10–11 歳の人口の半分を，10 歳の人口と見なした．これらの推計の詳細は紙幅の関係から省略する．以下，同様である．

17）6 世王の言う「チャート」とは，6 世王以外の人からすると「6 世王のみに忠誠を誓い，6 世王のみに従う者」だったのかもしれない．今後の検討課題としたい．

◈参考文献◈

＜邦文献＞

圓入智仁［2003］「タイにおけるボーイスカウト運動の成立と展開：ラーマ 6 世王期（1910

-1925 年)」東京外国語大学アジア・アフリカ言語文化研究所『アジア・アフリカ言語文化研究』66，pp.53-73.

―――[2022]『1920-40 年代タイの子ども組織：ルークスアにおけるナショナリズム教育の変遷』(2016-2021 年度 科学研究費 基盤研究 (C) 成果報告書)，「TOMO-HITO'S ONLINE PAPERS」〈(https：//tomoennyu.wixsite.com/website, 2024 年 7 月 28 日閲覧).

―――[2024]「1910-1920 年代のタイと日本におけるボーイスカウトの制度の比較：「ちかい」と「おきて」，進級制度に着目して」『中村学園大学・中村学園大学短期大学部研究紀要』56，pp.39-49.

村嶋英治 [1987]「現代タイにおける公的国家イデオロギーの形成」，日本国際政治学会編『国際政治』84，pp.118-135.

―――[1996]「タイにおける民族共同体と民族問題」『思想』863，pp.187-203.

＜欧文献＞

Baden-Powell, Robert S. S. [1908] *Scouting for Boys, Part I.* London：Horace Cox.

Chantana Chanbanchong [1993] *Historical analysis of the policy concerning character activities in compulsory schools in Thailand (1921-1990)*, Ph.D. thesis, Tsukuba University.

Greene, Stephen L. W. [1999] *Abusolute Dreams: Thai Government Under Rama VI, 1910-1925*, Bangkok：White Lotus.

Ministry of Education [1976] *A History of Thai Education*, n.p.

Murashima, Eiji [1986] "Building of the modern Thai official state ideology in the reign of King Chulalongkorn and King Vajiravudh," *Political Thoughts of the Thai Military in Historical Perspective*, Institute of Developing Economies, pp.2-43.

Ratanapat, Nuttanee [1990] *King Vajiravudh's nationalism and its impact on political development in Thailand*, Ph.D. Dissertation, Northern Illinois University.

Reynolds, Ernest E. [1950] *The Scout Movement*, London：Oxford University Press.

Vella, Walter F. [1978] *Chaiyo!, King Vajiravudh and the development of Thai nationalism*, Honolulu：The University Press of Hawaii.

Statistical Yearbook of the Kingdom of Siam (『シャム王国統計年鑑』), No.1-8,10,11,13-17. 1916/1917-1923/1924,1924/1925,1925/1926,1927/1928-1931/1932.

＜タイ語文献＞

Chaiwat Panyaa [1986] *Phatthanaakaan khoong kaan luuksua thai tangtee phutthsakkaraat 2454 tung 2528* (『タイルークスアの発展　仏暦 2454-2528 年 (西暦 1911-1985 年)』). n.p.：M.A. thesis, Chulalongkorn University.

Krasuang Suksaathikaan (文部省) [1992] 100 *pii krasuangsuksaathikaan* (『文部省 100 年』), Krungtheep：Boorisat Amarinpharintingkrup.

Phrayut Sitthiphan [n.d.] *Luuksua sii phaendin* (『4 代の国王のルークスア』), Khana koong bannaathikaan noo. soo. phoo. ruamkhaao, Krungtheep.

Sathuan Supphasoophon ed . [1961] *Phraraatchaprawat phrabaatsomdetphra mongkutklao-caoyuuhua lae prawat kaan luuksua thai* (『6 世王とタイルークスアの歴史』, Roong-phim Khurusaphaa, n.p.

Yupaporn Cuacindaa [1985] *Suapaa* (『スアパー』). n.p.: M.A. thesis, Chulalongkorn University.

Warunee Oosthaarom [1981] *Kaansuksaa nai sangkhom thai phoo. soo. 2411 - phoo. soo. 2475* (『タイ社会における教育　仏暦 2411 年- 2475 年』). n.p.: M.A. thesis, Chulalongkorn University.

Raaigaan Kaan Luuksua Haeng (Krung) Sayaam (『シャムのルークスア報告書』), Phoo. Soo, 2459, 2461-2463, 2467, 2469-2472. Roongphim Aksonnit, etc.

第6章

県警察長ウー・ティンの供述
——脱植民地期ミャンマーにおける国家危機の実像——

中西 嘉宏

1 供述調書からみる

　ウー・ティン (U Tin) が県警察長 (District Superintendent of Police) に就任したのは1949年1月2日のことであった (「ウー」はビルマ語で年長男性への敬称であるため，以下では省略してティンで統一する)．任地はミャンマー中部で第2の都市マンダレーの南西に位置するマグエ管区マグエ県の県都 (当時)，イェナンジャウンである．1948年に独立したミャンマーの地方行政は，英領インド時代の制度を引き継ぎ，県が地方行政の要となって，県知事 (District Commissioner) が責任者であったが，治安については同じ内務省の管轄下にある県警察長が大きな権限を握った [Government of Burma 1961]．しかも，イェナンジャウンは当時のミャンマーに8つあった管区の一つであるマグエ管区の管区都でもあっ[1]た．ティンは地方警察のまさに要職に就いたわけである[2]．[3]

　しかしながら彼は，その重い責任をまっとうすることができなかった．着任から1ヶ月後にイェナンジャウンが武装勢力に占拠されてしまったからである．1949年2月23日に白帯派の人民義勇機構 (PVO) が町に侵入した．白帯派のPVOについては後述することにして続けると，その後，同勢力による占拠は6月10日まで続く．期間として3ヶ月半と決して長くはないが，その間に治安部隊が武装解除されて政府関係者の一部が拘束されるなど混乱が生じた．詳細はわかっていないが，おそらく民間人への被害も相当数生じていたであろう．ティンも武装勢力に拘束された．国軍の部隊が投入されてイェナンジャウンが解放された頃には，ティンはすでに別の場所に移送されたあとだった．最終的には，PVOが長く占拠したバゴー管区ピー郡 (首都ヤンゴンの北西240

km) の刑務所でティンは拘束から解かれた．それが 1950 年 3 月 4 日のことだから，約 1 年間にわたって拘束されていたことになる．

　長い拘束から解放されたティンは南に向かった．ヤンゴン（当時はラングーンと呼ばれていたが，ここでは便宜的にヤンゴンで統一する）の警察本部に自身の解放を報告したあと公安部（special branch）による尋問を受けた．その尋問時に作成された調書がヤンゴンにある国立公文書館に所蔵されている．同館の決して大量ではない史料群には，他にも武装勢力に捕虜として拘束された人々や，武装勢力の協力者と疑われた者たちへの警察公安部による尋問の記録が含まれている．「白」（white），すなわち刑事訴追の必要がないと判断された人々の記録が中心であるため，捜査対象から外れた者たちへの尋問の記録の一部が文書館に送られたものと思われる．

　当時のミャンマーの紛争状況を考えると，イェナンジャウンのような都市部が武装勢力に占拠されることは決して不思議なことではなかった．1949 年から 50 年にかけてミャンマーは国家危機に直面しており，首都陥落の可能性すらあった．したがって，警察公安部による被疑者への尋問も数限りなくあったはずで，その数からすれば文書館に所蔵された調書はそのうちのごくわずかだと考えられるが，筆者が閲覧した複数の調書のうちでもティンのそれは異彩を放っていた．県警察の最高責任者として武装勢力が迫る状況をまとめ，また，それにティンがどのように対処しようとしたのかを詳述するとともに，その対処がうまくいかずに町が占領されるまでの過程，そして占拠後の武装勢力と政府との交渉，さらに捕虜としての自身が受けた処遇まで供述がなされているからである．

　一事例とはいえ，町が占拠されるまでの証言は希少である．しかも，地方警察幹部がその経験を記録したものは，管見の限りミャンマー政治史研究で利用されたことがない．もちろん，証言すべてを事実として扱ってはならないし，自己弁護や経験していないことについての推測が含まれるだろう．それでもティンの供述内容に着目するのは，そこにまだ知られていない歴史的真実の断片があるという理由と，当時の国家危機における統治機構と社会勢力との関係を考察するためのヒントを得ることができるからである．

　以下では，まず，ティンの調書の内容について周辺情報を補足しながら記述する．次に，この調書から私たちが理解できることについて論じたい．そして最後に，本章が東南アジア研究の今後の発展に貢献しうる可能性と，混迷が深

まるばかりの現代ミャンマーへの含意について触れる．あくまで脱植民地期ミャンマーの国家や紛争を考えるための試論にとどまるものの，現在の混迷深めるミャンマー情勢を長期的視野や比較の観点から俯瞰する手助けにもなるものと筆者は考えている．

2　脱植民地化直後の国家危機

　日本軍の敗戦からわずか2年半ほどでの独立は，インド，パキスタンのような，かつて同じ英領インドであった地域からは約半年遅れのでき事ではあったものの，アジア・太平洋戦争の前線となって荒廃したミャンマーの国土を考えると，相当に見切り発車だった［中西 2022a］．実際，植民地支配からの解放という美談ではおさまらない困難が脱植民地化後のこの国では待ち受けていた．

　独立の歓喜から間もなくして，各地で武装蜂起がはじまる．主な武装勢力は大きく4つの種類に分けることができる．ここで簡単に各勢力の概要を記しておきたい．

　まず，ビルマ共産党である．1939年結成のビルマ共産党の実態はタキン党を中心とした急進的反植民地運動関係者の勉強会的集まりであったが［Lintner 1990: 7］，のちの共産党指導者（主にタキン・ソーとタキン・タントゥン）たちは，平和的な独立を目指すアウンサン等主流派の政治勢力（反ファシスト人民自由連盟）と対立を深めていき，主導権争いのなかで二派（一般的に赤旗と白旗といわれる）に内部分裂を起こして，独立前後して双方とも武装闘争に突入した．

　第2の勢力は少数民族系武装勢力である．なかでもカレン民族同盟（KNU）の蜂起は政情へのインパクトが大きかった．KNUは1947年にカレン人の団体を束ねる組織として発足した．キリスト教徒のカレン人が中心メンバーで，初代議長であるソーバウジーはイギリスのケンブリッジ大学を卒業して弁護士資格をとったエリートである．日本軍政下でビルマ人とカレン人キリスト教徒との間の関係が悪化し［池田 2012］，日本の敗戦とイギリス復帰後の1948年に政府系の民兵組織であるシッウンダンがクリスマス・イブにカレン系教会に手榴弾を投げ込んで80人を殺害した事件を直接のきっかけとして，翌年1月にKNUは武装蜂起した．[4] ヤンゴン近郊にあるインセイン郡にKNUの拠点があったために首都陥落の可能性すら指摘された［U Nu 1975: 170-183］．

　第3に，本章の影の主役ともいえる人民義勇機構（PVO）である．この集団

はそもそも日本軍政時代に動員された現地人兵士の復員を支援する「福祉組織」だった．ところが日本軍政の大衆動員組織であった東亜青年連盟や警防隊の成員，ギャングに近い地方ボスたちも加わっていったという．全国に32の地区が設置され，制服，階級を示すバッジが配られ，軍事教練も施された [Callahan 2003: 109–112]．指導者アウンサンの私兵とさえみられていたが，1947年7月にアウンサンが暗殺されると統制できる指導者はいなくなり，政府の準軍事組織ともいえる黄帯派（Yellow band）と，政府と対立する白帯派（White band）に分裂した．

　第4の勢力は，国軍から共産党や KNU 合流した少数民族の部隊である．具体的には，クーデター計画が未遂に終わったあとで共産党の武装闘争に加わった第3ビルマ・ライフル大隊，KNU の武装蜂起に加わったカレン・ライフル大隊の一部，カチン・ライフル大隊などである．こうした離反は軍の兵力を奪っていき，1949年3月時点でミャンマー軍の兵力はわずか1万1852人まで落ち込んだ [Callahan 2003: 138]．

　これらの武装勢力は1948年から1950年にかけて平野部の都市を一時的に占拠するまでに拡大している．不十分ではあるものの，同時代の研究者であるヒュー・ティンカーが当時の報道などから占拠された31カ所の都市名と占拠期間を作成しているのでそちらを下に示しておこう[5]．

　この**表6-1**をみれば，中央平野部からイラワジデルタ地帯，東部のタイ国境と西部のバングラデシュ国境に紛争が広がっていたことがわかるだろう．特に中央平野部とデルタ地帯は人口密度も高く，経済の中心である．この中央平野部で紛争が拡大したことの経済および政府財政へのインパクトは大きく，当時の政府推計で2億4800万英ポンドの損失だと試算された [Tinker 1959: 48, note 2]．ただし，各都市の占領期間をみるとわかるように，「反乱」は決して長くは続かなかった．1950年代に入ると国軍による巻き返しと，武装勢力の自壊で多くの都市が解放されている．武装勢力は中部の山地であるバゴーヨーマや，当時は河川での移動が中心だったイラワジデルタの一部，中国およびタイ，ラオス，インド，バングラデシュの国境地域へと移動していった．統合された主権国家としての統治能力は低かったが，政治経済の中心である中央平野部の紛争が下火になったことで，国家崩壊の危機は脱した．

表 6-1　1949 年，1950 年のミャンマー都市部占領の状況

管区／州	都市名	占領期間	主たる占領勢力	共闘組織
エーヤワディ管区	パテイン	1949 年 1 月 25-29 日	カレン民族同盟（KNU）	
	ヘンザダー	1949 年 3 月－8 月 27 日	ビルマ共産党（BCP）	PVO
	ヤメーティン	1949 年 2 月 20 日－5 月	ビルマ共産党	
	パンタノー	1949 年 4 月－1950 年 12 月 10 日	カレン民族同盟	
	エインメ	1949 年 2 月 1 日－1950 年 11 月 11 日	カレン民族同盟	
カヤー州	ロイコー	1949 年 2 月－1950 年 1 月 12 日	カレン民族同盟	
シャン州	タウンジー	1949 年 8 月 13 日－11 月 23 日	カレン民族同盟	
	ラーショー	1949 年 8 月 27 日	カレン民族同盟	
	ナムカン	1949 年 8 月 31 日－9 月 8 日	カレン民族同盟	
バゴー管区	ニャウンレービン	1949 年 4 月 20 日－1950 年 2 月 25 日	カレン民族同盟	
	タウングー	1949 年 1 月 25 日－1950 年	カレン民族同盟	
	ピー	1948 年 8 月 9 日－9 月 9 日， 1949 年 2 月 1 日－1950 年 5 月 19 日	人民義勇機構（PVO）	
	タラワディ	1949 年 4 月 9 日－8 月 27 日	ビルマ共産党	
マグエ管区	パコックー	1949 年 3 月－1950 年 4 月 29 日	ビルマ共産党	
	マグエ	1949 年 2 月 25 日－1950 年 4 月 8 日	人民義勇機構	
	ミンブー	1949 年 2 月 25 日－1950 年 4 月 15 日	人民義勇機構	
	タイェッミョー	1948 年 8 月 8 日－8 月 20 日， 1949 年 3 月 17 日－10 月 5 日	人民義勇機構	
	イェナンジャウン	1949 年 2 月 23 日－6 月 10 日	人民義勇機構	
	チャウッ	1949 年 2 月 23 日－6 月	人民義勇機構	
マンダレー管区	メッティーラ	1949 年 2 月 20 日－3 月 23 日	カレン民族同盟	
	ピンマナ	1949 年 2 月 20 日－3 月 29 日	ビルマ共産党	
	ミンジャン	1949 年 2 月 23 日－7 月 10 日	ビルマ共産党	
	チャウセー	1949 年 2 月 21 日－6 月 26 日	カレン民族同盟	BCP
	メイミョー	1949 年 2 月 21 日－4 月 17 日	カレン民族同盟	
	マンダレー	1949 年 3 月 13 日－4 月 24 日	カレン民族同盟	BCP
ヤンゴン管区	インセイン	1949 年 1 月 31 日－5 月 22 日	カレン民族同盟	
	トゥンテー	1949 年 1 月 1 日－6 月 13 日	カレン民族同盟	
ラカイン管区	タンドゥエ	1949 年 6 月 10 日－1950 年 10 月 27 日	人民義勇機構	
	ラーテーダウン	1950 年 2 月 4 日－1 月 1 日	イスラーム系武装勢力	BCP
	チャウピュー	1949 年 6 月 10 日－7 月 15 日	人民義勇機構	
	ブティダウン	1950 年 1 月 1 日－2 月 4 日	イスラーム系武装勢力	

（出所）Tinker [1959：45] を都市名順に並び替えて筆者再構成.

3　今そこにある危機

　国家危機の最中に書かれたティンの供述調書の内容を具体的にみていきたい。彼が証言する、イェナンジャウンでの県警察長着任から PVO による占領までを「予兆」、「奔走」、「瓦解」の三つの段階に分けて整理しよう。史料には拘束後の処遇についての供述もあるが（処刑寸前までいくスリリングな展開も含まれている）、本章の趣旨から外れるので別稿に譲ることにしたい。なお、イエナンジャウン周辺の地図を**図 6-1** に示している。

(1)　予　兆
　ティンは県警察長就任時から、各地で蜂起している勢力がマグエ県に影響を与えることをすでに察していた[6]。全国的にビルマ共産党が武装蜂起していたわけだから、警察幹部としては察して当然のことかもしれない。ただし、全国的な一般情勢にもとづく推測ではなく、イェナンジャウンの特殊事情が関係していることについても、ティンは供述している。イェナンジャウンはミャンマーにおける石油生産地の一つであった。その産出量は日本軍政下であった 1942年の統計で 29 万ガロンと、産出量が最も多いチャウッの 41 万ガロンに続いて全国第 2 の産出量で約 36％ を占めた［パガン・ウ・キンマウンジー 1973: 128］。ところが、日本軍の侵攻とその後の連合軍との戦闘による混乱で産出量が 10 分の 1 に落ち込んでしまい、そのあと、イギリス復帰後もなかなか回復しなかったという［Pagan U Khin Maung Gyi 1989: 25］。

　ティンを不安にさせたのは、この低迷のなかで取り残された油田労働者たちの存在である。現地の油田労働者の組合である油田全労働者協会（OAEA）の指導者ボー・チャー（ボーは軍人に使用される敬称）は白帯派 PVO の指導者として知られていた[7]。さらに、イラワディ河を上流に上ったところにあたる隣県ミンジャン県との県境は、ボー・マッをリーダーとする「ギャング」に政府が治安維持を頼っており、このボー・マッとボー・チャーが油田の労働者を動員して武装蜂起をはじめることを懸念していた[8]。そして、その懸念通り、1948 年12 月、白帯 PVO が近隣のマグエ、ミンブー、タイェッミョーの 3 県で政府機関乗っ取りを目指して武装蜂起した。イェナンジャウンでも、ボー・チャーとボー・マッが指導したとみられる蜂起が生じている。対して、1949 年 1 月 19

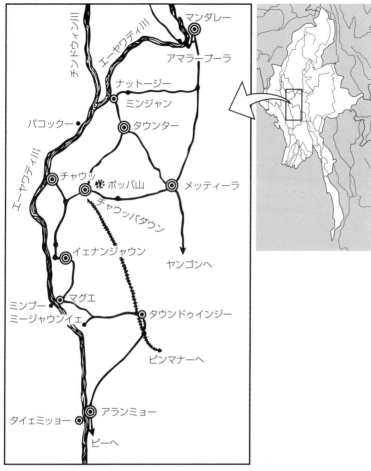

図 6-1　イェナンジャウン周辺地図
(出所) The Burmah Oil Company (Burma Trading) Limited (1948: 27) を筆者訳.

日に武装警察による鎮圧作戦が実施され，都市の防衛には成功したが，指導者の逮捕までにはいたらなかった．

(2) 奔　走

　この1度目の蜂起を鎮圧して間もなく情勢に変化があった．1949年1月に前述のKNUが武装蜂起を開始した[9]．バゴー管区の南にあるピー(当時はプロー

ム）に駐屯していた第2カレン・ライフル大隊が軍を離脱してKNUのヤンゴンでの蜂起に加わった．同勢力の首都への侵攻を止めるために，イェナンジャウンに配備されていた第9武装警察部隊1個中隊と政府系の民兵組織であるシッウンダン1個中隊を送るように国軍参謀本部から指令が下った．ティン自身は管轄地域の治安部隊が減ることには抵抗はあったが，軍からの指示を拒否することはできず，武装警察1個中隊と100人の民兵を派遣している（増援虚しく，ピーは第2カレン・ライフル大隊とPVOが間もなく占領する）．

　さらに，ほぼ同時期にあたる翌月の2月7日に，全国的な公務員の労働組合である全ミャンマー公務員組合（ABMSU）がストライキを敢行した．当時打ち出されていた給与カットに反対しての行動である．一部の学校教員たちもそれに呼応した．イェナンジャウンにもストライキの波が襲い，学校と役所の関係者の一部が職場を放棄した．

　ただ，こうしたなかであっても，マグエ県にはカレン人の数が少なくKNUの侵入の可能性は低いとティンは考えていたようである．確かに，当時のイェナンジャウンの民族構成が現在と大きく変わらないとすれば，2018年時点でのマグエ郡の人口15万5296人のうち実に99％がビルマ人であるから推測としては合理的だろう［マンダレー管区マグエ県総務局2018］．だが，政府能力が低下するなかで，KNU以外の武装勢力も勢いを増しており，マグエ管区（なかでもマグエ県，ミンブー県）でも緊張が高まった．

　そこでティンは政治的な取引で政府と武装勢力との力関係の均衡をつくろうとする．1949年2月16日にマグエ県の南にあるタイェッミョーのPVO指導者たちに，北上を控えるように申し入れ，交換条件として同じく南方にあるミンフラ，シンバウンウェでの武装勢力による移動の自由を認めた．PVOからマグエ南部への出入りの自由も求められたが，この要求はティンが拒絶している．マグエ県の県境を防衛線とするという狙いだったのだろう．しかしながら，この程度の取引でことが収まることはなかった．イェナンジャウンには軍の部隊が配備されておらず，武器弾薬も不足し，戦闘員の数でも武装勢力が優勢だったからである．政府との約束を守るインセンティブは武装勢力にとって高くはない．

　2月19日に今度は県の東の町（「イェナンジャウン周辺地図」におけるメッティーラの南）にあるヤメーティンに武装勢力が侵入した．そこからイェナンジャウンへの西進を防ぐべく，ヤメーティンとマグエとをつなぐナッマウに武装警察の

2個中隊を派遣することが決定された．翌日にはヤメーティンから避難してきた住民がイェナンジャウンにも到来し，ティンは住民たちから，ピンマナに駐屯していたティン・ライフル大隊が軍を離反してKNUとともにヤメーティンを占拠し，民間人に対して残虐行為を行っているという情報を聴取したという．残虐行為の噂は住人にも広がり，供述によると「社会のモラル」(public morale) が低下した．住民がパニックになっていたのだろう．

　対策を迫られたティンは自宅で会議を開いた．出席した県警察幹部に対して，KNUは北上するはずで，マグエのような場所には侵入しないという従来からの見通しとともに，敵の攻撃があった場合には全力で防衛するように指示している．KNUがイェナンジャウンに侵入せずに北上するはずだという根拠は，前述のように，民族的にこの地域はビルマ人が多いため地元の支持を得ることに苦労するだろうから，カレン人がより多い北に移動するのではないかという読みだった．

　このKNUの進軍の可能性はまた別の問題を浮上させた．軍による防衛ができないイェナンジャウンで治安維持の責任を負うのは，内務省下の武装警察である．この武装警察は植民地期からカレン人やカチン人など少数民族が多く，そのため，同地を防備する二つの武装警察部隊 (第9および第10) には，KNUが北上するという噂のために県都防衛に消極的な動きがみえたという．そのため，各部隊長から3ヶ月分の給料前払いで士気を鼓舞することが具申されていた．その意見にティンも同調し，マグエ管区長官と県知事と交渉に臨んだが，3ヶ月分の給与前払いには同意が得られず，約束は1ヶ月分にとどまったという[10]．

　ヤメーティン陥落の噂で住民がパニックに陥り，武装警察による防衛にも不安を抱えるなか，ティンは住民への説明が必要と考えたようで，2月21日に住民の一部を含む集会を開いている．興味深いことに，この集会には政府関係者だけでなく，ボー・チャーなど地元PVOの指導者も出席していた．かつて武装蜂起を主導したとみられる地元PVO指導者と，集まった市民に対して，現状では心配の必要がないことを彼は説明し，自警団を組織して町の防備を固めることもその場で約束していた．

　翌日には，自宅での定期会合で幹部警察官たちに向けて，カレン人がイェナンジャウンを襲う可能性は低いと改めて伝えて，万が一に備えて防備を固めるように指示した．なお，このときイェナンジャウンに配備されていたのは，第

10 武装警察の 2 個中隊（規模として 400 人程度か）と第 9 武装警察の部隊（詳細不明），100 人の民間警察である．武器弾薬は 2 度の戦闘分しか確保されていなかったという．さらに，イェナンジャウンの北東にあるチャウパダウンからの共産党の進軍に備えて部隊を配備する必要もあった．わずかな治安部隊で北，東，西からの侵入に備えなければならなかったのである．

(3) 瓦　解

　侵攻は突然のことだった．2 月 23 日の夕方にティンはマグエ管区長官とゴルフをしていた．ちょうど 3 番ホールでのプレイを終えたとき，ホール脇の道路に武装警察の警察官を載せた車 2 台とジープが到着する．部隊が何者かから砲撃を受けたという報告のためであった．ティンは武装警察が配備された地点に自ら移動し，警察官たちに武装勢力の侵入時の対応について指示を出したうえでいったん自宅に戻った．間もなく，交戦がはじまった．

　ティンは現場に赴くべく一個小隊を自宅に送るように伝えたものの，小隊はなかなか到着せず，しびれを切らしたティンはトミーガン（米国製の短機関銃）を手に武装警察の前線に向かった．銃撃戦が続いていて現場に近づけなかったため，再び自宅に戻り，使用人の子供（！）に現場の状況を見に行かせている．そして，（おそらくその使用人の子供から）第 10 武装警察が投降したことを知らされる．あっけない幕切れであった．

　翌日，管区長官と県知事が武装勢力と協議した．その場にティンは参加できなかったが，協議後に県知事から武装勢力によって提案された共同での統治を受け入れたと聞かされる．合わせて，町を占拠した勢力が数日前に集会でイェナンジャウンをともに防衛すると合意したボー・チャーら地元 PVO だったことも知った．占拠した勢力は警戒されていた KNU ではなかったのである．数日前の集会でティンは町の占拠を計画している本人であるボー・チャーと，自警団の結成という約束をしていたわけで，地元 PVO の計略にまんまとはまったといえるだろう．

　PVO との共同での統治について管区長官と県知事は合意したものの，PVO がすでに管理している政府側の武器と現金については，PVO は政府との共有を拒んでいた．そればかりか，PVO は地方政府幹部に対して近隣郡の治安機関に対しても投降を呼びかけるように依頼してきたという．この要請をティンは断り，共同での統治もボー・チャーは本気で行う気がないのではないかと疑

うようになっていった．そうしたなか，3月初旬にPVO本部の指導者である
ポークンがイェナンジャウンを訪問する．ポークンがどういった指示を出した
のかはわかっていないが，彼の訪問後に地元PVO指導者たちの態度は硬化し
た．共同での統治という提案は取り下げられ，PVOが直接統治することが決
定された．公務員同士のコミュニケーションも禁止となり，3月11日には，
すべての警察関係者と公務員を原則的に捕虜として扱うと決定が下った．

　3月31日，ティンは拘束され，PVOの乗っ取った地元刑務所に収監され
た．その時点ですでにPVOは100人以上を拘束していたという．その刑務所
でミャンマー国軍部隊による解放を待つ日々だったが，イェナンジャウンが国
軍によって取り戻される前に，タウンドゥインジーやプロームなど他の刑務所
へ移送され，最終的にはピーの刑務所に落ち着く．1949年7月23日から1950
年3月24日まで約8ヶ月間にわたってそこで拘束されたのちに解放された[11]．
解放の理由がティンに伝えられることはなかったが，ティン自身はピー占領か
ら1周年を記念した恩赦ではないかと推測している．

　以上がティンの供述である．ここから私たちは何を知ることができるだろう
か．すでに述べたように，この証言を読んで，イェナンジャウンに起きたこと
をそのまま描写したものと素朴に信じることはできない．とはいえ，県都の陥
落を県警察の責任者として経験した貴重な記録であることは間違いなく，そこ
には危機下における国家内部の動揺と，平時では見えない国家内の社会関係が
うかがえる．この点を次節で掘り下げよう．

▌4　秩序の動揺

(1)　内務省内の軋轢

　ティンの供述からわかることの一つは，内務省内部の権限と実際の影響力と
のズレである．当時はミャンマー国軍が首都周辺の防衛に注力していたため，
地方都市には軍の支援がないことはすでに記した．イェナンジャウンを護るわ
ずかな武装警察すら首都周辺などへの増援にまわさざるをえなかった．これは
当時作成された他地域の県知事や管区長官の月例報告書にも同様にあらわれる
記述である．そうしたなかで県警察長であるティンが本来の権限以上の役割を
担っていた．

　この，政府内での権限と実際の影響力とのズレを理解するには，同じ場にい

た別の当事者の話と対照するのがよいだろう．前述のように，イェナンジャウンに武装勢力が侵入したとき，ティンはゴルフをしていた．ともにホールをまわっていたのはマグエ管区長官のバセインである．このバセインがイェナンジャウンの解放後に本省に送った報告書もまた，国立文書館に所蔵されている．ティンに対する尋問が行われた時期よりも前に提出された報告書（署名は1949年6月13日付）で，報告書作成当時はティンがPVOの拘束下にあったので，両者が意見を擦り合わせた様子はない．

　両者それぞれが考えるイェナンジャウン陥落の理由が興味深い．まずはティンの説明である．4点を指摘している．第1に，隣接地域の陥落によって占領後の残虐行為の噂がイェナンジャウンの住民に広がったことが，この都市の占拠を目指していたPVOに有利に働いたという．第2の理由としてティンは，公務員労働組合がPVOに協力したことを挙げている．占領後に同組合の構成員ばかりがPVO統治下の政府機関の重要ポストに就任していることがそれを示していると語り，政府内の協力者の存在を示唆した．第3の理由はPVOの巧みな戦術である．PVOはKNUによる同地域への侵入から防衛することを約束して住民の支持を得ながら，実際にはチャウパダウンでPVOの支持者を動員してカレンの武装勢力を偽装し，町を急襲したとティンはみている．そして第4に，第10武装警察部隊の士気の乏しさである．士気を維持するために要求した，二つの武装警察部隊への3ヶ月の給与前払いが実現しなかったためにまともに反撃をしなかったとティンは推測している．

　一方の管区長官はどうか．バセインもまた報告書の最後に4つの原因を列挙しているが，うち二つはティンの責任を指摘するものであった[12]．まず，ティンによる不効率な諜報活動を指摘している．特にバセインが問題視したのは，北にあるミンジャン県との境界地域でのPVOの活動について情報がなかった点であった．ミンジャン県から武装勢力が侵入したのだから指摘としては当然のことかもしれない．バセインが挙げたもう一つの理由は自身の保護に関するものである．町への攻撃が起きた2月23日にバセインはゴルフクラブで県警察本部長であるティンと一緒にいたのにティンが自身への状況報告を怠ったと，これを責めている．バセインによると，もし武装勢力侵入の報告がその時にあれば，自分たちはイェナンジャウンを出て南方のマグエの町に移動し，ミンブー県の治安部隊とともに反撃の準備ができたのだという．

　バセインの主張はどちらも正鵠を射たものには思えない．まず，諜報活動に

ついては，軍の部隊に頼ることができず，武装警察の忠誠も怪しいなかで奔走していたティンの事情を考えると，それどころではないことは明白だろう．管区長官でありながら，同じ内務省下の警察に責任を転嫁しているようにもみえる．2点目の避難の可能性についても，イェナンジャウン陥落の2日後にミンブーもまたPVOによって占領されていることを考慮すると，仮にマグエへの退避が実現していたとしても，ミンブーの武装警察部隊を召集することはできなかっただろう．イェナンジャウンを奪還できる可能性はほぼなかった．しかしながら，ここではバセインの不満を読み取るべきかもしれない．おそらくバセインはティンのことをよく思っていなかった．両者の関係の悪さでティンとバセインとの意思疎通が十分でなかった可能性が高く，危機下での警察関係者の影響力の強さがティンをして管区長官を軽視したのかもしれない．

(2) 国家と社会勢力の曖昧な境界線

　県警察本部長が重要な役割を担ったとはいえ，防衛の主力を担う武装警察，日常的な治安維持を任務とする文民警察，さらに自警団的な性質を持つ民兵組織シッウンダンといった，複数の政府組織を統率することの難しさもまた，供述からうかがえる．官僚機構の指揮官としての統率の難しさであるばかりでなく，官僚機構に内在する社会関係との戦いでもあった．特に，カレン人やカチン人といった少数民族中心の武装警察の士気を維持することにティンは苦労していた．すでにみたように，給料の前払いを上層部と掛け合うなど，インセンティブ提供による士気の向上を図ったものの，その努力が功を奏すことはなかった．政府内部にも広がる民族間の亀裂について表面化の実例であろう．

　また，そうした亀裂の表面化を防ごうとする警察幹部のマイクロマネージメントは民族の論理と官僚機構の論理とのせめぎあいとしてとらえなおすこともできよう．この民族関係の複雑さをさらに感じさせるのは，ティンが武装勢力の侵入を最初に阻止できなかったのは，カレン人でなく，カチン人が主に構成する第10武装警察部隊だったことである．カレン人であればまだ理解がしやすいが，なぜカチン人主体の部隊がまともに応戦しなかったのかはティンも，バセインもわからなかったようで，少数民族同士の共感，また，その裏返しとしての主要民族ビルマ人への反感のようなものがあったのかもしれない．

　さらに，ティンの証言からはイェナンジャウンに迫った武装勢力の性質についても我々に考える種を与える．イェナンジャウン周辺のPVOは，地方の

ギャングの親玉や，油田労働者の組合幹部が指導者であり，そこに公務員組合員など多様な人々が集まってきた運動でもあった．イェナンジャウンで文民警察の幹部（Sub-divisional police officer）として勤め，ティンとともにPVOに拘束された人物の供述調書には，「盗賊PVO」（PVO dacoit）という言葉が出てくるし，構成員の多くはボスに従うだけで政治については疎くて，それでいて，実際に従うボスよりも上の指導者については，「実際の戦闘に加わらずに後方にいつも控えていて，負けそうになると部下を捨てる準備をしているんだ」と語ったという[13]．組織への忠誠というよりも，親分・子分関係が入れ子になっていたのがPVOという勢力の実態だろう．「後方にいつも控えて」いるということはつまり，勝つと前方に出るということで，実際，PVO最高指導者の一人であるポークンがマグエを訪問すると，地元PVOもそれまでの「共同での統治」から一転して政府機関の乗っ取りへと方針を転換し，治安機構関係者が拘束された．

　組織としての形はあっても，武装勢力の実態がアドホックで異種混交的な運動体という状況は，多かれ少なかれ，第2節でまとめたすべての武装勢力にあてはまる可能性がある．危機下では，「国家のアイデンティティも曖昧になる．支配者，挑戦者，同盟者がもはや明確なカテゴリーではなくなる」のである［Cribb 2009：2］．

▍5　危機史からみえる国家の構造，そして現代

　ミャンマー政治史の専門家であるロバート・テイラーは，1948年の独立から1962年に勃発した軍事クーデターまでを「国家の不在化」（displacement of state）時代と表現した［Taylor 2009］．当時存在した英国型の議会制民主制を過大評価せずに，統治機構たる国家を「暴力の合法的な独占」に求めるウェーバーの定義にしたがった妥当な評価だと思われる．まさにその「不在化」の具体例がティンの供述調書には記されている．テイラーの議論の解像度を上げることに本章は役立つはずである．それに加えて，ミャンマーと東南アジアの政治史・行政史の研究における可能性についてヒントを得ることもできるように思う．ここでは2点指摘しておきたい．

　一つは脱植民地国家に関するものである．少し乱暴にいえば，ミャンマーに限らず，脱植民地を経験したような国家は多かれ少なかれ危機に陥る．東南ア

ジア諸国でも，インドネシアやインドシナ諸国は内戦と同時に宗主国との戦争にまで発展した．宗主国からは平和的に独立したミャンマー以上に混乱していたといえる．西方に目を移せば，脱植民地化に伴うインドとパキスタンの分離も凄まじい数の犠牲者を生み出していた．そうした危機から新たな国家が立ち上がるのだから，危機は新興国家にとって既存秩序の動揺による新しい秩序生成の土壌に他ならない．

　本章でその一端を示したように，日常が揺らいだときに行政文書のなかに現れる特殊な報告は，日常では見えにくい構造的な特質や社会との関係性を照らし出す．歴史学や人類学では日常国家 (everyday state) の研究が進んでいるが [Fuller and Bénéï 2001；Saha 2013]，そこで指摘されるように，日常と非日常は本来連続している．不安定な情勢下ではじめて日常の行政をかたちづくっていた構造が表面化することがある．国家，主権，治安，反乱，民族といったような，所与とされがちな概念や統治の営みがいかにして揺らぐのかは，秩序の不安定化とその理由に焦点を当てがちな政治史と，ある程度安定した日常の記述・分析に重きを置く人類学や地域研究とのバランスのなかでこそ明らかにできるのではないだろうか．

　本章が持ちうる第2の可能性は，現代ミャンマー政治に対する比較の観点を提供できることである．2021年2月1日のクーデターから続くミャンマーの暴力的な紛争を含む混乱を目の当たりにすると，民主化の難しさと国民国家建設のタイミングの重要性をあらためて痛感する [中西 2022 b]．残酷な話ではあるが，国民統合は歴史的には国家による相当に乱暴な画一化の強制によって進んできた．ときに生じる国家権力への反発も，軍隊なり警察なり国家機構が暴力的に抑えこむことが多く，その暴力に伴う加害責任の多くは免罪されてきた．ところが今や，長く軍事政権が続いてきたミャンマーでも，それだけでは国民国家という体裁を維持できず，正統性と政府能力が脆弱な状態で政情は不安定化している．

　この不安定化は，脱植民地期の国家危機以来はまりこんで抜け出せない，同国の政治発展の罠であり，また，現代の国際的条件や社会的条件が引き起こした事態だろう．危機の実態と，危機へと至る因果関係をたどるうえで，過去と現代をつなぐ研究者に必要とされるのは，社会現象も細分化していけば誰とも違う人格を持った個人にたどりつくという想像力であろう．ティンの供述調書は一人の幹部公務員による観察と自己弁護の記録であるが，国家内部の組織間

に働く力のバランスや，国家と社会との接点を微細に検討する作業にとって欠かせない記録でもある．

注

1）ミャンマーの行政区画は，多数派民族であるビルマ人が多い管区（タイン，Division）と，少数民族の多い州（ピーネー，State）に分かれ，その下に県（カヤイン，District），郡（ミョーネー，Township），町区（ヤックエ，Ward）／村落区（チェーユワオウッスー，Village Tract）と続く．当時の幹部警察の役職は警視総監（The Inspector-General of Police）を頂点として，副警視総監（Deputy Inspectors-General），県警察長（District Superintendents of Police），警察長補（Assistant Superintendents of Police），副警察長（Deputy Superintendents of Police）である［Burma Police 1985: 13］．

2）現在は管区都も県都もマグエである．

3）県は植民地支配の遺産とされ，1972年に廃止された．1988年のクーデターで再び設置されたが，かつてのような権限は付与されなかった．この1972年の行政改革については中西［2009：第4章］を参照されたい．

4）ソーバウジーは1950年8月12日にミャンマー・タイ国境でミャンマー軍の攻撃により戦死している（"The Museum of Karen History and Culture," (https://www.burmalibrary.org/sites/burmalibrary.org/files/obl/docs3/karenmuseum-01/History/post_independence.htm, 2024年10月21日閲覧）．

5）この地図ではカチン州，シャン州，チン州のようなかつて辺境地域（Frontier Areas）が中央政府の実効支配下にあるように読み取れるが，実際のところは逆で，そもそも中央政府の統治の手が届いていない地域が相当あるものとみられる．情報が乏しいがための空白だと考えた方がよいだろう．この地図をより正確なものとすることはミャンマー紛争史研究の一つの課題といえる．

6）以下の記述はミャンマーの国立文書館（National Archives Department: NAD）に所蔵されたティンの供述調査 "Interrogation Report of U Thin, Special D.I.G. (Operation), Yenangyaung, Now Residing at No.231, Prome Road, Rangoon" (Series: 10/2, Acc. No. 236, pp.133–152）にもとづく．記述箇所については紙幅の関係上，逐一示すことはしない．

7）資料上は "the White PYAs" と表記されている．PYA は *pyithu yebaw aphwe* というビルマ語の頭文字をローマ字表記したものである．

8）この懸念に関する報告書をティンは警察総監部（IGP office）に提出していたという．ただし，国立公文書館所蔵資料で当該報告書を確認することはできなかった．

9）KNU の軍事部門は正確にはカレン民族防衛機構（KNDO）だが，わかりやすくするために KNU で統一する．

10）実際に1ヶ月分の給与が2月23日に前払いされている．

11）この移動の途中には，PVO から処刑か協力かを迫られ，実際に処刑の指示も受け，

処刑場所のような原野にも連行されている.

12) NAD, Series : 10/2, Acc.No.156, "Report on the Fall of Yenangyaun" pp.1-4.

13) NAD, Series : 10/2, Acc. No.236, "Interrogation Report of U Ba Ohn, SDPO., Yenangyaung, Magwe District, Now Residing at No.607, "Autophone" Dalhousie Street, Rangoon" p.6.

◆参考文献◆

＜邦文献＞

池田一人［2012］『日本占領期ビルマにおけるカレン＝タキン関係：ミャウンミャ事件と抗日蜂起をめぐって』上智大学アジア文化研究所.

中西嘉宏［2009］『軍政ビルマの権力構造：ネー・ウィン体制下の国家と軍隊 1962-1988』京都大学学術出版会.

―――――［2022 a］「ビルマ―急進派が選択した議会制民主主義」, 粕谷裕子編『アジアの脱植民地化と体制変動：民主制と独裁の歴史的起源』白水社, pp.171-196.

―――――［2022 b］『ミャンマー現代史』岩波書店.

＜欧文献＞

Anonymous [1946] *Burma Pamphlets No.10. The Burma Petroleum Industry*, London : Longmans, Green & Co., LTD.

Burma Pllice [1985] *Burma Police Manual Volume I : Administration, Crime and Instructions for Executive Duties* (Reprinted), Rangoon : the Ye Kye Mon Press

Callahan, Mary P. [1998] "The Sinking Schooner : Murder and the State in Independent Burma, 1948-1958," in Trocky, Carl ed., *Gangsters, Democracy, and the State in Southeast Asia*, Ithaca, NY : Cornell University Press.

―――――[2003] *Making Enemies : War and State Building in Burma*, Ithaca : Cornell University Press.

Cribb, Robert [2009] *Gangsters and Revolutionaries : The Jakarta People's Militia and the Indonesian Revolution 1945-1949*, Jakarta : Equinox Publishing (Asia).

Fuller, Chris J. and Véronique Bénéï [2001] *The Everyday State and Society in Modern India*, C. Hurst & Co. Publishers.

Government of Burma [1961] *The Burma District Office Manual [Reprint 1961]*, Rangoon : Superintendent, Government Print. and Stationery

Lintner, Bertil [1990] *The Rise and Fall of the Communist Party of Burma (CPB)*, Ithaca : Southeast Asia Program, Cornell University.

Pagan U Khin Maung Gyi [1989] *Memoirs of Oil Industry in Burma : 905 A.D. ―1980 A.D.*, Rangoon : Thukawaddy Publisher.

Saha, Jonathan [2013] *Law, Disorder and the Colonial State : Corruption in Burma c. 1900*, London : Palgrave Macmillan.

Scott, James C. [1998] *Seeing Like a State : How Certain Schemes to Improve the Hu-*

man Condition Have Failed, New Haven : Yale University Press.

Taylor, Robert [2009] *The State in Myanmar*, Singapore : National University of Singapore Press.

The Burmah Oil Company (Burma Trading) Limited (Scotland) [1948] *The Motor Roads of Burma, Fourth Edition*, Rangoon : The Burmah Oil Company (Burma Trading) Limited (Scotland).

Tin Htet Paing [2022] "Leaked document suggests Myanmar military units are in disarray," *Myanmar Now* (Sep.15,2022) (https://www.myanmar-now.org/en/news/leaked-document-suggests-myanmar-military-units-are-in-disarray, 2024年10月21日閲覧).

Tinker, Hugh [1959] *The Union of Burma : A Study of The First Years of Independence*, London : Oxford University Press.

U Nu. [1975] *U Nu Saturday's Son*, New Haven and London : Yale University Press.

＜ビルマ語文献＞

パガン・ウ・キンマウンジー [1973]『ミャンマーの石油』(ヤンゴン：サーペイベイマン).

マグエ管区マグエ県総務局 [2018]「イェナンジャウン郡地域関連情報」.

※ミャンマー国立公文書館（NAD）所蔵の史料情報については注に記載し，ここでは省略する．

第7章

ブラックボックスとしてのシャム
──戦間期アジアにおける共産主義運動とその取り締まりの観点から──

鬼丸 武士

1 東南アジア地域の植民地抵抗運動

　19世紀を通じて進展した西洋列強による東南アジア地域の植民地化に対して，植民地統治からの解放を目指す植民地抵抗運動が活発化し始めるのは，19世紀末になってからである．フィリピンではスペインによる植民地統治に対して独立革命が勃発し，1898年にアジア最初の共和国が成立する．ベトナムでも，ファン・ボイ・チャウらによるフランス植民地統治からの解放を目指すナショナリズム運動が活発化する．このような植民地抵抗運動の高まりは，同時期に東南アジア地域の中国系住民に広がった孫文らによる清朝の打倒を目指したナショナリズム運動と相まって，植民地国家の側にとって大きな問題であった．そして，植民地国家の更なる脅威となったのが共産主義運動である．
　1917年のロシア革命の成功により帝政を転覆させ，世界最初の共産主義国家であるソヴィエト連邦が成立したことは，世界各地の植民地統治下に置かれている人々だけではなく，既存の政治秩序の矛盾に苦しむ人々にとっても共産主義をきわめて魅力的なものにした．そしてソ連も1919年にモスクワに第3インターナショナル，通称コミンテルンを設立し，世界各地の共産主義運動の支援を始める．
　こうした動きを受けて，東南アジア地域でも1920年代初めから，共産主義運動が活発化し始める．1920年に蘭領東インドで東インド共産党，のちのインドネシア共産党が結党されたのを皮切りに，仏領インドシナ，英領マラヤ，米領フィリピン，そしてシャムでも共産主義運動は高まりを見せる．1930年にはこれらの地域でコミンテルンの指導のもと，インドシナ共産党，マラヤ共

産党，フィリピン共産党，シャム共産党が結成される．少し時間は遡るが蘭領東インドでは，1926年から27年にかけてインドネシア共産党が武装蜂起する．仏領インドシナでも1930年に共産党地方組織の指示のもと農民が武装蜂起し，解放区（ソヴィエト）が形成される［栗原2005：125］．

　共産主義運動が高まり，実際に武装蜂起や解放区が形成されるなどの事態に直面した植民地国家は，共産主義運動に対する監視と取り締まりを強化し始める．例えば英領マラヤでは，共産主義運動が高まりを見せ始めるのとほぼ同時期に当たる1919年に，警察の中に政治情報収集を担当する犯罪情報局を設立し，中国大陸から英領マラヤに訪れて，この地を拠点に活動する中国系共産主義者や，オランダ領東インドからやって来たマレー系共産主義者に対する監視と取り締まりを強化する［鬼丸2012］．蘭領東インドでも1926年から27年のインドネシア共産党による武装蜂起を受けて，共産主義者に対する監視と取り締まりが強化され，当局が危険とみなした活動家は逮捕され，収容所に隔離されるという処置がとられる［Shiraishi 2021］．

　当局による取り締まりの強化に直面した共産主義者たちは，地下に潜伏したり，海外に逃れ在外活動拠点を形成したりしながら，活動を継続しようとしていた．このうち植民地国家の側にとって厄介であったのが，警察の手が及ばない植民地の外から植民地の内側の運動との間に連絡を維持し，運動に対して影響力を及ぼし続ける活動家たちの存在であった．また，モスクワのコミンテルン本部が派遣するエージェントや，モスクワから上海などを経由して運動を援助するために送られてくる資金の流れをどのように取り締まるのかも，頭痛の種であった．

　この植民地の外側から影響を及ぼしてこようとするコミンテルンや活動家たちが構築する連絡や資金のネットワークに対して，植民地の警察機構は通信に対する検閲を強化したり，植民地を出入りする「怪しい」人物に対する監視を強化したりするなどして対応しようとしていた．しかし，そもそも植民地の外にいる活動家やモスクワに所在するコミンテルンに対して直接，取り締まりの手を及ぼすことができないこと，また，この活動家やコミンテルンが構築した連絡や資金のネットワークの維持に重要な役割を果たしていた連絡員の特定が，多くの場合，彼らがそれぞれの植民地に短期間しかとどまらないために困難であったことなどから，それぞれの植民地の警察機構だけでできることには限界があった．

そこで，植民地の警察機構が構築したのが活動家のネットワークに対抗する
もう一つのネットワーク，警察の間での情報交換のネットワークであった．東
南アジア地域の植民地国家である蘭領東インド，仏領インドシナ，英領マラヤ
の警察機構の間で，1920年代から非公式な形で情報交換のネットワークが構
築されていたことはこれまでの研究でも指摘されている [Foster 1995].

コミンテルン極東局は，モスクワのコミンテルン本部と東アジア，東南アジ
ア地域の共産主義運動との間をつなぐ中間指導機関としての役割を果たすこと
を期待された組織であった [栗原 2005: 57-58]．この目的を達成するために，
エージェントや伝書使（クーリエ）と呼ばれる連絡担当要員を派遣し，上海の
極東局と東アジア，東南アジア地域の共産主義運動との間に連絡のネットワー
クを構築しようとしていた．極東局はこのネットワークを活用してモスクワか
らの指示や指令，資金を送付するだけではなく，現地の共産主義運動の状態を
探り，共産主義者を訓練のためにモスクワへと送り届けるなどの任務を遂行し
ていた．上海との距離が近い日本や中国などの東アジアの共産主義運動との間
では，直接，連絡のネットワークが構築されていたが，東南アジア地域につい
ては香港やシンガポールを経由して，ネットワークを構築することが目指され
ていた．そして1931年に，シンガポールを東南アジア地域の連絡拠点にする
目的で派遣されたフランス人エージェントがシンガポールで逮捕されたことを
きっかけに，上海の極東局でこの連絡のネットワークの維持と運営を担ってい
たイレーヌ・ヌーラン，本名ヤコヴ・ルドニクが逮捕される「ヌーラン事件」
が発生する．ちなみに香港でも東南アジア地域との連絡を担っていたグエン・
アイ・クオック，のちのホーチミンも逮捕されている．この一連の逮捕劇によ
り極東局が構築していたネットワークが崩壊するのであるが，そのきっかけと
なったシンガポールでのフランス人エージェントの逮捕に，植民地の警察機構
が構築していた情報交換のネットワークが大きな役割を果たしていた [鬼丸
2014].

シンガポールでフランス人エージェントの逮捕により，上海でコミンテルン
極東局の連絡担当要員であったヌーランが，香港でグエン・アイ・クオックが
検挙され，さらに上海を拠点に東アジア，東南アジア地域に張り巡らされてい
た連絡のネットワークが崩壊することになる．そして，上海の工部局警察が入
手したコミンテルン極東局の資料は，英領インドや英領マラヤといったアジア
の英領植民地だけではなく，蘭領東インド，仏領インドシナ，米領フィリピン

の植民地警察機構，さらには日本や中国の警察機構にも共有され，共産主義者の取り締まりなどに活用されることになる［鬼丸 2014］.

このように 1931 年に発生した「ヌーラン事件」を巡っては，植民地の警察機構が構築していた情報交換のネットワークが大きな役割を果たしていた．しかし，この「ヌーラン事件」を通じて明らかにできたのは，共産主義運動をめぐる情報交換のネットワークの一端に過ぎず，共産主義運動の監視と取り締まりを巡り植民地国家を含む各国の警察機構の間でどのような情報が，どの程度，交換・共有されていたのか，そもそも監視や取り締まりに対する「協力」はどの程度実効性があり機能していたのかなどについては，まだ十分明らかになってはいない.

そして東南アジア地域を対象に，共産主義運動をめぐる情報交換のネットワークを考える時，英領マラヤや蘭領東インド，仏領インドシナ，米領フィリピンといった地域内の植民地国家だけではなく，地域外の英領インド（この英領インドには英領ビルマも含まれる），香港や上海といった東アジアの英領植民地や租界などとの連携，さらにはイギリスやフランス，オランダ，アメリカといった宗主国とのやり取り，そして何よりも東南アジア地域内の唯一の独立国家である，シャムの役割を検討することが欠かせない．このシャムの役割を検討する際に重要となるのは，シャム国内における共産主義運動の取り締まりの実態，特に警察による情報収集活動である.

2　東南アジア地域の警察史

そもそも，警察の歴史，特に近代以降の警察の歴史に関する研究は，植民地に限らずまだ十分進んでいるとは言えない．その理由として資料の入手が難しいことがある．とりわけ，共産主義運動などの反体制的な政治運動の情報収集と取り締まりを担っていた政治情報警察，日本で言うところの高等警察や特別高等警察に関する資料は，なかなか見つからないのが現実である．本章に関係する 19 世紀末から 20 世紀初頭の時期を対象にした東南アジア地域の警察史については，まだ地域によって研究にばらつきがある.

比較的まとまった形で研究が出ているのは英領マラヤである．自らもイギリス海峡植民地の政治情報警察のトップを勤めていたレーン・オンレットによる，シンガポールを舞台にした政治情報警察の活動に焦点を当てた警察の歴史

[Onraet 1947] や，英領マラヤの警察の発展の歴史［Morrah 1963］，海峡植民地警察高等課の歴史［Ban 2001］，戦間期の共産主義運動の取り締まりについての研究［Yong 1997 a］などがある．英領マラヤ以外については，米領フィリピンでの治安秩序維持の問題を警察のサーベイランス活動などに焦点を当てながら論じた研究［McCoy 2009］や，蘭領東インドで1926年から27年に生じたインドネシア共産党の武装蜂起以降の共産主義者だけではなくナショナリストの活動家に対する監視と取り締まりを描いた研究［Shiraishi 2021］，英領ビルマの警察の発展の歴史［Lalita 2015］などがある．仏領インドシナについては，世界大恐慌後のゴム・プランテーションでの労働争議の取り締まりを英領マラヤと仏領インドシナを対象に描いた研究［Thomas 2017］の他は，警察の取り締まりや警察の歴史に関するまとまった研究は管見の限り見当たらない．

　このように東南アジア地域の植民地の警察史については，仏領インドシナ以外の英領マラヤ，英領ビルマ，蘭領東インド，米領フィリピンに関しては濃淡はあるにせよ，ある程度，知ることができる状態になってきている．それではシャムの警察史はどのような状態にあるのだろうか．

　残念ながら第2次世界大戦勃発までの19世紀半ばから20世紀初頭の時期におけるシャムの警察史については，エリック・ハーンスタッドによるタイ警察の略史［Haanstad 2013］以外，英語もしくは日本語で書かれたものは見つけることができなかった．この略史では，シャムで警察の近代化が始まるのは19世紀末のラーマ5世の統治下とされ，イギリス海峡植民地，特にシンガポールの警察と，イギリスやフランスの警察組織のあり方などを参考にしながら，近代化が進められたことが述べられている［Haanstad 2013: 455-458］．また情報警察についても，犯罪者やならず者に関する情報を収集する私服警察官が1906年に導入されたことを起源とし，1913年に正式に犯罪捜査局（the Criminal Investigation Department）が創設されたことが指摘されている［Haanstad 2013: 459-460］．

　この研究は略史（brief history）と銘打っているだけあり，シャムにおける近代警察形成のアウトラインをなぞることはできるが，警察が具体的にどのような活動をしていたのかはあまり描かれておらず，特に共産主義運動に対する監視や取り締まりについては一切言及がない．また，この研究の中でタイ人研究者によるタイ語で書かれたタイ警察史[1]が言及されているが，残念ながらそこに何が書かれているのかは，タイ語ができない私には知る術がない．

このように警察の側からは，シャムにおける共産主義運動の取り締まりについて知ることはできないのであるが，警察とは別の角度からこの取り締まりについて知ることができる術が存在する．それは取り締まられていた側である，共産主義運動に関する研究である．

3　シャムにおける共産主義運動史

警察の歴史と比べたとき，1920年代，30年代のシャムを含む東南アジア地域の共産主義運動については，豊かな研究蓄積がある．これらの共産主義運動[2)]史研究の中で描かれる，警察による共産主義者たちの取り締まりや検挙のエピソードから，警察による取り締まりの実態の一端を垣間見ることができる．

シャムにおける共産主義運動史研究の代表的なものとして，カシアン[2001]と村嶋[2009]の研究が挙げられる．これらの研究の中で警察による取り締まりはどのように描かれているのだろうか．警察による取り締まりを見る前に，まず1920年代から30年代初頭にかけてのシャムにおける共産主義運動について概観してみよう．

戦間期のシャムの共産主義運動の主な担い手はタイ人ではなく，中国系，ベトナム系共産主義者であった [Kasian 2001: 11-13; 村嶋 2009: 133-134]．これは，中国系共産主義者たちは中国大陸と英領マラヤなどの植民地での取り締まりを，ベトナム系共産主義者たちは仏領インドシナ政庁による取り締まりを逃れて，シャムを在外活動拠点として活用していたことによる．

中国系共産主義者がシャムを含む東南アジア地域にやってきて，共産主義運動を展開し始めるのは1910年代末から20年代にかけてである．英領マラヤについては1910年代末にまず中国大陸から無政府共産主義者たちがやってきて，現地の中国系住民を対象に共産主義思想を広め始める．1921年の中国共産党結党の後，上海や広州，海南島の共産党組織から派遣されたエージェントや，教師や編集者としての職を求めて英領マラヤにやって来た共産主義者や左派系の活動家が，夜間学校の講義や雑誌の出版などを通じてプロパガンダ活動を行い，学生や女性，労働者を組織化していく．1926年にはシンガポールで南洋共産主義青年団，南洋総工会，そして中国共産党南洋区部委員会（いわゆる南洋共産党）が設立される．1927年，中国国民党と中国共産党の間の第1次国共合作が解消され，同年11月の共産主義者たちによる広州蜂起が失敗し，

蒋介石による共産主義者に対する白色テロが開始された結果，多くの中国系共産主義者が中国本土から国民党政府の手が及ばない香港，マカオ，東南アジア地域に逃れてくる．英領マラヤでは彼らは1929年半ばまでに運動の主導権を握り，30年のマラヤ共産党結党以降の政治的・イデオロギー的基礎を形作ることとなる［Yong 1997 b: 9-10; Ch.2-5］.

　そしてシャムで共産主義運動を展開した中国系共産主義者も，この1920年代，特に1927年以降，中国大陸からやってきた共産主義者たちであった．シャムで最初の共産主義者たちの組織ができたのは1924年のことである．この組織は国民党支部から分離する形で結成された［Kasian 2001: 11］．シャムで中国系共産主義者たちの活動が活発化するのは，やはり1927年の国共合作解消以降，おもに海南系の共産主義者たちがシャムに流入してくるようになってからである．この年，シンガポールから中国共産党南洋区部委員会のメンバーがシャムにやってきて，南洋区部委員会シャム特別委員会を設立する．1929年時点で特別委員会に所属する党員は200名程度であった［栗原 2005: 56; 村嶋 2009: 135-136］.

　このようにシャムの中国系共産主義者は中国大陸の弾圧を逃れ，シンガポールの中国共産党系組織の影響下で活動を行っていたのであるが，シャムの共産主義運動のもう一つの重要な担い手であったベトナム系共産主義者はどうだったのであろうか.

　シャム，特にシャム東北部へのベトナム系共産主義者の流入の起源は，20世紀初頭，仏領インドシナ当局の弾圧を逃れてこの地にやって来たナショナリズム運動の活動家たちであった．彼らはそこに住むベトナム系住民への教育を通じて，仏領インドシナでのナショナリズム運動を担う人物を育成しようとしていた．また1920年代初頭，ベトナム中部からシャムに有望な青年を脱出させ，中国にいるファン・ボイ・チャウのもとや，孫文が設立した広州の黄埔軍官学校などで訓練するルートが形成される．そしてこの広州にやって来た青年を共産主義運動の活動家へと育てようとしたのが，コミンテルンによって広州に派遣され，1924年から活動を開始していたグエン・アイ・クオックであった．彼は1925年にベトナム青年革命会を組織し，その本部を広州に設置，仏領インドシナのトンキン，アンナン，コーチシナに地方組織を，そしてシャムに支部を設置した．シャムの支部の役割は仏領インドシナから脱出してきた青年の教育と広州への送り出し，さらにシャムで生まれたベトナム系住民の教育

訓練と組織化などであった［古田 1991：94-98；栗原 2005：59-60；村嶋 2009：135］.

　この広州でのグエン・アイ・クオックの活動も，1927年の国共合作の解消と蒋介石による白色テロの開始により頓挫する．広州の青年の教育・訓練プログラムの一部はシャムに移動し，さらに広州を離れたグエン・アイ・クオックがモスクワから1928年にシャムへとやってくる．彼は1929年末までのシャム滞在中，東北シャム各地の青年革命会を巡り，ベトナム系共産主義者にタイ語を学ぶよう求めた．東北シャム各地に設置された青年革命会の在外活動拠点は，重要な活動資金源であっただけではなく，仏領インドシナから逃れてきた活動家の避難場所になり，ラオスに住むベトナム系住民の運動への動員にも大きな役割を果たしていた［古田 1991：183-185；Quinn-Judge 2003：126-130；Palasthira 2015：Ch.4-11］.

　そして主にバンコクを拠点に活動していた中国系共産主義者と，東北シャムを拠点に活動していたベトナム系共産主義者をまとめる形で，1930年4月，コミンテルン代表としてバンコクに来訪したグエン・アイ・クオック主催のもと，シャム共産党が結成される．結成に加わったのはベトナム系共産主義者2名，中国系共産主義者1名であった．シャム共産党結党の目的はシャムでの革命の実現であり，そのために中国系共産主義者とベトナム系共産主義者たちが協力することが求められた．しかし1931年から1932年にかけて，バンコクに拠点を置く中国系共産主義者と，東北シャムを拠点に活動するベトナム系共産主義者はほぼ別個に活動しており，ベトナム系共産主義者たちはシャムではなく仏領インドシナでの活動の支援に大きな比重を置いていた［古田 1991：185-192；栗原 2005：105-106；村嶋 133；155］.

　以上が1920年代から30年代初頭にかけてのシャムにおける共産主義運動の展開である．そして1930年のシャム共産党結党へと至る中国系・ベトナム系共産主義者たちによるシャム国内での共産主義運動の高まりと，シャムを拠点に活動を行う中国系・ベトナム系共産主義者たちが，英領マラヤや仏領インドシナでの植民地統治に及ぼす影響への配慮から，1929年以降，シャム警察による取り締まりが強化されることになる［Kasian 2001：19-20］.

4　シャムにおける共産主義運動の取り締まり

　1929年12月22日，同じ場所で開催されていた南洋共産党シャム特別委員

会の支部書記会議と，同年の10月にストライキを組織した製材所労働者の会合に，シャム警察が踏み込み22名を逮捕する．この会合に関する情報は製材所の労働者の側から漏れてきたものであった．1930年6月にはバンコクのファラムポーン駅でベトナム系共産主義者2名を逮捕し，彼らをフランス公使からの要請に従い仏領インドシナへと引き渡す［村嶋2009：136；143-144］.

1930年10月11日，シャム共産党の創設者の一人であった伍治之ら30名の中国系共産主義者が，バンコクをはじめシャム国内の複数の場所で逮捕される．伍治之についてはイギリスから彼の写真が提供されていた［村嶋2009：146-147］．1929年から30年にかけての一連の逮捕劇により，シャムで100名以上の共産主義者が逮捕された［Kasian 2001：12］.

このように1929年以降，シャムで共産主義者に対する取り締まりが強化されるのであるが，シャムにおける共産主義運動の取り締まりについてはイギリス，フランス，ドイツ，オランダとの間で協力関係があり，運動に関する情報については仏領インドシナ，英領マラヤ，蘭領東インドから提供を受けていた．またシャム警察が運動の側に潜り込ませたスパイからも情報を入手していた［Kasian 2001：18-20；村嶋2009：136；144；192］.

情報の入手や協力関係の例として，1932年8月にバンコクのシャム共産党の拠点に警察が踏み込み，9名の中国系共産主義者が逮捕された事件がある．この逮捕は警察が共産党側に送り込んでいたスパイからの情報によるもので，逮捕された共産主義者たちはその後，国外追放処分を受ける．そして彼らの指紋や人相書き，写真がシャム外務省からフランス公使，オランダ公使に伝達されている．イギリスについてはシャム内務省から共産主義者に関する情報を直接，シンガポールの海峡植民地警察に送付することになっていたが，この9名に関する情報が送られる前に，海峡植民地警察はシャム共産党がマラヤ共産党中央に送付した報告書を入手し，9名の国外追放について知ることになる．その後，シャム外相にイギリス公使からシンガポールで入手された報告書が送付されると同時に，9名に関する情報提供の要請があった［村嶋2009：148-149］.

もう一つの例として，1933年1月にバンコクで8名の共産主義者が逮捕された事件がある．この8名のうち7名は中国系共産主義者で，残り1名がベトナム系共産主義者であった．そしてこのベトナム系共産主義者がシャム共産党の結党メンバーであった呉正国だった．彼についてはフランス公使館が以前から，逮捕送還を求めていた．彼は逮捕後の取り調べで自白し，フランス公使館

からの要請を受けて仏領インドシナに追放される．呉正国はその後，仏領イン
ドシナ当局の協力者になり，再度シャムに送り込まれるが協力者であることが
露見し，中国へと逃れ中国国民党に加わる．彼は1930年のシャム共産党結党
時からスパイであった可能性が指摘されている他，上海で日本の憲兵隊に協力
したとも言われている［村嶋2009：156-158］．

　このように仏領インドシナ，英領マラヤ，蘭領東インドとの協力関係につい
ては，シャムが一方的に情報の提供を受けるだけではなく，入手した情報を提
供したり，要請を受けると逮捕した共産主義者を引き渡したりするなどしてい
たことがわかる．

5　ブラックボックスとしてのシャム

　さてここまで共産主義運動研究の側からシャムにおける運動の取り締まりに
ついてみてきた．警察による取り締まりは運動の盛衰に大きな影響を与える要
因であることから，共産主義運動研究でもよく取り上げられるテーマである．
シャムについては特に村嶋の研究を通じて，1929年以降のシャムにおける取
り締まりの実態の一端を垣間見ることができる．しかしやはり，警察の視点か
らではないと明らかにできないことがある．

　例えば村嶋は，新設の犯罪捜査局（Criminal Investigation Department）が1931
年に中国人共産党員を逮捕したという華字新聞記事を引用している［村嶋2009：
148］．この犯罪捜査局が先に述べたハーンスタッドの研究の中で言及されてい
る1913年に創設された犯罪捜査局と同一なのかどうかは不明である．また村
嶋の研究の中でしばしば「特高警察」という言葉が使用され，共産主義運動の
取り締まりはこの「特高警察」の任務であったと指摘されている［村嶋2009：
148］．この「特高警察」がいつ設立され，シャムの警察機構の中でどのような
位置にあったのか，共産主義以外に取り締まり対象は存在したのか，どのよう
な情報を収集していたのかなどは明らかになっていない．例えばイギリス海峡
植民地の場合，政治警察に相当する高等警察機能を持っていたのは1919年に
創設された犯罪情報局（Criminal Intelligence Department）であった．この犯罪情
報局は共産主義だけではなく，汎イスラーム主義運動のような宗教運動，イン
ドのナショナリズム運動，蘭領東インドなど近隣の植民地における政治運動，
中国国民党の動向，日本人の活動なども対象に情報の収集と監視，取り締まり

を担っていた［鬼丸 2014: 120; 122-125］.

　運動の側からだけ警察の取り締まりを見ることのもう一つの問題点は，警察の限界が良くわからないことである．運動史の側で描かれるのは多くの場合，共産主義者が逮捕された，拠点に踏み込まれた，スパイなどによって活動が筒抜けであったなどの，警察の活動の成功事例である．この成功事例だけを見ていると，プラムディヤ・アナンタ・トゥールが小説『ガラスの家』で描いているように，警察は運動を透明化し，すべてを把握しているように思えてしまう［プラムディヤ 2007］.しかし，上海の国際共同租界やイギリス海峡植民地の警察資料などからは，警察もかなり「無駄足」を踏んでいること，警察にも「見えないこと」がかなりあったことがよくわかる．つまり警察がどこまでうまくやっていたのかを検証するためには，警察の限界はどこにあったのかをきちんと考える必要があり，そのためには運動の側と警察の側の視点を照らし合わせることが欠かせない.

　またこの時代の共産主義運動の全体像を把握するためにも，警察側の視点は重要なのではなかろうか．共産主義者たちは監視しようとする警察のまなざしを一方的に受けていたわけではなく，「見られていること」を前提に活動を行っていたことは，例えばタン・マラカの地下活動からも見て取ることができる．タン・マラカは複数の変名を使い，さまざまなパスポートを駆使して，東アジア・東南アジア地域の境界を彼を補足しようとする警察の目をかいくぐりながら行き来しただけではなく，身の危険を感じた際には植民地警察の目と手が届かない，中国の村落部に潜伏したりしていた［タン・マラカ 1979; 1981］.つまり共産主義運動と警察の関係を両者の相互作用，言い換えれば両者の間の双方向ゲームとして捉えていく視点が，この時代の運動と警察の間の関係性の実態を描くうえで欠かせない.

　ここまで警察の側の明らかになっていないことについて述べてきたが，運動の側にもまだ明らかになっていないことがある．シャムの共産主義運動を主導していたのは中国系・ベトナム系共産主義者たちであった．彼らについてはシャムを拠点にするようになった経緯やその活動など，シャムや仏領インドシナにおける共産主義運動，また東南アジア地域の中国系共産主義者の活動に関する先行研究によって明らかになっていることが多い．しかし戦間期，シャムに在外活動拠点を設置し，運動の継続を図ろうとしていたのは中国系・ベトナム系共産主義者だけではなかった.

1927 年 6 月，バンコクでタン・マラカ，ジャマルディン・タミン，スバカットの 3 人の蘭領東インドの共産主義者が，インドネシア共和国党を結成する [Shiraishi 2021: 137-138]．このインドネシア共和国党の結成を主導したタン・マラカは，グエン・アイ・クオックと並び戦間期の東南アジア地域の共産主義運動を代表する活動家であった．彼はインドネシア共産党の第 2 代議長であり，1922 年に西ジャワのバンドンで蘭領東インド当局によって逮捕され，追放処分を受ける．オランダに向かった彼はそこからモスクワに向かい，1922 年に開催されたコミンテルン第 4 回大会にインドネシア共産党代表として参加する．1923 年末，タン・マラカは広州に派遣され孫文に面会した他，汎太平洋運輸労働者事務局の事務局長として機関誌『黎明 (The Dawn)』を発行する．その傍ら，彼は広州からインドネシア共産党と連携しようとしていた他，東南アジア各地で活動を行っていた [タン・マラカ 1979]．

　この東南アジア地域での活動の中にシャムも含まれていた．タン・マラカ自身，自伝の中でシャムも活動対象であったことを述べている他，1925 年 9 月末にはチェンマイに滞在していた[3] [Harper 2020: 549; タン・マラカ 1979: 171]．しかしタン・マラカがシャムで具体的に何をしていたのかは明らかになっていない．

　1926 年 11 月，インドネシア共産党がジャワで武装蜂起を開始した時，タン・マラカはスバカットと共にシンガポールにいた．ジャマルディン・タミンはシンガポールにいてはタン・マラカの身に危険が及ぶ可能性があると考え，シンガポールから退去するよう勧める．12 月 19 日，この 3 人はシンガポールの浜辺で会合を持ち，一刻も早くシンガポールを退去し，バンコクに向かうことを決める．翌 20 日にスバカットがシンガポールを発ち，24 日にはタン・マラカも出発した．2 人はシャムと英領マラヤの国境付近で落ち合い，一緒にバンコクに向かう．シンガポールに残り，蘭領東インドから逃げてくる活動家たちの世話をしていたジャマルディン・タミンも，5 月中旬にバンコクにやって来る．そして 6 月，バンコクでインドネシア共和国党を結成する [Poeze 1976: 354-357]．

　インドネシア共和国党を結成した後，タン・マラカはマニラへ，ジャマルディン・タミンはシンガポールに向かい，スバカットだけがバンコクに残り，活動を続けることとなる．スバカットはジャマルディン・タミンがバンコクに来た時に親しくなった，西スマトラ出身でバンコクで学校を運営していたアフ

マド・ワッハーブの世話になりながら，この学校で英語や数学などを教えていた．しかしスバカットが政治運動の面で，バンコクで具体的に何をしていたのかは不明である［Poeze 1976 : 360 ; Shiraishi 2021 : 140］.

このようにタン・マラカやスバカットのような，中国系共産主義者でもベトナム系共産主義者でもない活動家の，シャムでの活動実態はほとんど明らかになっていないと言える．同様のことがバンコクなどを訪れていた伝書使についても当てはまる．先に述べた，「ヌーラン事件」によって上海で押収された文書の分析から，上海を中心に東アジア，東南アジア地域に伸びる伝書使のネットワークが存在していたことが明らかになった．そしてバンコクは上海からカルカッタへと延びるこのネットワークの幹線の中に組み込まれていた［鬼丸 2014 : 73］.また1930年に日本共産党の書記長を務めた田中清玄は，日本からモスクワに向かうルートの一つとして，クアラルンプールからバンコクを経由して雲南に向かい，そこから陸路，モスクワへと移動するルートがあったと述べている［田中・大須賀 2008 : 63-64］.この伝書使のネットワークに乗ってバンコクにやってきたのは，やはり英領マラヤに拠点を置く中国系共産主義者や，広州や香港にいたベトナム系共産主義者であったのか，それともそのいずれでもない共産主義者であったのか．田中清玄が述べているルートで果たして何人の共産主義者が日本からモスクワに向かったのか．彼らはどのようにしてシャムを経由していったのか．このような移動する活動家の実態もまた明らかになっていない．

最後にもう一つの疑問点として，共産主義者たちがなぜ，シャムやバンコクを活動の場として選んだのか，共産主義者にとってシャムやバンコクにはどのような「魅力」があったのかがある．ベトナム系については仏領インドシナとの地理的近接性があることやシャム国内にベトナム系住民がいたこと，中国系についても労働者として多くの中国系住民がいたこと，さらに先行研究で指摘されている警察による取り締まりが1929年ごろまでは厳しくなかったこと［Kasian 2001 : 19-20 ; 古田 1995 : 98-100］などが，シャムやバンコクを魅力的な場所にしたことは間違いない．また，シャムが東南アジア大陸部の中心に位置し，仏領インドシナ，英領マラヤ，中国の雲南地域，さらには英領ビルマへと陸路で移動可能であったことも大きな要因であろう．

はたしてこれ以外にも何か，シャムやバンコクが持つ固有の魅力があったのかどうか．例えば1920年代，30年代に東アジア，東南アジア地域の共産主

者たちが在外活動拠点とした都市として，広州や上海がある．広州は1927年の国共合作の解消と蒋介石による白色テロの開始まで，共産主義者だけではなくナショナリストも含むアジアの活動家たちが集った街であった．そして広州がアジアの活動家の拠点になった最大の要因は，孫文の存在である．孫文は第1次国共合作を主導し，共産主義者たちが公然と活動できる環境を作り出した他，黄埔軍官学校を設立するなど人材育成にも力を入れていた．黄埔軍官学校には中国国民党，中国共産党のメンバーだけではなく，フランス領インドシナや日本統治下の朝鮮半島などからも学生がやってきていた．広州が孫文の存在とその政策によって共産主義者を含むアジアの活動家に魅力的な街となったのに対して，上海は街自身の構造により活動家，特に地下活動を行う必要があった活動家にとって魅力的な街であった．その構造とは上海が国際共同租界，フランス公界，そして華界の三つの行政区にわかれており，その間で警察権も分断されており，警察による取り締まりを難しくしていたことである．また，東アジアの交易と交通の拠点であり，世界中から多様な人々が集まってくる国際都市であったことも，上海を舞台にした地下活動を支える重要な要因であった [鬼丸 2018：73-75]．この広州における孫文や黄埔軍官学校の存在や，上海における行政圏の鼎立といった共産主義者たちを惹きつけた固有な要因や魅力が，シャムやバンコクにもあったのかどうか．この時代のシャムやバンコクは共産主義者たちにとってどのような「場」であったのか．これらの問いが明らかになれば，シャムにおける共産主義運動に対する理解がより深まるだけではなく，シャムやバンコクに対する理解もまた深まるのではなかろうか．

注

1）Suwan Suwanwecho [1996] *Prawat lae Wiwatthanakan khong Tamruat Thai* [Activities and history of the Thai police]. 2 vols. Bangkok：Meruwattritosatep.

2）シャム以外の，東南アジアの植民地における，共産主義運動の歴史に関する研究の代表的なものとして，オランダ領東インドについては McVey [2006]，アメリカ領フィリピンについては Richardson [2011]，Saulo [1990]，フランス領インドシナについては Huỳnh [1982]，古田 [1991]，古田 [1995]，Goscha [1999]，栗原 [2005]，イギリス領マラヤについては Yong [1997 b]，Cheah [1992]，原 [2001]，Hara [2017]，イギリス領ビルマについては Lintner [1990] がある．

3）タン・マラカの伝記を記したプゼも，タン・マラカがシャムに他の場所へ向かう経由地としてだけではなく訪問していたことを記している [Poeze 1976：264]．

◈参考文献◈

＜邦文献＞

鬼丸武士 [2012]「植民地統治と警察：19世紀から20世紀初頭のシンガポールでの治安維持」，林田敏子・大日方純夫編『近代ヨーロッパの探究13　警察』ミネルヴァ書房，pp.417-458.

――――[2014]『上海「ヌーラン事件」の闇：戦間期アジアにおける地下活動のネットワークとイギリス政治情報警察』書籍工房早山.

――――[2018]「近代アジアにおける越境する革命家の「旅」と都市」『国際政治』191，pp.64-78.

栗原浩英 [2005]『コミンテルン・システムとインドシナ共産党』東京大学出版会.

タン・マラカ [1979]『牢獄から牢獄へ』（押川典昭訳），第1巻，鹿砦社.

――――[1981]『牢獄から牢獄へ』（押川典昭訳），第2巻，鹿砦社.

田中清玄・大須賀瑞夫 [2008]『田中清玄自伝』筑摩書房（ちくま文庫）.

原不二夫 [2001]『マラヤ華僑と中国：帰属意識転換過程の研究』龍渓書舎.

プラムディヤ・アナンタ・トゥール [2007]『ガラスの家』（押川典昭訳），めこん.

古田元夫 [1991]『ベトナム人共産主義者の民族政策史：革命の中のエスニシティ』大月書店.

――――[1995]『ベトナムの世界史：中華世界から東南アジア世界へ』東京大学出版会.

村嶋英治 [2009]「タイにおける共産主義運動の初期時代（1930-1936）：シャム共産党内におけるベトナム人幹部の役割を中心として」『アジア太平洋討究』13，pp.133-212.

＜欧文献＞

Ban, Kah Choon [2001] *Absent History : The Untold Story of Special Branch Operations in Singapore, 1915-1942*, Singapore : Raffles.

Cheah, Boon Kheng [1992] *From PKI to the Comintern, 1924-1941*, Ithaca : Cornell Southeast Asia Program.

Foster, Anne L. [1995] "Secret Police Cooperation and the Roots of Anti-Communism in Interwar Southeast Asia," *The Journal of American-East Asian Relations*, 4(4), pp. 331-350.

Goscha, Christopher E. [1999] *Thailand and the Southeast Asian Networks of the Vietnamese Revolution,*, Richmond : Curzon.

Haanstad, Eric J. [2013] "A Brief History of the Thai Police", in Chambers, Paul ed., *Knights of the Realm : Thailand's Military and Police, Then and Now*, Bangkok : White Lotus Press, pp.447-498.

Hara, Fujio [2017] *The Malayan Communist Party as Recorded in the Comintern Files*, Selangor : Strategic Information and Research Development Centre.

Harper, Tim [2020] *Underground Asia : Global Revolutionaries and the Assault on Em-*

pire, London : Allen Lane.

Huỳnh, Kim Khanh [1982] *Vietnamese Communism 1925-1945*, Ithaca : Cornell University Press.

Kasian, Tejapira [2001] *Commodifying Marxism : The Formation of Modern Thai Radical Culture, 1927-1958*, Kyoto : Kyoto University Press.

Lalita, Hingkanonta H. [2015] *Policing in Colonial Burma*, Chiang Mai : Center for ASEAN Studies, Chiang Mai University.

Lintner, Bertil [1990] *The Rise and Fall of the Communist Party of Burma (CPB)*, Ithaca : Cornell Southeast Asia Program.

McCoy, Alfred W. [2009] *Policing America's Empire : The United States, the Philippines, and the Rise of the Surveillance State*, Madison : The University of Wisconsin Press.

Mcvey, Ruth T. [2006] *The Rise of Indonesian Communism*, Jakarta and Singapore : Equinox Publishing.

Morrah, Patrick [1963] "The History of the Malayan Police," *Journal of the Malayan Branch of the Royal Asiatic Society*, 36(2), No.202, pp.1-172.

Onraet, René [1947] *Singapore : A Police Background*, London : Dorothy Crips & Co.

Palasthira, Teddy Spha [2015] *The Siamese Trail of Ho Chi Minh*, Bangkok : Post Books.

Poeze, Harry. A. [1976] *Tan Malaka : Levensloop van 1897 tot 1945*, `S-Gravenhage : Martinus Nijhoff.

Quinn-Judge, Sophie [2003] *Ho Chi Minh : The Missing Years*, Singapore : Horizon Books.

Richardson, Jim. [2011] *Komunista : The Genesis of the Philippine Communist Party 1902-1935*, Manila : Ateneo de Manila University Press.

Saulo, Alfredo B. [1990] *Communism in the Philippines : An Introduction*, Manila : Ateneo de Manila University Press.

Shiraishi, Takashi [2021] *The Phantom World of Digul : Policing as Politics in Colonial Indonesia, 1926-1941*, Kyoto and Singapore : Kyoto University Press and National University of Singapore Press.

Thomas, Martin [2017] "Coolies, Communists, and Capital : Policing the Rubber Crash in Malaya and Indochina," in Blanchard,Emmanuel, Bloembergen, Marieke and Lauro, Amandine eds., *Policing in Colonial Empires : Cases, Connections, Boundaries (ca.1850-1970)*, Brussels : P.I.E. Peter Lang, pp.79-102.

Yong, Ching Fatt [1997 a] "Law and Order : British Management of Malayan Communism during the Interwar Years, 1919-1942," in Barrington, Brook ed., *Empires, Imperialism and Southeast Asia*, Clayton : Monash Asia Institute, pp.126-48.

――― [1997 b] *The Origins of Malayan Communism*, Singapore : South Seas Society.

第8章

タイの国家，官僚制と恩顧主義

ヴィエンラット・ネーティポー

1 タイ政治をどう捉えるか

　本章は，特に恩顧主義（クライアンテリズムとも呼ばれる）の研究に焦点を当てながら，著者がタイ政治研究にたずさわってきたまとめのようなものである．恩顧主義は長い間，政治学において興味深いテーマであり，さまざまな国の政治システムの本質に関する重要な洞察を提供してきた．

　恩顧主義に関する主要な研究は，選挙政治における恩顧主義の役割に焦点を当てている［Kitschelt 2000］や［Stokes, Dunning and Nazareno 2013］．一方で東南アジア［Aspinall 2014；Aspinall et al. 2017；Aspinall and Sukmajati 2016；Jaytiani 2014；Un 2005］，ラテンアメリカ［Calvo & Murillo 2013；Szwarcberg 2012］，アフリカ［Basedau, Erdmann and Mehler 2007；Hakeem 2014］，東ヨーロッパ［Kopecky and Spirova 2011］などの地域では，研究者たちは，恩顧主義が選挙結果をどのように形成するかを探求してきた．比較政治学の枠組みは，恩顧主義のさまざまな側面，特に選挙の成功を確保する上での有効性を検討するために開発されてきた［Shefter 1977］．恩顧主義の性質は，政治競争の質と民主的プロセスの機能を決定する上できわめて重要な役割を果たしている．この言説に対する最も重要な貢献の一つが，政治家と有権者の結びつきの類型化である［Kitschelt 2000］．

　本章が示すように，タイ政治研究でも恩顧主義に関する研究は広範に及んでいるが，その中心は選挙政治との関連に置かれている．一般的には，恩顧主義はタイの選挙政治のなかで形成され，また選挙政治の発展に不可欠なものである．しかし，著者はこの支配的な見方に異議を唱えてきた．恩顧主義を選挙政治によって醸成された産物とみなすのではなく，その起源を国家形成期まで遡

る．近代官僚制の台頭と時を同じくして，恩顧主義が深く根付いたのは，タイ近代政治の基礎となるこの時期であったと主張する．

本章の構成は以下の通りである．第2節では，タイにおける恩顧主義について概観し，それを選挙政治の発展の中に位置づける．第3節では，この支配的な見方を批判する．第4節では，タイ国家とその官僚制について，特に官僚制の役割に重点を置いて検討する．第5節では，近代国家の形成と恩顧主義の出現と永続を結びつける，本章の中心的な議論を展開する．

本章の分析では，個々のアクターに焦点を当てるのではなく，国家と恩顧主義の関係パターンを重視しており，このテーマに関する既存のタイ研究とは一線を画している．本章は，これらの発見を振り返り，筆者の広範な研究成果と関連づけることで結ばれている．本章の起源は，筆者が1990年代に京都に留学していたときにまで遡ることができる．第1に，選挙政治に責任を負わせることを避けるという本章で採用した視点は，私の元指導教官であり師である玉田芳史教授から学んだ核心的価値観を反映している．第2に，同じく玉田教授が提唱した「アムナートとイッティポン」（権力と影響力）の考え方は，私が京都にいた間に広く受け入れられるようになった．最後に，懐かしいことに，1990年代後半に日本でタイ研究を行った学者たち，特に玉田教授，村嶋英治教授，永井史男教授は，ラーマ5世チュラーロンコーン王の近代化改革の歴史に深い関心を寄せていた[1]．これらの知的影響は，本章の骨格を形成している．

2 タイ的文脈における恩顧主義研究

恩顧主義はさまざまなかたちで起きる現象だが，タイで最も顕著なのは，チャオ・ポー（英語ではゴッドファーザーと訳されたりする）と呼ばれる有力者たちがつくりだす権力関係である．1980年代から1990年代にかけてのタイの政治的世界で，チャオ・ポーやプー・ミー・イッティポン（影響力を持つ者，以下，影響力者）が次々と登場し，その影響力を行使する様子は，タイのメディアで常に報道されていた．この現象は，タイの政治や社会を研究する一部の学者たちに，このテーマの背景や発展を理解するための重要な研究をいくつか生み出すきっかけとなった．

マクベイが編集した一冊の本は，タイにおけるチャオ・ポーの展開を説明することに大いに貢献した [McVey 2000]．なかでもポンパイチットとクリス・ベ

イカーの章は，タイの政治における主要なアクターを3種類に分類している．
「チャオ・スア」（全国レベルの資本家），「チャオ・ポー」（地方有力実業家），「チャ
オ・ティー」（大土地所有者）である．彼女たちは，チャオ・スアとチャオ・
ポーの資本蓄積のパターンを比較し，地方と全国レベルでの経済発展の条件が
異なり，チャオ・スアとチャオ・ポーによる資本と政治権力の蓄積のパターン
が異なることを示した．この違いは，彼らが政治家とつながり，選挙で役割を
果たす方法にも現れている．どちらの場合も，彼らはすでに確立された経済的
影響力を利用して政治権力を握った実業家である．一方，土地所有者である
チャオ・ティーは少し違いがあった．土地を所有し，選挙権を持ち，権利を守
るために集会を開くような一般市民にとって，きわめて重要な意義がある点が
強調された．このチャオ・ティーは，チャオ・スアとチャオ・ポーが果たす政
治的役割とそのパターンを決定する鍵となる [Phongpaichit and Baker 2000: 30-
52]．

　これまでの一連の説明では，チャオ・ポーの発展と変化は，タイの資本主義
的発展のなかで台頭し，発展した実業家たちのそれと軌を一にしていた．多く
の資本家たちが台頭したが，依然として一部の国内実業家と一部の有力な地方
実業家たちに資本の多くが集中する事態は変わらなかった．そしてポンパイ
チットらはチャオ・ポーを，独自の経営スタイルと国家とのかかわり方を持つ
実業家の単なる別の形態にすぎないとみなした．したがって，ポンパイチット
の他の著作も含めた当該研究の貢献は，経済発展の構造的文脈と地方レベルで
の資本蓄積パターンという文脈において，チャオ・ポーが他の実業家とどのよ
うに異なるかを指摘した点にある．

　同じ編著の中でソムバット・チャンタラウォンはタイの政治と社会の発展に
おけるチャオ・ポーの役割について論じている．彼はチャオ・ポーの文化的側
面を（従来の理解に）取り入れて，タイにおける他の権力のかたちとは異なるも
のとして，その役割についてのより完全な描写をしている．チャンタラウォン
は伝統的社会における屈強な男たちであるナック・レーンに起源を遡るチャ
オ・ポーの文化的な力を強調した [Chantornwong 2000]．

　「タイにおける地方権力の台頭：地方犯罪，選挙，官僚制」と題されたオッ
ケイの章は，チャオ・ポーの発展と政治経済構造との関連性を明らかにする優
れた作品である．彼はまた，各移行期におけるチャオ・ポーの変化を強調し，
チャオ・ポーを動的に描くことに貢献している．彼は1957年から1963年のサ

リット・タナラット元帥政権下でのインフラ投資時代に，地方での資本蓄積の起源を特定した．このインフラ投資は，冷戦の文脈においてアメリカによって支援されたものである．1965 年から 1980 年にかけての経済成長は，サリット政権下でのインフラ整備と投資の開放の成果であり，それが地方において影響力のある実業家層の形成をもたらした．1980 年代のプレーム元帥の時代以降，選挙が継続的に行われるようになり，実業家たちは政治に参入し，それ以来選挙政治において継続的に役割を果たしている [Ockey 2000][2]．

タイの政治の舞台に登場したチャオ・ポーは，すべて違法または非合法のビジネスに関与した実業家であったため，国家，市場経済，社会のなかでも市場経済の一部とみなされてきた．このテーマを研究する学者の多くは市場経済がチャオ・ポーを生み出したと主張しているので，チャオ・ポーの力は，資本主義の経済変化と発展のタイムラインに沿って成長してきたことになる．しかし，著者は，近代国家の誕生から現在に至るまで，チャオ・ポーを生み出し，チャオ・ポーの力を育んできた最も重要な要素は国家であると考えている．

チャオ・ポーを資本主義の産物とみなす研究は一般的に，1950 年代後半に始まった経済発展により，1960 年代と 1970 年代に富を蓄積した地方実業家として，チャオ・ポーや影響力者の発展を論じている．当時，彼ら／彼女らは経済力を持っていたが，政治力は持っていなかった．ただしそれは，1970 年代後半に行われた選挙政治により，彼らが政治力を共有し，地方政治を支配する道が開かれるまでのことである．これが，タイの選挙政治の特徴が買収，暴力，そしてそれに対する汚職に満ちている理由である．この結論はベネディクト・アンダーソンが 1990 年に発表した論文「近代シャムにおける殺人と進歩」の内容にもとづいている．要するに，この選挙政治は，1980 年代から 1990 年代にかけて影響力者にとって政治的権力の源であったという [Anderson 1990 : 46]．

3　既存のタイ的恩顧主義研究批判

著者は，タイの地方政治が 1990 年代の 10 年間で劇的に変化したことには同意する．特に，アーギロスが注意深く観察したように，経済発展と農村部住民による政治参加が進んだ [Arghiros 2001]．しかし，政治的アクターと市民の関係パターンが，恩顧主義という形で長期間にわたって変わらなかったという点

に注目すべきである.

　ポンパイチットからアンダーソンまでの支配的な語りは，選挙政治と影響力者の政治的権力を単純に関連付けるものだが，主に二つの弱点がある．第1の弱点は，タイ政治における権力の理解に関連している．玉田はタイの政治権力を理解するための枠組みとして「アムナートとイッティポン」を提示した．鋭い指摘である．アムナートとは，公職に由来する権限，または法律によって認められた権限を意味する．一方，イッティポンとは，権限を有する者が権限を超えて行使する権力，または公職に就いていない者が行使する権力を意味する [Tamada 1991： 455]．玉田によるこの二つの権力の区別は，リッグスの官僚政体論概念に対する深い論争を提起している [Riggs 1966]．この論争における重要な示唆は，中央集権国家体制と官僚制外の制度が弱い状況下では，イッティポンも存在し，政治的権力も有していたということである．特に，地方レベルではその傾向が強かった．この二つの権力は，非正統的な権力と正統的な権力，伝統的な権力と合法的な権力，潜在的な権力と顕在的な権力という形で共存している．したがって，官僚政体から選挙政治へと政治が発展する中で，イッティポンという形の政治権力は存在し続けた．この結論は，タイの憲法文化に関するニティ・イーオシーウォンの古典的名著とよく一致している [Eoseewong 2003]．すぐれた歴史家であり社会評論家としても著名なイーオシーウォンは，多くの使い捨てられる成文憲法とともに，イッティポンは非成文だが恒久的な憲法の文化的バージョンとして今もなお根強く残っていると指摘した.

　二つ目の問題は分析単位についてである．それは最初の側面にも関連している．なぜなら，主な説明は，チャオ・ポーと影響力者という人物に焦点を当てており，彼らの持つ力やネットワークに焦点を当てていないからである．著者は，力やネットワークが，それを操る個人よりも恩顧主義のダイナミズムにとって重要だと考える．スコットの画期的な研究は，選挙政治におけるパトロン・クライアントの変容パターンを根本的に析出した．彼の分析は，パトロン・クライアント関係が変化し，生き残る要因を理解するのに役立つ.

　スコットは選挙政治とパトロン・クライアント関係との関係性について深い分析を提示している．「選挙競争の力学は，少なくとも次の四つの重要な方法でパトロン・クライアント関係を変容させた．①クライアントの資源が増えることで，パトロンとの交渉力が向上した．②村落レベルから中央政府に至

るまで，パトロン・クライアント構造の垂直的統合が促進された．③ 新しい
パトロン・クライアントのピラミッドが形成され，古いものは政治化された．
④ 地方レベルでは，野党のパトロン・クライアントのピラミッドが生き残っ
た」[Scott 1972: 109]．しかし，彼は，選挙政治における制度変更が恩顧主義の
パターンに与える影響，あるいはその逆の影響については見ていない．彼の分
析は，パトロンとクライアントの間で交換される誘因と交渉力にもとづいてい
る．

　スコットは，政治変動期におけるパトロン・クライアント関係のパターンを
理解するための枠組みは提供しなかった．イッティポンという形で政治権力を
維持するには，市民と強固なつながりを持つ領域が必要である．影響力者がそ
の影響圏内の人々との間に持つつながりが，その権力を基本的に定義する．こ
のつながりこそがイッティポンの力学を決定し，そのパターンが変革を促進す
るのか妨げるのかを左右する．この点において，政治家と市民のつながりのタ
イプを区別するキッチェルトの類型は，影響力者と有権者間の関係のパターン
を説明するのに役立つ[Kitschelt 2000]．二つのつながりのパターン，すなわち
カリスマ型とプログラム型という幅広いカテゴリーにもとづいて，キッチェル
トは，政党がプログラムや政策を通じて票を確保するためのインフラに投資で
きるほど強力なシステムにおいては，プログラム型リンケージが最も効果的に
確立されると主張した[Kitschelt 2000: 850]．他方で官僚制が優勢で，中央集権
国家の外にいるアクターには公的資金が分配されないシステムでは，結びつき
はカリスマ型となるという．

　さらに，これらの研究は主に新聞記事を情報ソースにしており，そのため
1980年代にチャオ・ポーが頻繁に新聞に登場した時期に焦点が当てられた．
一方でそれよりずっと以前の国家形成期にチャオ・ポーに類似した社会的勢力
が存在し，それが国家権力と相互作用していたことを示すいくつかの歴史的エ
ピソードがある．それは著者の作品のいくつかにおいて示されている[Nethipo
2003; 2007]．国家とこれらの地方有力者との相互作用は，著者が関心を抱いて
いるタイの恩顧主義に関する問いを検証する上で，不可欠な証拠となる．

　以上の検討を踏まえ，著者はタイにおける恩顧主義と政治発展を捉えるため
の新たな議論を提示しようと思う．1950年代から1970年代後半にかけて，軍
事独裁政権は官僚政体であり，官僚制の外側にはほとんど政治的権力は存在し
ないと説明されていた．しかし，実際には，官僚制と共存し，官僚制に依存し

て成長した別のタイプの権力があったと著者は考えている．この永続的な権力はタイの政治と社会に深く浸透しており，タイの文化的体質の一部とみなすこともできる．非官僚的な制度が弱く，国家権力が中央集権化された体制に選挙が加わったことは，非公式な権力が公式な場に姿を現すための単なる道筋に過ぎなかったが，権力のあり方，特に人々との結びつきは変わらなかった．1997年憲法の結果，特に地方分権化のプロセスと政党の強化により，イッティポンが適応するための異なる状況が生まれた．この状況下では，イッティポンは完全に変貌したわけではないにせよ，より政策志向的になる傾向があった．2014年のクーデタ後，軍部と保守派エリートは1997年憲法の要因を覆すことを目指したため，再中央集権化，官僚制の強化，そして官僚制を利用して他の政治機関を弱体化させる時代となった．

そこで次節では，官僚制および官僚制の外で成長したと考えられる官僚制外勢力の位置づけについて議論を整理するとともに，官僚制外勢力を育てたと思われる近代国家の位置づけとその関係についてタイの文脈で考えてみたい．

4　タイ国における官僚制，国家そして社会

タイ研究における恩顧主義に関する先述の研究に加え，フレッド・リッグスによるタイ官僚制に関する最も重要な研究［Riggs 1966］は，タイにおける恩顧主義に関する支配的な語りに大きく貢献した．リッグスによれば，官僚制度の外でのタイの非公式な政治権力はきわめて小さく，政府官僚が権威ある指導者として国の方向性を形作っていた．リッグスは，汚職などのタイ国家の非効率性や弱さについて同意していたものの，それは不完全な近代的政治発展の結果であり，そのために半近代的な政治制度が形成されたと説明した．リッグスの官僚政体という概念は，その時代を語る際に多くの学者によって大きな語りとなり，例えば，サイデルによるタイのボシズムに関する研究でも，リッグスの官僚政治の枠組みから説明が始められている．

東南アジアにおける他の地域での西洋植民地勢力の「はりぼて」的な国家形成とは著しく対照的に，19世紀半ばから世界経済に組み込まれていったシャムという王朝国家の統合は，社会言語学的多様性や残存する貴族的特権に対する譲歩にほとんど妨げられることなく，中央集権的な官僚制の

出現をもたらした．1932年のクーデタに続き，この地方行政装置の支配権は絶対的な君主の手から移り，第2次世界大戦後には，反共産主義と『開発』志向の軍事将校たちに引き継がれ，内部で派閥化していたとしても外部からはよく守られた「官僚政体」として知られるようになった [Sidel 1996: 58].

　タイでは，官僚政体が政治研究において長きにわたり影響力のある概念的枠組みとなっており，多くの著作で知られる政治学者チャイアナン・サムットワーニットや民主化前のタイ政治についてすぐれた教科書を書いたジョン・ガーリングのように，多くの学者がタイの政治は一定の期間，官僚政体であったという認識を持っている [Samudavanija 1989; Girling 1981]. 別の見方から玉田芳史は，タイの政治を官僚政体として捉えるべきではないと主張した．なぜなら，官僚制外勢力が実質的な政治権力を握っていたという事実を無視することになるからである．玉田が示す証拠は，非公式な力が公式な力と同等か，あるいはそれ以上に行使されていることを示している．この見解では，官僚制度を政治権力の独立した独占体とみなす古い一般論を否定する新たな説明が提示された [Tamada 1991].

　市民社会論でも知られるアネーク・ラオタンマタットによる著名な研究は，この概念を丁寧に評論したもので，官僚政体の重要性も認めていた [Laothamatas 1992]. 彼は，1980年代後半の政治権力はもはや官僚の独占下にはないことを論証し，政策決定プロセスに顕著に参加した業界団体が果たす役割の重要性を示した．ラオタンマタットはこれを「ネオ・コーポラティズム」と呼び，官僚政体の終焉を告げる新たな特徴として，また，当該問題に関する記述的な一般化として，その影響力の衰退を反映した．しかし，いくつかの指摘を踏まえると，この章では，企業エリートと国家の関係について，ラオタンマタットの記述とは異なる見解が示されている．すなわち，企業エリートと当局とのつながりが非公式な形態をとることを強調する本章の視点からは，ネオ・コーポラティズムという用語が非公式な勢力を無視する一方で，公式な勢力の重要性を過大評価している可能性がある．彼の説明に反して，著者によるチェンマイ市に関する研究で発見されたのは，交渉のパターンというよりも，党派的なネットワークや相互利益関係を通じて，むしろ非公式な形で，企業団体と当局の関係が継続していることである [ネーティポー 2000; 2001].

理論的根拠については，タイの国家形成に関する重要な研究が二つある．セークサン・プラサートクンによるタイ国家に関する研究［Prasertkul 1995］と，クラダー・ケートブンチュー・ミードの研究である［Mead 2004］．ここでは，プラサートクンの国家と社会の関係に関する研究を検討したい（ミードの研究は第5節で検討する）．

プラサートクンは，マルクス主義の考え方を応用してタイ国家の発展を研究し，伝統的な国家から近代国家へと移行する過程における社会との関連性を検討した．プラサートクンは，その著作の中で，理想的な国家の発展は，国家が縮小する一方で市民社会の重要性が増す方向へと進むと述べている．2000年に発表した後年の研究では，彼は国家の発展の定義を「実際には国家権力の縮小ではなく，国家権力を利用して既得権益を拡大しようとする政治的パトロン・クライアント・ネットワークの拡大であった．それは既得権益を国家権力から搾取することとは違うものである」と再定義した［Prasertkul 2000］．プラサートクンの結論には政治的な現実のいくつかの特徴が反映されていたが，有力者ネットワークが国民を弾圧するという目的において国家と類似しているという一般化に陥る傾向があった．この記述は，大衆運動の力に関するいくつかの研究にも拡張して用いられたが，二つのポイントに十分な注意を払っていない点で問題がある．そのポイントとは国家と市民社会という同じ二項対立の分析枠組みにおいて，一つは影響力のあるネットワークがどのように機能するのかという点，もう一つはそれが別の形態の社会勢力だと認識できるのかという点である．以下，もう少し詳しく見てみよう．

非国家主体に関する研究では，タイの市民社会に関するいくつかの研究がある．タイの市民社会は一般に「民衆部門」(phak prachachon) と呼ばれ，国家と社会運動の二項対立的な分析を行っている．これにより，国家を民主的制度（政党，議会，新たに発達した地方自治，および政治家とそのネットワーク）と同一視する見方が一般的となった．ピントップテーンによる「貧民フォーラム」(the Forum of the Poor) に関する研究［Pintobtang 1998］や，ポンパイチットによるさまざまな地域問題に対する人々の闘争に関する研究［Phongpaichit 2002］など，社会運動に関する洞察に富んだ情報を示した研究もあった．これらの研究は，国家権力との対立や闘争という形で草の根の力を明らかにするとともに，政治プロセスへの参加を求め，正当性を欠いた国家権力に抵抗する民衆運動の理解に光を当てた．しかしその10年後，その時期の活発な運動にもかかわらず，タ

イの民主化が進展しなかったことが明らかになった.

さらに言うと，同じ指導者グループは選挙で成立した政府（タックシン政権）に対する抗議運動を主導し，ついには2006年軍事クーデタのお膳立てまでした．同時代のタイ政治にアプローチするために，玉田は後に非民主化につながった反民主主義勢力を入念に研究した［Tamada 2008］．脱民主化勢力の研究に対する玉田の貢献は，2010年から2014年にかけてのタイ政治のその後の展開によって検証された．民主主義の理論に反して，タイの市民社会は必ずしも民主主義を強化するために機能しているわけではない．この点については，『危機の時代に分裂したタイの市民社会』［Nethipo 2015］という本の章でさらに詳しく述べられており，市民社会以外の勢力がどのように台頭し，タイの民主主義を弱体化させたかが説明されている．著者の著作は，ピントップテーンやポンパイチットのような学者たちの市民社会的アプローチを明確に批判することを目的としているわけではないが，市民社会推進派の学者たちによって見落とされがちな非市民社会勢力の役割に注意を喚起している．では，国家についてはどうであろうか，節を改めて検討してみよう．

5　近代国家と恩顧主義

タイ国家はそもそもどのような性格の近代国家といえるのだろうか．ここで少し考えてみたい.

現代社会は，自己制御型の機械にますます似てきており，その人間的な側面は，機械自体が要求する些細な調整を行うためにのみ必要とされる．システム全体がますます複雑になるにつれ，誰もが理解し制御できる部分はますます少なくなっている．公共的な場でも，私生活でも，単一の特定可能な事務所や個人が意思決定に必要な知識や権限を行使することはない．責任ある当時者を探し始めると，委員会，部局，事務所，匿名の組織など，終わりなき迷路をたどることになる．シャールが説明した「自律的なプロセス」では，「システムが機能するのは，認識可能な人の権限に責任があるからではなく，システムの基本的な目的と手続き上の前提が当然のこととみなされて，人間と機械にプログラムされているからだ」という［Schaar 1981］．

それどころか，歴史的証拠や事例研究から，タイの国家は自己制御型の機械としては発展していないように見える．第1に，タイ国家は，他の近代国家の

ように体系的に機能しているようには見えない．明らかに，国家は常に国家自体の外側に存在する力を必要としており，そうした外的な力の維持を助長している．問題は，近代国家の形成過程で何が起こったのか，そして，国家と国民がそうした形で発展することを可能にしたのかということである．

　第2に，そうはいってもタイ国家は支配に成功しているように見える．国民からの深刻な不服従に直面したことは一度もなく，また，他の国家が経験したような支配からの脱出の問題にも直面したことはない．タイ国家は，1970年代の共産主義者による反乱と，2000年代の南部諸県における分離独立派の反乱という二つの大きな課題に直面した．タイ共産党（CPT）が主導した共産主義者の反乱は，1965年から1980年にかけてタイ全土で繰り広げられた武力闘争であった．軍の弾圧を逃れた左翼学生たちがジャングルでCPTに参加したことにより，1977年から1979年にかけて紛争は激化．1980年には，元メンバーをタイ社会に再び受け入れる和解政策により終結した．結局，CPTはタイ国家の転覆という目標を達成することはできなかった．2001年以降，過激派活動が激化し，分離独立派の反乱軍による紛争の第2の波が勃発した．2004年の軍による弾圧により数百人の死者が出たことで，状況はさらに悪化した．反乱は現在も続いているが，タイ国家は，人口の大多数がイスラム教徒である南部の国境沿いの三つの県内に反乱を抑え込むことに成功している．

　しかし，2006年から2010年にかけての赤シャツ派運動，2019年から2022年にかけての若者運動により，タイ国家が挑戦を受けていることが明らかになった．この二つの運動は，国家の中核である王制と軍に挑戦した．この時点で，明らかな疑問が生じる．なぜ，この機能不全に陥っている国家が支配に成功しているのか．著者の仮説では，国家の発展によって大多数の人々が疎外されることはないとしている．つまり，国家と社会は類似した価値体系を共有しているか，あるいは共通の信念を受け入れているということである．これは，国家の権威がその価値体系を維持するのに十分な正当性を有していることを意味する．したがって，重要な問題は，国家形成の過程でどのような社会変革が起こり，この正当性が確立されたのか，ということである．

　ある国の政治的特性の起源を理解するには，国家の発展を研究することが不可欠である．その国の永続的な特性について，特に国家形成の遺産は，しばしば後世にその影響を及ぼす．多くの国々では，革命などの極端な国家の混乱の後に変化が起こった．したがって，近代国家を構築するには，改革を繰り返し

実施する必要がある．タイ国家を特徴づけるのは，国家イデオロギーの独占であり，それは「民族」「宗教」「国王」の三本柱を中心に据えられている．このイデオロギーは国家によって形成され，押し付けられたものである．歴史的に見ても，国家形成の過程においてタイ社会には顕著な国民運動や市民運動は存在せず，国民によって国家イデオロギーが提唱されたわけではなく，むしろ国家がそれを構築し，強制したのである．その後，タイ国家は，大幅な行政改革を経験し，地方分権が法律で義務付けられているものの，中央集権化とトップダウンによる指揮の傾向も特徴である．国家は権力を中央に戻そうとしており，これはグローバルな価値観の発展とは対立するものである．さまざまな面で，タイ国家は中央集権化を維持することができた．これは，国家の組織構造の進化にほとんど影響を与えなかった制度改革の好例である．では，政治改革を成功させなかった要因は何だろうか．

　著者の研究はタイ研究におけるこれまでの研究と比較すると，国家による地方社会の支配に焦点を当てて恩顧主義を検証してきた．その国家にアプローチする方法は数多くある．最初の方法は，トゥオン・ヴーが「国家形成を通じて国家を研究する」という論文で示唆しているように，その根本にある問題，すなわち国家形成のプロセスを調査することである．ヴーは，「国家形成の力学は，国家構造内に持続的な制度複合体（例えば，中央集権的または分権的な官僚機構）と，社会との特定の関係パターン（例えば，民主主義的または権威主義的な志向性）を生み出した」と主張している [Vu 2010: 150]．これを踏まえて，近代タイ国家の形成が他の国家の形成とどのように異なるかを理解することが重要である．地方レベルにおける近代官僚制の確立に関する研究は，それがいかにして社会を支配し，変容させてきたかを明らかにするだろう．この支配と変容のプロセスは，恩顧主義の基盤を理解する上で鍵となる．

　第2のアプローチは，実際の慣行が行われる周辺部を調査することである．タイの絶対主義国家の発展に関する研究では，近代国家形成のヨーロッパモデルを適用しようとする試みも行われてきた．本章では，第三世界の近代国家形成をグローバル資本主義システムの発展の一部と捉える政治経済理論にもとづくミードの研究を参照する [Mead 2004]．ミードによれば，タイにおける絶対主義の発展は，植民地主義と資本主義の勃興と切り離して考えることはできない．内的要因について，ミードはエリート間の競争と，王政が覇権を確立することを可能にした諸条件の統合を強調している．著者は，国家が当初は中央集

権的であり，国王が権力の中心であったという結論に同意する．しかし，この
テーマについての理解を深めるためには，地方レベルでの国家形成プロセスを
含めるべきであり，そうすることで国家形成についてのより完全な理解が得ら
れるだろう．

　第3のアプローチは，国家と社会の関係に焦点を当てるものである．本章で
は，国家が社会を支配する手段，その成功の有無，その手段について，地方の
視点から国家形成を考察することで，近代国家が社会とどのような相互作用を
持つかを検証する．著者の分析を導く主な枠組みは，国家権力と支配の性質，
特に第三世界の国家におけるそれについて探求したジョエル・ミグダルの研究
にもとづいている [Migdal 2001]．この枠組みは，国家と社会の関係，国家がそ
の目標に従って社会をどの程度変革できるか，そして国家が用いる手段を強調
している．証拠によると，近代官僚制が権力を築く過程において，国家は支配
のために有力な個人を利用することが多く，一方で，これらの個人は国家から
個人的利益を得ようとしていた．この共生関係が停滞と変化への抵抗につな
がっている．

　本章では，権威あるリーダーシップは主に中央政府の管理下で確保されてい
ることを認めながらも，地方レベルでの実際的な政治プロセスを説明しようと
している．なぜなら，このレベルでは，官僚は影響力のあるネットワークを通
じて，またはそのネットワークと連携して権力を発揮しなければ，機能的な目
標（国家の長期的な支配目標と既得権益の個人的な即時目標の両方）を達成できないか
らである．したがって，地方レベルから見てきた著者の研究は，タイの政治は
リッグスが定義した官僚政体の概念で説明できるという考え方には反対するも
のである．

6　タイ政治の民主化は果たして可能なのか

　タイ近代史における文脈の変化にもかかわらず，影響のネットワークと国家
権力との関係は依然として静態的である．政治的な変化という観点では，タイ
は同じ政権内での権力者の交代から民主化，そして再び権威主義体制への回帰
に至るまで，さまざまな形態の変化を経験してきた．有力者のプロフィール
も，旧来の盗賊やギャングから実業家や実業家出身の政治家（あるいは選挙資金
を援助する実業家）へと変化してきた．しかし，初期の近代国家形成から現在に

至るまで変わらなかったのは，国家権力と影響力のネットワークとの関係がつくるパターンである．同様に，影響力のネットワークと人々との関係にも不十分な変化しか見られなかった．これは変化を妨げる根本的な構造とは何かという疑問へとつながる．

前述の論理的仮定を考慮し，著者は，影響力のネットワークが，中央集権的国家構造との長期的な静態的関係と，影響力のあるグループへの依存を引き起こし，維持してきた実務レベルでのその非効率的な力，および，より恩顧主義的なネットワークに依存する社会，特に下層階級や農村の人々との関係を検証することによって示された，そのような政治構造の説明に焦点を当ててきた．本研究は，タイの政治システム全体を一般化することを目的としているのではなく，地方レベルでの実際の慣行を説明することで，タイの国政がなぜ進歩的な民主主義へと発展しなかったのかという疑問に答えることを目的としている．このレベルでの関係性を理解することで，タイの政治における今後の変化を予測できるようになることを期待している．

本章では，国家権力と地方レベルの政治過程の間に生じる力学に焦点を当てて恩顧主義の核心を探ってきた．タイでは，国家が立法や政策立案を支配し，公共のイデオロギーを形成する中央集権的な官僚機構が長年続いてきたが，実際にはより複雑な状況であることが多い．特に国家と社会の関係においては，政府高官は，目標を達成するために，公式の官僚機構の外で活動する有力な地元の有力者とのつながりにたびたび頼っている．これらの目標は短期的で実利的な傾向があり，国家の包括的な政策とはしばしば乖離する．地方の役人は，こうした関係を利用して自らの権威を正当化し，地元住民に対して優位性を主張し，あるいは地域社会におけるリーダーシップを維持しようとする．地方政治に関する研究では，こうした有力者（行政区長，村長，地方政治家，あるいは実業家リーダーなど）が政治の舞台で重要な役割を果たしていることが明らかになっている．公式な肩書きを持たない者でも，地域社会での地位により，大きな影響力を振るうことが多い．こうした人物は単なる政治アクターではなく，国家と並行する不可欠な構造を形成し，タイの政治プロセス形成において重要な役割を果たす．その文脈において，地方有力者は恩顧主義のシステムにおいて最も強力なアクターとなるのである．

恩顧主義研究のレビューと支配的なナラティブの批判にもとづいて著者は，タイにおける恩顧主義のパターンが国家形成のプロセスに深く根ざしていると

論じてきた．恩顧主義の本質を定義するのは，個人そのものではなく，官僚と有力者との関係である．本章で概説された枠組みは，著者の過去数十年にわたる研究，特に博士論文（2023年）と最近の2冊の著書［Nethipo 2015；2022］によって考察されている．その要点は，まず一貫して権威主義体制下であれ民主主義体制下であれ，官僚制の役割が国家機構の中核だと明らかにしていること，また，選挙政治の変革の可能性を強調し，不完全な民主主義であっても，選挙が政治変革の機会を生み出すことを示唆している．

注

1）代表的な研究として玉田［1996；2001］，村嶋［1999］，永井［1996］がある．
2）他にもジョン・サイデルは，チャオ・ポー研究の発展に似たアプローチで取り組んだ．彼らの政治権力は資本主義的発展のプロセスを経た後に現れるものだと述べている［Sidel 1996：59］.

◆参考文献◆

＜邦文献＞

玉田芳史［1996］「チャクリー改革と王権強化」『チャクリー改革とタイの近代国家形成』（平成7年度科学研究費補助金・重点領域研究「総合的地域研究」成果報告書シリーズ No.11），pp.34-111.

───────［2001］「タイの近代国家形成」『岩波講座東南アジア史5』岩波書店，pp.213-235.

永井史男［1996］「5世王の初期改革（1873-74年）をめぐる一考察」『チャクリー改革とタイの近代国家形成』（玉田芳史編，重点領域研究「総合的地域研究」成果報告書シリーズ No.11）pp.112-120.

ネーティポー，ヴィエンラット［2000］「タイの都市政治における政治的影響力：チェンマイを事例に（一）」『法学論叢』（京都大学），148（1），pp.43-64.

───────［2001］「タイの都市政治における政治的影響力：チェンマイを事例に（二）」『法学論叢』（京都大学），149（6），pp.46-69.

村嶋英治［1999］「タイ近代国家の形成」，石井米雄・桜井由躬雄編『東南アジア史I』山川出版社，pp.397-439.

＜欧文献＞

Anderson, Benedict［1990］"Murder and Progress in Modern Siam," *New Left Review*, 181, pp.33-48.

Arghiros, Daniel［2001］*Democracy, Development and Decentralization in Provincial Thailand*, Richmond：Curzon.

Aspinall, Edward［2014］"Parliament and Patronage," *Journal of Democracy*, 25（4），pp.96

-110.

Aspinall, Edward and Sukmajati, Mada [2016] *Electoral Dynamics in Indonesia : Money Politics, Patronage and Clientelism at the Grassroots*, Singapore : NUS Press.

Aspinall, Edward, Noor Rohman, Ahmad Zainul and Elly Z. Triantini [2017] "Vote Buying in Indonesia : Candidate Strategies, Market Logic and Effectiveness," *Journal of East Asian Studies*, 17 (1), pp.1-27.

Basedau, Matthiass, Gero Erdmann and Andreas Mehler eds. [2007] *Votes, Money, and Violence : Political Parties and Election in Sub-Saharan Africa*, Uppsala : Nordiska Afrikainstitutet.

Calvo, Ernesto and Maria V. Murillo [2013]"When Parties meet Voters : Assessing Political Linkages through Partisan Networks and Distributive Expectations in Argentina and Chile,"*Comparative Political Studies*, 46(7), pp.851-882.

Chantarawong, Sombat [2000] "Local Godfathers in Thai Politics," in McVey, Ruth Thomas ed., *Money and Power in Provincial Thaiand,*. Copenhgen : NIAS, pp.53-72.

Eoseewong, Nidhi [2003] "The Thai Cultural Constitution," *Kyoto Review of Southeast Asia*, 3 (3) (https : //kyotoreview.org/issue-3-nations-and-stories/the-thai-cultural-constitution/, 2024 年 10 月 21 日閲覧).

Girling, John L. S. [1981] *Thailand : Society and Politics*, Ithaca : Cornell University Press.

Hakeem, Onapojo [2014] "Violence and Votes in Nigeria : The Dominance of Incumbents in the Use of Violence to Rig Elections," *Africa Spectrum*, 49 (2), pp.27-51.

Jaytiani, Reema B. [2014] "Lumut, Perak : Patronage, Clientelism and the Post-Coup Order,"in Weiss, Meredith L. ed., *Electoral Dynamics in Malaysia : Finding from the Grassroots*, Singapore : ISEAS-Yusof Ishak Institute, pp.81-93.

Kitschelt, Herbert [2000]. "Linkages between Citizens and Politicians in Democratic Polities,"*Comparative Political Studies*, 33 (6-7), pp.845-879.

Kopecky, Petr and Maria Spirova [2011] "'Jobs for the Boys'? Patterns of Party Patronage in Post-Communist Europe," *West European Politics*, 34 (5), 897-921.

Laothamatas, Anek [1992] *Business Associations and the New Political Economy of Thailand*, Boulder : Westview.

McVey, Ruth T. ed. [2000] *Money and Power in Provincial Thailand*, Copenhagen, Demark : NIAS.

Mead, Kullada K. [2004] *The Rise and Decline of Thai Absolutism*, Oxfordshire : Routledge Curzon.

Migdal, Joel S. [2001] *State in Society : Studying how states and societies transform and constitute one another*, Cambridge : Cambridge University Press.

Nethipo, Viengrat [2015] "Thailand's Divided Civil Society at a Time of Crisis, in Ganesan, Narayanan and Colin C. Dürkop eds., *Civil Society and Democracy in Southeast*

Asia and Turkey, Ankara Konrad-Adenauer-Stiftung, pp.160–197.

――― [2023] "Dynamic of (In) Formal Power under Political Change of the Thai State," PhD. Dissertation, Kyoto University.

Ockey, James [2000] "The Rise of Local Power in Thailand : Provincial Crime, Elections and Bureaucracy," in McVey, Ruth ed., *Money and Power in Provincial Thailand*, Copenhagen : NIAS, pp.74–96.

Phongpaichit, Pasuk and Chris Backer [2000] "Chao Sua, Chao Pho, Chao Thi : Lords of Thailand's Transition," in McVey, Ruth T. ed., *Money & Power In Provincial Thailand*, Honolulu : University of Hawaii Press, pp.30–51.

Riggs, Fred W. [1966] *Thailand : The modernization of a bureaucratic polity*, Honolulu : East-West Center Press.

Samudavanija, Chai-Anan [1989] "Democracy in Thailand : A Case Study of a Stable Semi-Democratic Regime," in Diamond, Larry, Linz, Juan and Lipset, Seymour M. eds., *Democracy in Developing Countries, Volume 3 : Asia*, Boulder : Lynne Rienner Publishers.

Schaar, John H. [1981] *Legitimacy in the modern state*, Transaction Publishers.

Scott, James C. [1972] "Patron-Client Politics and Political Change in Southeast Asia," *American Political Science Review*, 66(1), pp.91–113.

Shefter, Martin [1977] "Party and Patronage : Germany, England, and Italy," *Politics and Society*, 7(4), pp.403–451.

Sidel, John T. [1996] "Siam and its Twin? : Democratization and bossism in contemporary Thailand and the Philippines," *IDs Bulletin*, 27(2), pp.56–63.

Stokes, Susan. C., Thad Dunning and Marcelo Nazareno [2013] *Brokers, voters, and clientelism : The puzzle of distributive politics*, Cambridge University Press.

Szwarcberg, Mariela [2012] "Revisiting Clientelism : A Network Analysis of Problem-Solving Networks in Argentina," *Social Network*, 34(2), pp.230–240.

Tamada, Yoshifui [1991] "Itthiphon and Amnat : An Informal of Thai Politic,"*Southeast Asian Studies*, 28(4), pp.455–466.

Un, Kheang [2005] "Patronage Politics and Hybrid Democracy : Political Change in Cambodia, 1993-2003," *Asian Perspective*, 29(2), pp.203–230.

Vu, Tuong [2010] "Studying the state through state formation,"*World Politics*, 62(1), pp. 148–175.

Weber, Max [1978] *Economy and society : An outline of interpretive sociology* (*Vol.2*), Los Angeles : University of California Press.

――― [1978] *Economy and Society : Volume I*, New York : Bedminster.

＜タイ語文献＞

Nethipo, V. [2003] เจ้าพ่ออุปถัมภ์หรือรัฐอุปถัมภ์ Chaopho upphatham rue rath upphatham [Godfather Patronage or State Patronage]. วารสารสังคมศาสตร์ *Social Science Journal*,

33 (1), pp.444-456.

───── [2007] จตุคามรามเทพกับรัฐธรรมนูญฉบับโคตรมหาถาวร Chatukhamramathep kab ratthathammanun chabab kotmahathawon [Jatukarm-Ramthep and the Super Enduring Constitution]. *วารสารฟ้าเดียวกัน Same Sky Journal*, 5(3), pp.92–107.

───── [2015] *หีบบัตรกับบุญคุณการเลือกตั้งและการเปลี่ยนแปลงเครือข่ายอุปถัมภ์ Hipbatkap bunkhun kanmueang kanlueaktang lae kanplianplaeng khrueakhai uppatham* (*Ballots and Gratitude : Electoral Politics and the Dynamics of Clentelistic Networks*). Chiang Mai : Center for ASEAN studies, Chiang Mai University.

───── [2022] *อุปถัมภ์ค้ำใคร: เลือกตั้งไทยกับประชาธิปไตยก้าวถอยหลัง Uppatham khamkhrai : Kanlueaktang thai kab prachathipptai kaothoilang* (*"Who does Clientelism Hold up for? Thai Elections and Backward Democracy*). Bangkok : Matichon Books.

Phongpaichit, P. et al. [2002] *วิถีชีวิตวิถีสู้ขบวนการประชาชนร่วมสมัย Withichiwit witheesu khabuankan prachachon ruamsamai* [*The Way of Live and Struggle : Contemporary Social Movement*]. Bagnkok : Tratsawin.

Pintobtang, P. [1998] *การเมืองบนท้องถนน 99 วันสมัชชาคนจน Kanmuang bon thongthanon kaosibkaowan samatchakhonchon* [*Street Politics : 99 Days of Forum of the Poors*]. Bangkok : Krirk University.

Prasertkul, S. [1995] *พัฒนาการระหว่างรัฐกับสังคมในประเทศไทย Phattanakan rawang rath kab sangkom nai pratedtai* [*History of Relations between State and Society in Thailand : a Thought on Political Dynamic and Democratization*]. Bangkok : Manager Group.

───── [2000] *ปาฐกถาเนืองในโอกาสครบรอบ 46 ปีสยามรัฐสัปดาห์วิจารณ์ Pathakatha nueng nai okad krobrob sisibhokpi sayamrath sabdawichan* [*Keynote Speech for the 46th Anniversary of Siamrat Weekly by Seksan Prasertkul*]. Bangkok : Sayamrath Sabdawichan.

Tamada, Yoshifumi [2008] *ประชาธิปไตยการทำให้เป็นประชาธิปไตยและการออกจากประชาธิปไตยของประเทศไทย Prachathibpatai kanthamhai pen prachathippatai lae kan okchakprachatippatai khong pratetthai* [Democracy in Thailand : Democratization and De-democratization]. *ฟ้าเดียวกัน Same Sky Journal*, 6(4), pp.98–139.

第 *9* 章

タイ地方政治研究の射程
──制度論と政治社会学を超えて──

永井 史男

1 カムナン・村長が内務省に押し掛ける

　1994年のある日，タイ全国からカムナン・村長約数百人が首都バンコクにある内務省本省に集結し，チュアン・リークパイ連立政権で内務大臣を務めていたチャオワリット・ヨンチャイユット（元陸軍司令官，当時新希望党党首）に要望書を手渡した．要望の中身は，下院で当時審議されていたタムボン自治体・タムボン評議会法（翌年3月施行）でカムナン・村長が自治体運営にかかわれるよう法案策定に尽力するというものである．

　カムナンとは末端の行政区画である「タムボン」（日本語では「区」「行政区」と訳されることもある）の長で，村長の中から立候補したものをタムボンの住民が選挙で選んだ地域の顔役である．村長もカムナン同様，村人による選挙で選ばれていた．当時のカムナンと村長は一度選挙で選ばれると，資格の欠格事由が発生するか自ら辞任しない限り，60歳定年まで務め上げることができた．カムナン・村長は住民登録，治安維持，住民間の紛争解決などの役割を果たし，1ヶ月に一度村民会議を開催して中央政府や県・郡から降りてきた伝達事項を住民に伝える役割を果たす，「国家の屋台骨」である．

　当時タイに留学していた筆者はテレビでこの様子を見ていたが，一体何が起きているのか皆目見当がつかなかった．タイ政治においては，農民がバンコクに押し掛けて農業・協同組合省本省建物の前や首相府の前で座り込みやデモ行動を起こすことは珍しいことではない．しかし，仮にもカムナン・村長は内務省の末端行政を担う人たちである．いわば，上司にもあたる内務大臣に対して圧力をかけるというのは一体どういうことなのか．また，要望書を内務大臣が

恭しく受け取るのはなぜなのか．そのでき事から30年の月日が経過した今日でも，その残影が筆者の脳裏から離れない．それくらい強烈な印象を残した光景である．

カムナン・村長は全国で約7万人近く存在する．カムナンを補佐するサーラワット・カムナンや村長が任命する副村長を入れると，その総数は25万人近くに達する[2)]．彼らは毎月内務省地方行政局から月極の手当てを支給され，住民の選挙で選ばれるとはいえ公務員並みの福利厚生をあてがわれ，公務員に準じた制服までもっている．彼らは今でも月に1度，郡役所で開かれるカムナン・村長会議に出席する．こうした地方行政の末端を担う人々が大挙してバンコクに訪れたのにはよほど重要なことがらが起きたからに違いない，と想像することまではできた．しかし当時の筆者は現代政治を対象に研究をしておらず，タイ語能力もきわめて低かったうえ，タイ語の勉強をこなしつつ日々生活を送るだけで精一杯であった．しかし，この「よくわからない現象をいつかわかるようになりたい」というささやかな願望は，振り返ってみれば研究の重要な出発点の一つになったように思われる．

本章はこれまで自身が対象としてきた地方研究を振り返りながら，地方研究の意味が一体どこにあったのか，また今後の研究課題を洗い出す小論である．とりわけ，民衆と政府の代理人，政治家の代理人という多面的理解を必要とするカムナン村長を中心とする農村部における政治行政に，90年代半ば以降の地方分権が与えた影響や，玉田の研究［玉田 1987 a；1987 b；1993］に触発された「インフォーマル」な影響力政治を軸にした議論を展開したい．次の第2節ではタイにおける中央地方関係の変容について説明し，第3節では「都市」「農村」カテゴリーの流動性について，さらに第4節では「フォーマル」「インフォーマル」二元論について触れて，今後の研究課題を提示したい．

2　分権化するタイ，自律性を求める地方

(1)　融合型地方自治の特質

タイの地方研究を進める場合，地方制度の複雑な来歴を理解することが重要である．

現在のタイの地方制度は，1991年国家行政組織法第4条に規定された骨格に従っている．すなわち，タイの行政は中央行政，地方行政，地方自治の3つ

からなる．本章では「地方制度」を，この国家行政組織法が規定する地方行政と地方自治，および中央行政が直轄する地方出先機関の織りなす政治・行政制度と定義したい．ここでの話の中心は，地方行政と地方自治それぞれの制度配置並びにそれらの関係である．

　大枠では，前者の地方行政にあまり変化はなく，安定している．このことは，県知事や郡長，前節で論じたカムナン・村長について規定した1914年地方行政法が十数度の改正を経つつ現在でも使用されていることに象徴的に現れている．他方，後者の地方自治については，過去30年の間に頻繁に制度変更がなされ，新たな法律の制定も行われている．特に大きな変更は，1990年代半ばからの10年間に起きている．したがって本節では，この時期の制度変更に焦点を合わせる[3]．

　1997年タイ王国憲法（以下，1997年憲法）が発布・施行される以前，タイの地方自治はきわめて限定的にしか認められておらず，県知事や郡長に代表される地方行政の存在がきわめて大きかった．自治体の長も，内務省高官が兼ねることのほうがむしろ普通であった．例えば県知事が県自治体の執行委員長を兼ね，郡長が準都市部に設置される衛生区（Sanitary District[4]）の委員長を兼ねていた．1995–97年にかけて県自治体（Provincial Administrative Organization；PAO）の管轄内（県内のうちテーサバーンと衛生区以外の地域）にあったタムボンに設置されたタムボン自治体（Tambon Administrative Organization；TAO）では，その執行委員長をカムナンが，執行委員（3名）を村長がそれぞれ兼ねていた（タムボン内の各村から2名が選挙で選ばれ，そこから互選で別に3名の執行委員を選んだ）．住民から選ばれた政治家だけで自治を行っていたのは，1997年以前はバンコク都と全国の都市域に149ヶ所しか設置されていなかったテーサバーン（Municipality．市・町とも訳す）に限られていた．

　言い換えれば，都市化の進んでいるバンコク都とテーサバーンには自治を許可するが，準都市部の衛生区やそれ以外の区域に設置された県自治体とタムボン自治体には内務省高官やカムナン・村長といった地方行政にかかわるものが関与するという制度配置である（**図9-1**）．筆者はかつて，こうした人的な要素によって地方行政ライン（県—郡—タムボン—村という指揮命令系統）と地方自治ライン（県自治体，テーサバーン，タムボン自治体，特別自治体（バンコク都とパッタヤー市））を統合していた状態を「融合型地方自治」と呼んだことがある［永井2008 b：119 –22］．

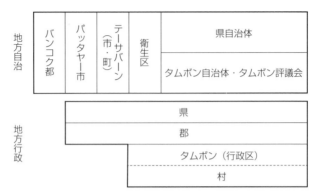

**図9-1 タムボン自治体が設置された頃 (1995-1997年) の
タイの地方自治制度配置模式図**

(出所) 筆者作成.

　1997年憲法によって，こうした人的要素による融合状態は解消された．衛生区は廃止された1か所を除いてすべてテーサバーンに格上げ (980ヶ所) され，タムボン自治体もカムナン・村長は自治体運営に関与できなくなり，すべて公選議員が運営するようになった．しかし，このように地方行政と地方自治とが分離されたからといって，両方のラインがまったく無関係になったわけではない．中央の内務省から派遣された県知事や郡長は自治体に対して必要最小限度の「管理監督」(kamkap duulee) 権が与えられ，自治体に関与することが法的に保障されている．現在でも，自治体が策定する開発計画や年次予算，条例なども県知事や郡長による承認が必要とされており，地方自治体が本当の意味で「自治」を享受しているとは言いがたい．もとより県知事や郡長が自治体の業務に介入することはよほどのことがない限り発生しない．しかし，自治体議会が機能不全に陥ったり，自治体の首長や議員が不適切な行動をとったりするときは，県知事や郡長は「管理監督」権を行使して，議会の解散や首長・議員の免職を命令できる (重大な案件については内務大臣の許可が必要である) (**図9-2**).
　以上の議論は「フォーマル」な制度的側面に限った話である．しかし，「インフォーマル」な世界においては，玉田が明らかにしたように，自治体の首長のほうが政治的影響力をもち，自分の気に入らない県知事や郡長を影響力行使によって地元選出議員から内務大臣や政党有力者に働きかけ，別の県や郡に勤務地を異動させることもしばしば起きた [玉田 1987a; 1987b]．したがって，

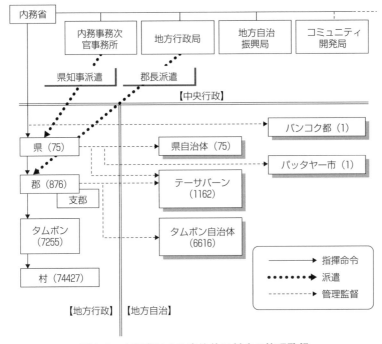

図 9-2　内務省による自治体に対する管理監督

(注) 1) 地方行政局は 2002 年 10 月の省庁再編により 3 分割され, 新たに地方自治振興局と災害軽減防止局が設置された. ただし自治体に対する県知事・郡長の管理監督権は変更されていない.
2) 自治体の数は 2007 年 1 月 19 日時点のものである. また, 地方行政単位の数も 2007 年時点のものである. 現在, 県の数は一つ増加しており, 地方自治体もタムボン自治体からテーサバーンに格上げする事例が増え続けており, テーサバーンの数は 2000 ヶ所を超えている.

(出所) 永井 [2012: 111].

「フォーマル」な管理監督権に従って自治体に対して権限 (amnaat) を行使するかどうかは場合による. いずれにせよ, それまで人的な結節点によって自治体の運営に関与していた内務省官僚はより「フォーマル」な形でしか自治体に関与できなくなった. 内務省が自治体の暴走を懸念したことは想像に難くない. 1997 年憲法を起草した人たちも, 住民自治をより確かなものにするためには, 内務省ではなく住民による監視が必要だと考えていた. 首長の住民リコールや住民による条例請求権が 1997 年憲法に書き込まれたのは, こうした事情にもとづく [永井 2003; 2008 b].

1997年憲法は地方選挙のあり方にも大きな影響を与えた．かつて地方自治体の選挙は内務省地方行政局の中の選挙課が差配した．1997年以前は，テーサバーン選挙の集計結果報告書は局内の売店で購入できた．しかし1997年憲法の施行以降，地方選挙についても管轄が選挙委員会に移り，内務省が地方選挙に直接影響を与えることはきわめて難しくなった．かつては国政選挙で勝利を収めるには，内務大臣や内務副大臣が所属する政党にとって有利だと言われていた．カムナン・村長を動員して自党が推薦する候補に投票するよう，村人に呼びかけることが容易だったからである．実にカムナン・村長は内務省を中核とする地方行政の末端を担うだけでなく，選挙における票の取りまとめ人（タイ語でフア・カネーンと呼ばれる）を務めていた．1993-1994年にかけてタムボン自治体設置案が国会に上程され，カムナン・村長にどのような関与を許すべきか下院で議論されたとき，全国のカムナン・村長はタムボン自治体の運営に関与できるよう内務大臣に要望したのである．それが上で述べたチャオワリット内務大臣への要望の本質であった（詳細は永井［2006］を参照）．

(2) 自治体の地位変更

融合型地方自治を考えるうえで見過ごしてならない点は，自治体の分類や設置，地位変更といった技術的なことがらも，内務省がかなりの裁量権を持っている点である．

2000年以前はテーサバーンの設置要件はきわめて厳しかった．人口規模，人口密度，歳入規模が厳格に定められ，それをクリアできなければテーサバーンを設置できなかった（なお，テーサバーンはさらに3種類に分けられ，設置要件もそれぞれ異なる[5]）．タムボン自治体も同様であり，1995-97年にかけて3回に分けてタムボン自治体を設置（617ヶ所，2143ヶ所，3637ヶ所）したのも，歳入要件の制約があったためであった．県自治体の歳入源をタムボン自治体に委譲することでタムボン自治体設置要件をクリアし，3年かけて設置した[6]．テーサバーンが設置されると，域内のカムナンや村長を廃止することになる．1935年にテーサバーンが全国に35ヶ所設置されて以降，1997年まで149ヶ所しか設置されず，逆に衛生区が981ヶ所設置されるようになった大きな理由は，カムナン・村長がテーサバーンの設置によって地位を失うことに反対し，内務省地方行政局に圧力をかけていたからだと考えられる[7]．そこで妥協的な措置として，郡役所の所在地を中心に取り囲むように設置されている複数のタムボンの区域

図9-3 1999年5月-2004年頃のタイの地方自治制度配置模式図
(注) 1997年県自治体法により，県自治体は県域と同一の管轄領域をもつようになり，タイの地方自治制度は二層制となった（ただし，バンコク都は除く）．タムボン評議会は，隣接するタムボン自治体やテーサバーンと合併あるいはタムボン自治体に格上げされる2004年まで存続した．
(出所) 筆者作成．

のうち，特に都市的な村だけを選択して地域的なひと固まりとしたうえで，それを衛生区と呼んだ．したがって，衛生区委員会にはこれらのタムボンや村のカムナン・村長も参加した（同時に，公選委員も複数名いた）．

しかしこうした自治体設置要件も，1997年憲法制定で分権化が進められるなか，次第に緩和された．特に重要なのは，先述した衛生区のテーサバーン格上げである．それまでテーサバーンへの格上げはカムナン・村長制度が廃止されるためになかなか進まなかったが，3種類あるテーサバーンのうち，最小規模のテーサバーン・タムボンについては，カムナン・村長制度を存続させてもよいとテーサバーン法が改正された．この措置により，それまで全国で149ヶ所しかなかったテーサバーンの数が1129ヶ所に増えた（**図9-3**）．

この制度変更の意義は二つある．一つは，カムナン・村長制度と自治体制度の制度的一貫性が一部あいまいになった点である．すなわち，それまでは基礎自治体が置かれるところでは地方行政ラインの末端を担うカムナン・村長制度は廃止されるべきという原則があったものが，事実上放棄された．もう一つはテーサバーン設置の要件が事実上大幅に緩和された．それというのも，衛生区の中には郡役所所在地ということだけで衛生区に指定され，テーサバーン設置

の客観的要件をクリアしていないところも，政治的判断で廃止された1か所を除いてすべてテーサバーンとされたからである．現在でもテーサバーンへの格上げについては人口要件が求められているが，人口密度要件は外された．また，歳入要件も財政分権化が進んだ2005年以降，多くの自治体にとって事実上問題がなくなった[8]．

(3) 自治体首長直接公選制の導入

2000年代前半の地方分権改革の中で忘れてはならない重要な点は，2004-5年にかけて導入された自治体首長直接公選制の導入である［永井2005］．

1997年憲法施行以降，自治体の長はバンコク都を除いて住民の直接選挙で選ばれた議員による互選で選ばれるようになった．しかし，この制度は従来から問題を抱えていた．議会内で対立する二つのグループが存在するとき，妥協のために首長の任期を前半2年と後半2年に分けると約束することがよくあった．問題は，首長の任期が1期当たり4年と規定されていたにもかかわらず，首長が2年ごとに変わるため一貫した開発計画を策定できないこと，もう一つは2年で首長職を別のグループに譲るという紳士協定がしばしば反故にされ，議会内で鋭い対立が生じるケースである．

こうした問題を解決する方策として考え出されたのが，自治体首長直接公選制である．首長を直接住民から選ぶことによって首長の正当性を高めるとともに，首長がリーダーシップをより発揮しやすいように考えられた．おりから，タックシン・チンナワット首相がCEO（最高経営責任者）を重視していたこともあり，自治体の首長についても直接公選で選ぶべきだという主張が唱えられるようになった．2000年代初め，内務省はやや慎重に直接公選のアイデアを採用した．2000年に改訂されたテーサバーン法（改訂11版第48条の2）では，自治体が直接公選を行いたいとするなら，住民投票の結果を受けて採用することが可能となっていた．実際，2003年に筆者が訪れたパトゥムターニー県クーコット市では全国に先駆けて直接公選を導入していた．こうして，2004-5年にかけて，タムボン自治体法，県自治体法，そしてテーサバーン法が改訂され，いずれの自治体でも首長を直接選べるようになったのである[9]．

この自治体設置要件の緩和と首長直接公選導入は，思わぬ結果を招いたように思われる．この点を次節でみてみよう．

3　流動する「都市」と「農村」

(1)　テーサバーンの格上げ

　2007年9月に筆者が東北タイのウボンラーチャターニー県（以下，ウボン県）のクアンナイ郡で調査をしていたときのことである．あるタムボン自治体がテーサバーンになることが決まったらしい，という話を小耳にはさんだ．そこで，早速その自治体を訪問した．

　その自治体（カームヤイ・タムボン自治体）を筆者が訪問するのは実はこれで2度目である．その約10年前，筆者が住民登録制度の調査でウボン県を訪問したときに立ち寄ったことがあった．1995年にウボン県で設置された4つのタムボン自治体の一つだったからである．この時，カームヤイ・タムボン自治体の執行委員長はカムナンであった．

　しかし，この時訪問したカームヤイ・タムボン自治体の首長は，住民の直接公選で選ばれた人物であった．国政政治家として著名なクリアン・カンティナンの末の弟が当時首長を務めていた．ムアン郡の郡長によれば，ウボン県で初めての事例で，今後はそうした自治体が増えるだろうと予測をしていた．内務省自体がそういう格上げを推進しているようであった．

　筆者がこの事実を聞いて驚いたのには理由がある．地方選挙制度のところで説明したように，自治体議員の定数は法律で決まっている．この当時，タムボン自治体議会の議員定数はタムボン域内の村の数の2倍であった[10]．タムボンの規模はさまざまであり，タムボン域内の村の数もさまざまであるが，1タムボンあたりの村の数は平均12である．つまり，平均的なタムボン自治体議員の数は24名となる．ところが，テーサバーン・タムボンの議員数は12名と決まっている．とすると，タムボン自治体がテーサバーン・タムボンに格上げすると議員数がほぼ半減する．個々の議員の立場からすれば，定数削減は受け入れがたいであろう．カームヤイ・タムボン自治体には当時26ヶ所もの村が存在した．

　では，なぜカームヤイ・タムボン自治体では議員定数が大幅削減されるにもかかわらず，テーサバーンへの格上げに成功したのか．ここで重要な要因が首長の直接公選である．首長にとっては，タムボン自治体がテーサバーンに格上げされるほうが中央政府からの補助金も増え，議員定数が減ることで議会対策

図 9-4 テーサバーンに格上げされたタムボン自治体の年次別推移
（出所）内務省内部資料から筆者作成．

もやりやすく，人件費も減るので自治体予算に余裕が生まれる．地域住民にとっても農村を想起させるタムボン自治体より，都市を想起させるテーサバーンの方が心地よく響く．カームヤイでは住民からの強い要望を受けて 2006 年 8 月に議会でテーサバーン格上げを審議したが，この時は賛成 23 票，反対 25 票で否決された．しかし，この結果に不満をもった一部住民がカムナンを通して郡長に直訴し，郡長が議会に対して再審議を要請したところ，2007 年 4 月の議会で賛成多数 (34 票) でテーサバーン格上げが決まったのである．つまり，既存の地方自治の制度配置が結果的にタムボン自治体のテーサバーン格上げを後押ししたわけである［永井 2008: 101-2］．

図 9-4 にあるように，2007 年以降，テーサバーンに格上げするタムボン自治体の数は急速に増加した．2007 年から軍事クーデタが起きた 2014 年までの 8 年間で，実に 1276 ヶ所のタムボン自治体がテーサバーンに格上げされた．格上げ数に増減があるのは，タムボン自治体の設置年が異なり 4 年毎の選挙サイクルにあわせて格上げがされるためである．しかも，村の数が少ないほど格上げするタムボン自治体が多いというわけでもない．

問題はここからである．タイ的な融合型地方自治は地方分権の結果として分離的となり，直接公選制導入と相まって自治体の自律性が高まった．しかし，テーサバーンの設置要件をなし崩し的に緩和した結果，タムボン自治体のテーサバーンへの格上げという瓢箪から駒のような現象が生じた[11]．2005 年頃までであれば「テーサバーン＝都市」「タムボン自治体＝農村」という二分法で大きな間違いはなかったが，2006 年以降農村部にもテーサバーンが姿を現すという現象が生じている．このことが，新たな問題を引き起こしている．

(2) 公的文書における「都市」「農村」定義の危うさ

現代タイの政治学者ラオタンマタットは,『民主主義の二都物語』という論文の中で,都市部と農村部において民主主義に関する捉え方が異なるということを理念的に捉えた [Laothamatas 1996].当時地方分権を通して草の根レベルでの民主化を進めるべきだと考えていたラオタンマタットは,都市中間層が考える民主主義と,農村住民が考える民主主義が同じ言葉を用いながらも内容が異なることや,その理由を見事に説明した.その一方でこの論文は,都市と農村との間の民主主義に対する考え方の断絶をも早い段階で抉り出したものである.現時点から振り返ってみると,この視点は現代タイが抱える社会的亀裂を映し出した先駆けと捉えることもできるだろう.

「都市」「農村」二元論は現代タイ社会の重要な言説の一つといってよいだけに,研究においても注意が必要である.ここで問題となるのは,タイ国の公的機関は言うに及ばず,世界銀行や国連の専門機関をはじめとする国際機関が依拠する統計資料における「都市」と「農村」の概念定義の問題である.というのも,こうした分類があたかも実態を反映しているかのように受け取られかねないが,以下で議論するように,1990年代半ば以降の地方自治制度の変容の中で,「都市」「農村」の実質的中身も変わってきているからである.

タイの国家統計局(National Statistical Office ; NSO)や国家経済社会開発庁(National Economic and Social Development Board)が出す各種統計には,必ず「都市」(urban)と「農村」(rural)の割合が出てくる.では,この「都市」と「農村」の定義は何にもとづくのか.それは,「都市」がテーサバーン(バンコク都およびパッタヤー市を含む)で「農村」がテーサバーン以外という定義である.例えば2024年8月5日にアップされた国家統計局の統計問題に対するFAQでは以上のように説明されている.労働省の統計でも,「都市」と「農村」の定義は同じである.

2005年以前であれば,都市部は厳密な要件によって設置されていたテーサバーンと,1999年にテーサバーン・タムボンに格上げされた旧衛生区だけに限られており,一定の根拠があった.タムボン自治体の中には,テーサバーンと近接していて事実上都市的と呼んでよいところも存在したが,既存のテーサバーンの中に農村的なものが含まれるということはありえなかった[12].しかし2006年以降の格上げによって,「テーサバーン=都市」「タムボン自治体=農村」と呼ぶのは無理がある.だが,それにもかかわらず,現在のタイ政府の公

表 9-1　種類別自治体設置数の経年変化

地方団体の種類	自治体設置数の推移				
	1999 年 6 月	2005 年 7 月	2009 年 12 月	2017 年 7 月	2022 年 2 月
県自治体	75	75	75	76	76
テーサバーン	1129	1144	2,006	2441	2472
テーサバーン・ナコーン（特別市）	－	－	23	30	30
テーサバーン・ムアン（市）	－	－	142	178	195
テーサバーン・タムボン（町）	－	－	1,841	2233	2247
タムボン自治体	6397	6636	5,770	5334	5300
バンコク都	1	1	1	1	1
パッタヤー市	1	1	1	1	1
合計	7603	7857	7,853	7853	7850

（出所）内務省地方行政局および内務省地方自治振興局の各種資料より筆者作成.

式統計は今だに古い定義にしたがって「都市」「農村」を措定しており，注意が必要である（**表 9-1**）.

　本書に収められているサワディーの論考にも示されているように，タイで統計的調査を行う場合，4 地域（北部，東北部，中部，南部）に分け，続いて各地域から代表的な県を選んだうえで，さらに「都市」地域と「農村」地域を分けてサンプリング調査を行う手法がしばしば採用される．データ収集には膨大な時間と予算が必要であり，分析には一定のサンプル数が必要である．そのため，えてして調査地は交通の便の良いところが選ばれがちである．多くの研究者がこうした問題点を理解したうえで研究を行っており，サワディーもそうであろうが，タイの公的統計にもこうした問題があることは留意すべきである.

　筆者はこれまで，1990 年代以降タイで地方分権が進む中，「フォーマル」な制度を中心に政治的アクターの合理的選択という枠組みで議論を行ってきた．もとよりそれは，玉田（1987 a；1987 b）の主張や本書に収められているネーティポーの指摘するインフォーマルな影響力を否定するものではない．そうした影響力政治の世界は現在のタイでもしぶとく生き残っているように思われる．他方で政治の制度化が進み，ゲームのルールが変更されれば，アクターの行動も変わりうるはずである．そうした側面も研究者は無視すべきではないであろう.

　冒頭で紹介したカムナン・村長の内務大臣に対する要望書の提出という行動も，地方行政の末端行政を担いつつ，同時に選挙やその他の日常的活動におい

て伝統的地方名望家，場合によっては影響力者として活動する彼らが，同時に
「フォーマル」な世界での権力も求めていたという意思の表れである．「農村」
はこのように代議制民主主義や内務省による中央支配という単純な理解では割
り切れない世界である．そのうえ，「都市」「農村」というカテゴリーの中身が
実質的な変容を遂げていることを考えてみると，「フォーマル」な制度に依拠
した研究を行うにせよ「インフォーマル」な政治に関する研究を行うにせよ，
作られた制度の歴史的背景や文脈の理解が不可欠であろう．その意味で，地域
研究のアプローチは依然として有効であるどころか，不可欠でさえあるように
思われる．なぜなら，こうした「フォーマル」「インフォーマル」な世界の切
れ目，「都市」「農村」の切れ目は実際には判然とせず，そうしたあいまいな領
域を理解するには，現実を知ることが不可欠だからである．

4　二つの「二元論」を超えて

　以上のことから，「フォーマル」「インフォーマル」という二分法や「都市」
「農村」という二分法は，いずれも固定的な概念枠組みではなく，その内実も
きわめて多様で複雑であることがわかった．もとより分析にはなにがしかの一
般化が必要である．だが，あまりに概念化が過ぎると，逆に現実から遊離した
机上の空論になりかねない．現実と理念との緊張関係こそ重要であろう．

　地域研究者が選ぶ研究テーマは，当人が認識している以上に時代による拘束
を受けているかもしれない．本章を個人的エピソードから説き起こしたのも，
こうした自己認識が先行研究を検討するうえで有益だと考えたからである．

　アメリカにおいて最初に体系的なタイ政治の研究書，『タイ国における政
治』(Politics in Thailand) を 1962 年に著したウィルソンは，1932 年立憲革命以
降の繰り返し起きるタイ政治の特徴を「カナ政治」という特徴で言い表した
[Wilson 1962]．「カナ」とは小規模なグループを指す言葉で，軍事クーデタは何
らかの「カナ」によって実施されてきた．「官僚政体」(Bureaucratic Polity) の
概念を提唱し，長くタイ政治研究の分析枠組みを提供したリッグスの『タイ国
──官僚政体の発展──』(Thailand : The Modernization of A Bureaucratic Polity)
も，1932 年から 58 年のサリット・タナラット元帥による軍事クーデタまでの
内閣の構成メンバーの社会的来歴を分析し，文民官僚や軍官僚が多数を占めて
いたことに着目，官僚以外の勢力が弱いと考えた [Riggs 1966]．

さらに日本のタイ政治研究の草分けといえる矢野暢は，1932年立憲革命の二次文献研究で博士号を取得した後，南タイのソンクラー県のイスラーム村落に1960年代半ばに住み込み，人類学的調査を行った．そこで得られた矢野のタイ政治像は，安定したサリット体制期を反映した静態的なもので，タイ社会を「国王―クンナーン貴族―農民一般大衆」という分節社会と捉え，政治構造の分析に向かった[13]．

　玉田は，1980年代半ばにタイに留学し，地方における経済発展や地方実業家の果たす政治的役割に気付き，1960年代半ばにモデル化されたリッグスの「官僚政体」論を批判するなかで「フォーマル」な政治では見えてこない「インフォーマル」な側面に着目し，タイ政治研究に大きな貢献を行った（本書第8章参照）．玉田はその後，1990年代から2000年代にかけて民主化するタイ，そして2006年以降今日まで続く脱民主化するタイを，国王，軍，政党，司法の動きに着目しながら多くの論考を発表した．玉田はタイ語で書かれた新聞や雑誌の注意深い分析から優れた論考を発表したが，その特徴は「変動するタイ」に関心を持ち続けた点である．1960年代の経済成長の重要性についていち早く気付いたのはアメリカの東南アジア政治研究者アンダーソン（1977）であったが，その政治的意味をいち早く考察したのが，玉田が1980年代後半に発表した業績である．

　筆者がみたタイ政治は1990年代の民主化期であったが，地方分権が大きな話題の一つであった．そして，筆者がタイ近代国家形成の研究[14]で壁に直面していた1990年代末から2000年代初めにかけてのころ，内務省地方行政局が日本の国際協力事業団（JICA）に対して地方自治体の能力向上で専門家派遣を要請，筆者に打診があった．権力の中心である内務省地方行政局の中から地方分権をみることで，逆にタイの地方支配の本質を理解できるのではないかと思い，その依頼を引き受けたのがおよそ25年前のことである［平山・永井・木全2016；永井2022b］．

　それ以来筆者が心がけてきたことは，単なる制度論に陥らないタイの地方のダイナミックな分析と，単なるケーススタディーに陥らない政治学的に一貫した研究である［永井2017；永井・岡本・小林編2019］．そうした研究姿勢がどこまで成功したのかはわからないが，これまでのタイ地方政治研究が「フォーマル」な制度論分析と，「インフォーマル」な政治社会学的分析に二分化されるなか，その両方を架橋する必要があるのではないかと考えてきた．地方分権は

中央から地方へのリソースの移転だけでなく，「インフォーマル」な勢力が「フォーマル」な制度に取り込まれる過程も含むように思われる．地方は社会と直接向きあう接点であり，社会経済文化の変容に応じて住民の需要や政治・行政上の応答も変化を余儀なくされる．必然的に研究テーマも多くなるはずである[15]．

　たしかにタイの地方自治はインドネシアや日本のそれと比較すると，ダイナミックさに欠けるかもしれない．自治体の数はきわめて多く，大部分は規模が小さい．2000年代に地方分権が進んだとはいえ，融合型地方自治制度のもとで自治体の権限はきわめて限られている．中央地方関係もきわめて複雑である．「制度がややこしくてちまちましている」というのが，タイの地方自治体に対する一般的イメージかもしれない．しかし見方を変えると，国政レベルで大きな変化を経験しつつも，タイの社会で大混乱が発生しているわけでもない．その理由は，タイの地方自治体が30年近い地方分権の結果としてそれなりに地に足がつき，人びとの生活レベルでのニーズに応えてきたからではなかろうか．このように考えると，タイ政治研究には未開拓の課題が多く残されているように思われる[16]．

注 ─────────────────────────────

1 ）その後，地方分権が進む中で，カムナン・村長は1992年以降5年毎に選挙で選ばれるようになったが，2006年軍事クーデタ後に揺り戻しがあった．現在は一度選挙で選ばれると60歳定年まで勤め上げることはできるものの，最長5年以内に1度，郡長以下土地局，地方自治振興局，農業・協同組合省など，日常的にカムナン・村長と接点のある役人たちによる業績評価と少なくとも20人以上の村人による評価を受け，もし成績不良となった場合には退職となる．この方式による免職率は0.3〜0.4％と数値が低いが，村人が半数の署名を集めて免職を郡長に求めれば，郡長が当該村長を辞めさせるように県知事に勧告できる（1914年地方行政法（第13版，2009年改訂）第14条6項）．この事例による免職が年間300〜400件に達しているという（2024年2月7日，内務省地方行政局カムナン・村長課で筆者インタビュー）．

2 ）カムナンが任命できるのはサーラワット・カムナンとペート・プラチャム・タムボン（区付き医師）の計2人である．村長は2人の副村長を任命できる．タムボンの数が約7000ヶ所，村の数が約7万5000ヶ所とすると，カムナンは村長を兼任することを考慮すれば，こちら地方行政の末端を担う人たちの総数は約24万人となる．

3 ）タイの地方行政・地方自治制度についての日本での先駆的業績は橋本卓によるものである．もっとも包括的に議論されている橋本［1999a；1999b］は，本格的な地方分権

が始まるタイミングで執筆されたもので，1990年代半ばまでの地方行政や地方自治制度の展開についてはそちらを参照されたい．本章で使用するタイ語の訳語も，橋本による用語法を参考にしている．1997年以降のタイ地方自治制度の変化については，永井［2003；2008 b；2012］などを参照．なお，本章では地方自治や地方行政機関・役職のタイ語名は煩雑を避けるため省略する．

4）ラーマ5世王（在位：1868-1910）期に設置されていたが，1932年立憲革命後に元の衛生区はすべてテーサバーンに格上げされて一旦廃止された．しかし，1952年にふたたび衛生区に関する法律が発布・施行された．テーサバーンに次いで経済的に繁栄している区域に設置された他，郡役所所在地はテーサバーンか衛生区となった．当初は衛生区委員会では委員長を郡長が務めていたが，1990年代半ばには衛生区の半数近くでは委員長が公選委員の互選で選ばれ，郡長は顧問となっていた．衛生区委員会の事務所は郡役所内に置かれることが多かった．

5）テーサバーンはテーサバーン・タムボン（町），テーサバーン・ムアン（市），テーサバーン・ナコーン（特別市）と3種類に分けられる．2000年の1953年テーサバーン法（改訂第11版）まで，これらの3種類の人口規模は7000人以上，1万人以上，5万人以上，人口密度（1㎢あたり）は1500人以上（テーサバーン・ナコーン），3000人以上（テーサバーン・ムアン）とそれぞれ規定されていた（テーサバーン・ナコーンについては人口密度の要件なし）．また，経済的繁栄度も，テーサバーン・タムボンが「補助金を除く年次歳入が1200万バーツ以上」，テーサバーン・ムアンとテーサバーン・ナコーンが「規定された義務を遂行できるだけの十分な歳入」と決められていた．人口密度要件は2000年の改訂で削除された．

6）それでも歳入要件を満たせず，タムボン評議会のまま置かれたところが数百ヶ所残った．しかし，1994年法はタムボン評議会にも法人格を付与したので，1995年以前のタムボン評議会と95年以降のタムボン評議会は意味合いが異なる．タムボン評議会については，［赤木 1993］参照．なお，タムボン評議会は2002年・2003年に同じ郡内の隣接する基礎自治体（タムボン自治体・テーサバーン）と強制的に合併することとなり，2004年以降存在しない．

7）衛生区の設置が容易なのは，既存の地方行政区画と部分的に重なって設置しても構わなかったからである．したがって，域内に一部衛生区と重なる地域をもつタムボンでは，1995年以降タムボン自治体が設置されたとき，タムボン全域が自治体化（法人格付与）されたのではなく，衛生区を除く地域だけであった．つまり，タムボンとタムボン自治体の領域はすべて同じではなく，かつて衛生区が設置されていた地域を除くことになる．通常，衛生区は数ヶ所のタムボンにまたがるケースが多いので，こうしたズレは各地で生じることとなり，タイの地方自治と地方行政制度をきわめて複雑なものにすることとなった．この点については，赤木［1993：11］が分かりやすく説明している．

8）1999年以前は国家歳出全体に占める自治体歳出の割合は10%未満だったが，2006年以降は25%を超えるようになった．

9）従来まで県自治体とタムボン自治体は「執行委員長」と呼ばれていたが，直接公選以

降「首長」（naayok）と呼ばれるようになった.

10) 2019年のタムボン自治体法改正により，議員定数はそれまでの1村あたり2名から，1村あたり1名に減らされた［永井2022a］.

11) ただし，テーサバーン・ムアンやテーサバーン・ナコーンに格上げするには，カムナン・村長は設置を認められていない．自治体の中には，テーサバーン・ムアンに格上げする際に議員定数が6増えることを見越して，テーサバーン・ムアンに格上げする例も少数ながら存在する.

12) したがって，2006年に日本貿易振興機構アジア経済研究所がタマサート大学政治学部に委託して行った自治体エリートサーヴェイの分析では，「都市」の中にテーサバーンと大規模タムボン自治体を入れ，「農村」に中に中規模タムボン自治体と小規模タムボン自治体を入れる措置をとった［Nagai, Funatsu and Kagoya 2008 : 20］.

13)『タイ国の政治構造』は結局未完（未刊）のままで終わったが，『東南アジア研究』に発表された一連のドーンキーレック村研究や「郡長の政治的機能」，サリット体制期の「革命団布告」の研究を想定されていたと思われる［矢野 1980 ; 1993］.

14)［永井 1994a ; 1994b］は，1992年1月末に京都大学大学院法学研究科に提出した筆者の修士号請求論文（タイトルは「タイ国チャクリー改革と外圧——1893年暹仏危機をめぐって——」）を発展させたものである．実質的な指導を引き受けて下さったのが，玉田芳史先生である.

15) こうした分野の一つが，高齢化に対する自治体の対応である［永井・奥井 2019］．中央省庁は基礎自治体を結節点として，保健ボランティア，高齢者介護ボランティア，防災ボランティアなど公務員ではないものの少額の手当てを支給しながら一定の福利厚生のインセンティブを与えつつ公共サービスの面的拡大と質的向上を目指している．こうしたボランティアの存在が政治学的にどのような意味を持つのかも，研究されて然るべきであろう（注16参照）.

16) 地方議会や地方議員に関する研究，防災・環境・高齢者など社会的弱者を対象にした対人サービス分野の政策，社会関係資本と地方ガバナンスの質の関係，自治体間の政策波及など先進国では数多くの蓄積があるが，タイについてはきわめて薄い．地方政治の分野であれば国政治家と地方議員とのネットワーク，地方王国，補助金をめぐる中央地方関係など伝統的分野でもやるべきことはたくさんある．政治的安定との関係では，苦情処理や非司法的紛争解決などで自治体が果たす役割についての研究も重要な分野であろう．さらには，イデオロギー的な側面も忘れてはならないだろう．この分野での地方自治に関する研究を筆者は見たことがないが，この点で参考になるのは，小野沢［1978］と江藤［1994］である．草の根保守主義に関する研究といってもよい.

◆参考文献◆
＜邦文献＞
赤木攻［1993］「地方からみたタイの政治発展：経済発展と民主化」『大阪外国語大学　アジア学論争』3, pp.1-36.

江藤双恵［1994］「ルークスア・チャオバーンに関する一考察：イデオロギーから暴力へ」，田中忠治先生退官記念論文集刊行委員会編『地域学を求めて：田中忠治先生退官記念論文集』，pp.329-55.

小野沢正喜［1978］「タイに於けるナショナリズムと村落社会の変動：Village Scout 運動に関する文化人類学的考察」『比較教育文化研究施設紀要』28，pp.29-47.

加茂利男・稲継裕昭・永井史男編［2010］『自治体間連携の国際比較：平成の大合併を超えて』ミネルヴァ書房.

玉田芳史［1987 a］「タイの地方における実業家と官僚：実業家のイッティポン（it-thiphon,影響力）(1)」『法學論叢』121(1)，pp.78-97.

─────［1987 b］「タイの地方における実業家と官僚：実業家のイッティポン（it-thiphon,影響力）(2・完)」『法學論叢』121(4)，pp.101-122.

─────［1993］「固くて柔らかな支配」，矢野暢編『講座　現代の地域研究 3　地域研究のフロンティア』弘文堂，pp.247-268.

永井史男［1994 a］「外圧なき開国：一九世紀シャムにおける近代化の開始に関する一考察(1)」『法学論叢』（京都大学法学会）135(2)，pp.49-71.

─────［1994 b］「外圧なき開国：一九世紀シャムにおける近代化の開始に関する一考察(2・完)」『法学論叢』（京都大学法学会）136(1)，pp.58-80.

─────［2003］「タイの地方自治制度改革：地方分権委員会を中心に」，作本直行・今泉慎也編『アジアの民主化過程と法：フィリピン・タイ・インドネシアの比較』アジア経済研究所，pp.273-310.

─────［2005］「タイの地方分権・地方自治の現在　連載第 1 回　タイの地方自治はどう変ったか：Council 型から二元代表制へ」『盤谷日本人商工会議所　所報』517，pp.18-24.

─────［2006］「タイの民主化と地方分権化：タムボン自治体創設の制度論的説明」，玉田芳史・木村幹編『民主化とナショナリズムの現地点』ミネルヴァ書房，pp.103-24.

─────［2007］「分権化後のタイ地方自治　自治体の地位変更：タムボン自治体からテーサバーンへ（連載第 2 回）」『盤谷日本人商工会議所　所報』547，pp.49-56.

─────［2008 a］「分権化後のタイ地方自治　自治体首長直接公選（連載第 4 回）」『盤谷日本人商工会議所　所報』549，pp.70-79.

─────［2008 b］「地方分権改革：『合理化なき近代化』の帰結」，玉田芳史・船津鶴代編『タイの政治・行政の変革：1991-2006 年』（研究双書 No.568）日本貿易振興機構アジア経済研究所，pp.117-58.

─────［2008 c］「政党，選挙，地方政治：タイ国の地方分権化を事例に」，高橋伸夫・竹中千春・山本信人編『現代アジア研究　2　市民社会』慶應義塾大学出版会，pp.85-108.

─────［2017］「地方」，山本信人編『東南アジア地域研究入門　Ⅲ　政治』慶應義塾大学出版会，pp.179-199.

──────[2022a]「動き出したタイの地方自治（第1回）：タイの地方制度と地方選挙制度」『盤谷日本人商工会議所　所報』720，pp.24-31.

──────[2022b]「タイ地方行政能力向上プロジェクト：「明治日本」の視点から考える」，瀧井一博編『明治史講義【グローバル研究篇】』筑摩書房，pp.265-283.

永井史男・奥井利幸［2019］「タイ社会の高齢化と介護サービスの制度化：地方自治体を中心に」『盤谷日本人商工会議所所報』692，pp.27-34.

永井史男・岡本正明・小林盾編［2019］『東南アジアにおける地方ガバナンスの計量分析：タイ，フィリピン，インドネシアの地方エリートサーベイから』晃洋書房.

橋本卓［1999a］「タイにおける地方制度改革の動向と課題（1）」『同志社法学』50(4)，pp.1-38.

──────［1999b］「タイにおける地方制度改革の動向と課題（2）」『同志社法学』50(5)，pp.74-143.

平山修一・永井史男・木全洋一郎［2016］『地方からの国づくり：自治体間協力にかけた日本とタイの15年間の挑戦』（JICAプロジェクトヒストリーシリーズ），佐伯印刷.

船津鶴代・永井史男編［2012］『変わりゆく東南アジアの地方自治』（アジ研選書28）日本貿易振興機構アジア経済研究所.

矢野暢［1980］「タイ国における『郡長』の政治機能：《ラーチャカーン》の政治的本質との関連で」『東南アジア研究』18(2)，pp.206-221.

──────［1993］「〈関係〉の政治学と〈無関係〉の政治学」，矢野暢編『講座　現代の地域研究3　地域研究のフロンティア』弘文堂，pp.195-223.

＜欧邦文献＞

Anderson, Benedict R.O.G. [1977] "Withdrawal Symptoms : Social and cultural aspects of the October 6 coup," *Bulletin of Concerned Asian Scholars*, 9(3), pp.13-30.

Laothamatas, Anek [1996] "A Tale of Two Democracies : Conflicting Perceptions of Elections and Democracy in Thailand," in Taylor, Robert H. ed., *The Politics of Elections in Southeast Asia*, Cambridge : Cambridge University Press, pp.201-223.

Nagai, Fumio Tsuruyo Funatsu and Kazuhiro Kagoya [2008] "Central-Local Government Relationships in Thailand,"in Fumio Nagai, Nakharin Mektrairat and Tsuruyo Funatsu eds., *Local Government in Thailand — Analysis of the Local Administrative Organization Survey—*, (Joint Research Program Series No.147) IDE-JETRO, 2008, pp.1-30.

Riggs, Fred W. [1966] *Thailand : Bureaucratic Polity*, Honolulu : the University of Hawai'i Press.

Wilson, David A. [1962] *Politics in Thailand*, Ithaca : Cornell University Press.

第**Ⅲ**部

社会経済論

第10章

タイの若者たちを理解する
──期待，願望，そして失望──

シリパン・ノックスワン・サワディー

1 政治を変える若者たち

14歳以上のタイの若者および思春期の若者たちは，少なくとも2回の軍事クーデターを目撃し，二つの憲法を失った．政治不安の波をいくつも経験し，深刻な二極化を経験し，非民主化の過程を経験してきた [Tamada 2014]．2020年から2021年にかけては，タイの若者たちが政治的なデモにおいて主導的な役割を果たしていることを示した．タイの若者たちの声が大きくなり，ソーシャルメディアによって増幅されていることは疑いようがない．彼らはタイに前向きな変化をもたらし，政治参加のプロセスを加速させるアクターである．

本章では，タイ全土のあらゆる階層の若者にスポットライトを当て，若者間の相違，都市部と農村の若者，裕福な若者とそうでない若者，高学歴の若者と低学歴の若者など，若者世代内の分裂を探り，その違いを明らかにすることを目的としている．こうした格差はすべて，新型コロナウイルス感染症（COVID-19）のパンデミックによってさらに深刻化した．

本章は，2020年から2021年に実施された全国的な調査「タイの若者たち：展望と希望」（*Youth Study Thailand 2020-2021*）[Sawasdee 2022] で得られたデータにもとづいた分析である．この調査の結果は，楽観的な見通しと懸念材料の両方を示している．グローバル化やソーシャルメディア，最近の世界的流行病などの影響により，タイの若者たちの期待や価値観，特定の社会規範や政治的価値観に対する信念が，以前の世代とは変化していることは明らかである．しかし，それ以上に重要な発見は，若者たちの意見がますます大きく分かれているということである．最も顕著な分裂は，裕福な若者とそうではない若者の間

の格差であり，これは社会経済状況や家計に強く結びついている．家族の経済的背景や居住地は，人口統計上の分裂の主な要因となり得る．知識や機会へのアクセスにおけるこの格差の根源は，異なる願望，自信，態度，行動，政治的志向につながっている．

本章は6つの節で構成されている．次の第2節では，全国を代表するサンプルを収集する際に用いられた方法と手順について簡単に説明している．第3節では，読書習慣とソーシャルメディアの利用について論じている．第4節では，タイの若者たちが教育，仕事，移民についてどう感じているかを検証している．第5節では，タイの将来と自分たちの生活に対する期待と見通しを探っている．第6節と第7節では，タイの若者の政治参加，考え方，価値観，信頼に重点を置き，最終部分で分析と結論を提示する．

2　調査対象のサンプリングとデータ収集方法

本章では，2020年11月に14歳から35歳までの若者，または1987年から2008年の間に生まれた若者1463人を対象に実施した調査結果を紹介している．この若者たちは，Y世代とZ世代の両方を代表する．2022年1月時点で，これらの若者は1969万7476人 [National Statistical Office 2022] となり，人口の29.6%を占める．この調査では，2019年の総選挙結果における有権者の傾向をサンプル人口が比例的に反映することを目的として，地域と都市・農村の区分にもとづいてサンプルが選定された．

3段階の調査手順が用いられた．まず，サンプルを多様化し，有権者の選好や支持政党に概ね一致させるため，各県 (province) で郡 (district) が選定された．今回の調査では，13の県で28の郡が無作為に抽出された（各郡内では，少なくとも二つのタンボン（行政区）も無作為抽出された）．次に，各郡につき合計50件のインタビューを実施した．26人のインタビュー担当者は，サンプルの抽出基準として，一般的に近隣の中心地，目立つ建物，交差点，学校，公共施設などを与えられた．担当者がその基準地点に到着した後，道路の始点から歩き始め，右側に並ぶ「居住用」の建物や住宅を数え，3軒ごとに立ち止まって調査を実施し，若年居住者にインタビューを行った．第3に，各インタビュアーは，世帯の居住者1人に対してのみ，対面式の調査とインタビューを行うよう指示された．インタビューの平均時間は32分であった．調査データの数学的

並びに統計的処理は，SPSS パッケージを使用して実施された．

3　メディアの利用

　この調査でインタビューした若者たちは，ソーシャルメディアを多用して育ったデジタルネイティブ世代であり，情報，人間関係，プライバシーに対する考え方が上の世代とは大きく異なっている．しかし，貧困層や遠隔地で育った人など，成長過程で通信技術へのアクセスが限られていたＹ世代やＺ世代のメンバーも数多くいる．そのアクセスにおける不平等は，新型コロナウイルス感染症 (COVID-19) のパンデミックによって大幅に拡大した．

　タイの若者のデジタル化は明らかであり，回答者の 75.7％ が「ほぼ常時」インターネットにアクセスしていると回答している．また，21.8％ が「毎日またはほぼ毎日」インターネットにアクセスしていると回答している．インターネットにまったくアクセスしていないと回答したのはわずか 0.8％ であった．回答者の間で最も人気の高いソーシャルネットワークは，Facebook (84.1％) で，次いで LINE (53.7％) と Instagram (46.1％) となっている．驚くべきことに，一般的にティーンエイジャーの間でより人気があるとされる Twitter は，はるかに離れた 4 位 (15.2％) となっている．Telegram と Signal を使用している回答者は 1％ 未満である（この調査は，TikTok アプリが人気になる前に実施されたことに留意されたい）．

　若者たちは，さまざまな理由でインターネットを利用していると報告している．ソーシャルネットワーキングのためのインターネット利用はかなり多く，回答者の 83.9％ が Facebook, Instagram, LINE, Twitter, Telegram をほぼ常時利用していると報告しており，13.7％ はこれらのソーシャルネットワークを毎日またはほぼ毎日利用していると答えている．友人やネットワーク内の人々とのコミュニケーションにインターネットを利用するだけでなく，回答者の 81％ が，映画鑑賞，音楽鑑賞，オンラインショッピング，ゲームなどの娯楽目的でもインターネットをほぼ常時利用している．回答者の約 68％ がインターネットで情報を検索したりニュースを読んだりしており，66.2％ が学校や教育，仕事のために常にインターネットを利用している．

4 教育・雇用・移民に関する考え方

　2017年憲法と1999年国家教育法では12年間の無償教育が保証されており（2017年憲法第54条），これに従って歴代のタイ政府は公教育に手厚い予算を割いてきた．しかし，タイの学校は国際的な学力評価では振るわない．2020年から2021年にかけて，「バッド・スチューデント」と名乗る学生グループが，タイの超保守的な学校制度に反対する若者運動に参加した[2]．タイの教育システムが遅れている理由として挙げられる数多くの理由の中で，特に以下の三つの問題が頻繁に指摘されている．政府による支援の不均衡，時代遅れのカリキュラム，権威主義的な運営と指導方法である．

　タイの教育の質に対する全体的な満足度は相対的に低く，回答者の3分の1が否定的な回答（35.7%）をしており，ほぼ半数がどちらでもない（42.8%）と回答した．教育の質に満足していると回答したのはわずか16.3%であった．教育システムに対する否定的な意見にもかかわらず，回答者は自身の教育に満足している傾向にあり（64%），不満を持っているのはわずか6%であった．タイの教育システムが現在の労働環境にうまく適応していると考える回答者はわずか6.4%であった．回答者のほぼ半数（43.1%）は，タイの学校や大学が将来の仕事に備えて自分たちを適切に訓練できると考えている．

　タイの教育制度のどの部分を最も改善すべきかという質問に対しては，36.9%もの回答者がカリキュラムの見直しの必要性を指摘し，3.1%が教科書の改善を挙げた．さらに，学校間の平等や教師の態度も懸念事項であり，それぞれ14.1%，12.2%の回答者が挙げている．若者たちは，友人（1.6%）や教師やその他の学校関係者（3.1%）による権利侵害についても懸念している．教員やスタッフによる権利侵害に対する懸念は，友人による権利侵害に対する懸念の2倍である．

　景気後退と世界的なパンデミックにより悪化した雇用機会は，若者とタイ社会全体にとって重大な課題となっている．しかし，まともで高給の仕事を得るための変化は，すべての若者に同じ影響を与えているわけではない．回答者は，仕事を見つけるための重要な要素として，専門知識と教育レベルを挙げた．それでも，仕事を探す際には，人脈やコネ，運に頼る人もいる．回答者たちは，専門知識が就職に重要な要素であると回答した（86.1%）．回答者の約59%

が，学歴がよい仕事を得るのに役立つことに同意し，52.2％が，知人（友人や親戚）が就職に重要な手段であると回答した．権力者とのつながり（46.4％）や運（32.3％）も仕事を得るには重要である．「有力者とのコネ」が「重要」または「ある程度重要」と答えた回答者の割合を合計すると，80.6％に上る．これは，専門知識や学歴だけでは就職できないことを示唆している．タイの若者も，コネが最も重要だと考えている．「運」のもつ魔法のようなオーラが「ある程度重要」なものとしてではあっても，タイで就職するために必要なものとして最も多く挙げられたのである（42.2％）．

1年以上の期間，別の国に移住したいという「非常に強い」願望を持つ若者および青少年は，回答者のわずか10.2％である．回答者の大半（41.4％）は移住するつもりはない．しかし，「非常に強い」（10.2％）と「中程度の」（39.9％）海外移住希望を合わせると，回答者の半数（50.1％）に達する．この調査は，政府のCOVID-19対策への不満から生まれた「海外に移住しよう」キャンペーンが始まる前に実施されたことに留意すべきである．2021年5月1日に結成されたこのグループは，わずか4日間で，海外での学習や就労に関する情報を共有する65万人以上の会員を獲得した．会員の投稿によると，最も人気の高い国は，米国，英国，ドイツ，オーストラリア，ニュージーランド，日本などである［Carter 2021］．

生活水準の向上（26.3％），より高い給与（12.3％），より良い雇用機会（11.7％）は密接に関連しており，別の国に移住したいという強い，または中程度の希望を報告した回答者の50.1％の希望と一致している．これらの回答は，貧困に対する懸念と，生活を向上させる機会に対する不安を反映している．より良い教育を望むという回答は，回答者の8.7％から寄せられた．興味深いことに，回答者の2.6％が，別の国に移住する動機として，社会と政治の安全性を挙げている．

5 タイの若者たちは，自分たちの生活やタイの政治に満足しているのだろうか？

若者たちの生活に対する満足感，つまり，彼らの全体的な幸福度や生活の満足度について，タイの若者たちはタイの政治に対して最も不満を抱いていることが明らかになった．回答者の84.1％が家庭生活に満足していると答え，64％

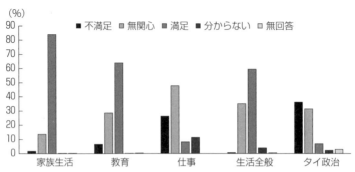

図 10-1　質問「あなたはどの程度満足しているか」についての回答
(出所) Sawasdee [2022] で収集したデータにもとづき筆者作成.

が教育に満足しており，59.6％が生活全般に満足していると答えている．仕事に対する満足度はさらに低く，雇用されている若者の47.8％が満足していると答えている（図10-1）．

　回答者がほとんどの質問に対して感じた満足度や不満度は，明らかに彼らの家庭の経済状況に影響されていた．最も貧しい回答者は，より良い経済状況や最も好ましい経済状況にある回答者よりも満足度が低い傾向にあった．両者のギャップは顕著に大きい．十分な資金を持たない若者は，あらゆるカテゴリーにおいて最も高い不満度を示した．「必要なものすべて」を十分に持っている回答者は，十分な資金を持たない回答者と比較して，生活全般（73.8％）およびタイの政治（15.5％）に対して2倍以上の満足度を示している（37.9％と6.5％）．

　回答者の大半は，現在の高い満足度を将来にも当てはめて考え，個人的な見通しについて楽観的な見方をしている．しかし，タイ社会については，10年後の見通しについてかなり悲観的な評価を下している．タイの若者たちの懸念は幅広い分野にわたっている．若者の半数以上，最大68％が，大気汚染や気候変動（52.6％），汚職（55.1％），政治的暴力の被害者になることを懸念している（55.6％）．

　タイの若者が最も恐れていること，あるいは最も懸念していることとして挙げたのは，社会における貧困の拡大（68.4％）と，人生で上昇するチャンスがないこと（68％）の二つである．人生で上昇する機会がないことへの不安は，回答者の経済状況と強く関連している．あまりお金を持っていないと答えた人々

は，人生で上昇する機会がないという感覚をより強く感じている．社会的な階梯を向上できないことへの不安に関する回答（76.9%）のほとんどは，経済状況が最下位の回答者から寄せられた．タイにおける貧困は，単に心理的な状態にとどまるものではない．それは不都合な真実であり，最も弱い立場の人々を苦しめている．恐怖の全体的な構造は，回答者の社会階層に対する認識，タイにおける相対的な地位，不平等や限定的な社会移動性に対する懸念を反映している．

　仮定の事柄のリストが示された場合，回答者が最も恐れていない三つの問題は，地域または世界での戦争であり，27.3% の回答者が「非常に」懸念している．また，38.3% の回答者が不安を抱いているクーデター，そして 43.3% の回答者が「非常に」懸念している移民の増加である．

6　タイの若者と政治
——関心，参加，情報——

　世界中の多くの国々では，若者たちの選挙や政治に対する意識や関与の低さが，しばしば注目されている．しかし，タイの状況はかなり異なっている．若者たちは最近，公式の政治活動に対して並々ならぬ関心を示している．また，非公式で代替的な政治参加の方法やスタイルにも魅力を感じ，参加している．本章は，若者や青少年を含む社会全般において政治化がピークに達している時期に書かれたものである [Horatanakun 2022]．民主主義を求める若い世代と，現状維持と伝統的社会秩序を支持する年長世代との間に亀裂が生じているという複数の報告を目にしている．

　若者たちは政治問題にどの程度関心を持っているのだろうか．政府に対するデモ行進の際には，若者たちの政治への強い関心を予想するのは普通のことであった．そして実際に今回の調査では，心強い結果が得られた．回答者の 47.8% がタイの政治に関心があると答えたからである．さらに，タイの政治に関心があると答えた人のうち，93.4% が「関心がある」または「やや関心がある」と答え，タイの政治に「関心がない」と答えた人は 5.5% にとどまった．

　地域および世界の政治情勢に対する関心は，タイ国民すべてに直接的な影響を与える国内政治情勢よりも低い．世界政治に関心があると答えた回答者はわずか 17.4% で，ASEAN の政治に関心があると答えた回答者は 12.5% だった．

　政治への関心は，居住地，性別，家族の経済状況，学歴と関連しているよう

である．というのも，都市部の回答者は，農村在住の回答者よりも政治への関心が高い（55.8%対37.4%）．政治への関心は，性的アイデンティティがジェンダーの男女二元論に当てはまらない（ノンバイナリー）と回答した回答者が最も高い（65.4%）．しかし，この性別カテゴリーは，調査対象者のわずか1.8%を占めるに過ぎない．タイの政治への関心は，男性回答者（42.4%）の方が女性回答者（52.1%）よりも低い．この調査結果は，2020年から2021年にかけての若者運動の証拠と一致しており，多くの政治集会やデモがLGBTQおよび女性活動家によって組織された．

　政治的見解が家族を分裂させているのだろうか．政治的意見の相違による家族の不和はよく話題に上る．2020年以降，深まる政治的対立によりタイ全土で家族が引き裂かれているという話が聞かれるようになった．しかし，この調査結果はそうした理解に反する結果を示している．回答者の大半は，自身の政治的信念が「非常に」（20%）または「ある程度」（50.6%）両親のそれと一致していると主張しているからである．親と政治的見解や信念が一致していないと答えた回答者はわずか10.1%に過ぎなかった．この10.1%という結果が，世代間の分裂と政治的対立を示していて，国の発展に悪影響を及ぼす可能性があるといえなくもないが，その一方で，タイ社会の根底にある家族の一致団結が決して軽視できるものではないことを示してもいるだろう．「ある程度」と答えた回答者は，自分自身にとってのオピニオン・リーダーや参照点が不足していることを意味しているのかもしれない．また，公的なリーダーシップの不足が，彼らを親の意見や見解に従わせている可能性もある．

　政治的な問題や信念について親と意見が一致しているか，あるいは一致していないかは，家族の経済状況，教育レベル，居住地などの要因と関連している．回答者と親の政治的見解の相違は，低所得家庭で最も大きく，低所得家庭の若者の11.8%が，政治的見解について親と意見が一致していないと回答している．一方，富裕家庭では，政治的見解について親と意見が一致していないと回答した若者は5.8%にとどまっている．

　政治的見解の相違が生じた場合，回答者の55.9%が，自分と家族の間では意見が異なっても，お互いの違いを尊重しあうことで合意していると答えた．これは，家庭内の対立を回避し，解決しようとする前向きな努力の表れである．しかし，家族間の疎遠や権威的な関係も発生している．注目すべきは，回答者の6.8%が「政治への参加をやめるか，処罰を受けるように警告された」

と答え，若い回答者の 0.4％ が「政治的意見を理由に家から追い出された」と答えていることだ．また，多くの回答者が「回答なし」(18.6％) または「わからない」(13.6％) を選んでいる．これは，そのような質問がデリケートなものであるためかもしれない．「その他」の影響を挙げた回答者の 4.7％ は，「無視される」ことや「親と政治について話さない」ことを例として挙げた．

回答者と親の意見の相違につながった問題の上位三つは，政党 (14.8％)，表現の自由 (13％)，抗議 (9.2％) である．注目すべきは，12.9％ もの回答者が「その他」の問題を回答として選択し，41.1％ が回答しなかったことである．これらの数値は，若者と両親の間に大きな相違があることを示唆しているが，彼らは意見の相違を明確にすることができなかったか，あるいは明確にすることを望まなかった．

もし選挙権があれば彼らは次の選挙で投票するだろうか．驚くべきことに，「もし今日，国会議員選挙が実施され，あなたが選挙権投票権を得たとしたら，あなたは投票しますか」という投影法による質問に対する回答は，若い世代の間にある目を見張るほどの熱意を示している．実に 85％ が「はい」と答えたからである．これは，2019 年の総選挙におけるタイの選挙権を持つ有権者全体の投票率 74.7％ を上回る数字である．もちろん，この回答は若者たちの実際の行動ではなく，政治参加に対する理想的な姿勢を反映している．

若者の政治参加を定義するものは何か．若者の政治参加について，回答者はいくつかの種類の自発的な政治活動に参加したことがあると述べた．そして，回答者の半数以上 (51.3％) が，ソーシャルメディアへの投稿，友人や知人との有意義な会話，問題に関する討論，若者運動への寄付，投票を促すよう他人を説得したり，過去に赤シャツ隊のデモに参加したりするなど，他の手段で政治的意見を表明したことがあると答えた．

この調査では，バンコク在住の回答者の 28.8％ がデモに参加したことがあり，34.9％ が若者による公開デモには参加していないが，今後は参加したいと答えていることが明らかになった．都市部に住む若年層の回答者のうち，青年による集会に参加したことがあると答えた人の割合は，農村に住む若年層の回答者 (5.6％) よりも高かった (20.6％)．青年による抗議活動に参加したことがあると答えた回答者は，女性 (14.6％) よりも男性 (15.2％) の方がわずかに多かったが，今後参加する可能性は女性の方が高い (31.7％)．

経済状況に関して言えば，中間層および低所得層の世帯の回答者は，富裕層

の若者よりも政治的により関与している．三つの内訳が際立っている．まず，中間所得層の回答者は政治への関心（49.8%）と若者による抗議活動への参加（17.6%）が最も高い．次に，富裕層クラスターの回答者は政治への関心（48.1%）が2番目に高いが，若者による抗議活動への参加（10.7%）は最も低い．3番目に，最も収入の低いグループの回答者は政治への関心が最も低いが（44.4%），政治的な抗議活動への参加は2番目に多い（17.2%）．経済的に苦しい家庭の回答者は，オンライン署名や特定の問題やイベントに関する一般市民の意識向上キャンペーンへの参加など，他の活動形態における政治参加が最も低い．

　若者はどのようにして政治情報を入手しているのだろうか．当然のことながら，デジタルメディアが政治情報の主な情報源となっており，従来のメディアやアナログのチャネルに取って代わっている．若者のインターネット中毒が深刻化しているという指摘を踏まえると，回答者の79.7%が政治イベントの情報をインターネットから，67.4%がオンラインのソーシャルネットワークから入手しているという結果も驚くには当たらない．テレビは依然として，回答者の57.6%にとって，公共のイベントや政治活動に関するニュースの重要な情報源となっている．テレビは国家当局に大きく支配されていると見られているが，さまざまな娯楽番組やタイの人気連続テレビドラマ（ソープオペラ）が放送されているため，排除できない伝統的な情報源である．友人との会話や家族内での議論も，政治ニュースを得る手段として頻繁に挙げられており，それぞれ41.8%，23.3%となっている．ラジオは回答者の5.7%しか利用していない．日刊紙は9.7%とやや多く利用されている．

7　タイの若者とその政治的価値観

　若者の政治的価値観，態度，政治行動のパターンと関係したり，形成する根本的な要因は複雑である．国際的に見ると，若者は主流の政治から疎外されていると感じることが多い．また，貧困層や低学歴層は疎外感や無力感を抱き，公式の政治制度に対して不信感を抱いているという強い証拠がある．政治的有効性の認識の低下と政治制度への信頼の低下が，民主主義の不足につながっているという議論がある．信頼という言葉は，時代や分野によってかなり条件が異なるため，議論の余地がある．例えば，人々は戦時中や政治不安の際には政

府が緊急勅令を発令することを信頼するかもしれないが，パンデミック（感染症流行）の状況下で緊急勅令が長期にわたって継続することには信頼を置かない．信頼の判断は，行動の動機付け，人々の順守，そして彼らの協力に影響を与えると考えられている．政治への信頼は，人々と国家の関係における重要な要素であると認識されている．政府や公共機関に対する人々の信頼の判断は，安定した効果的な社会にとって不可欠であると考えられている [LeviandStoker 2000]．逆に不信感は問題解決を難しくし，関係において非協力的な行動や敵意さえも引き起こす可能性がある．本調査における政治的信頼とは，若年層の回答者がさまざまな機関や公共機関に対してどの程度信頼を寄せているか，また，それらの機関や特定の政治指導者をどの程度信頼に足る，信頼できる，信用できる，有能で誠実であると見なしているかを指す．

　ここ数十年の間，多くの成熟した民主主義国家においても政治不信が例外ではなく常態化しているとはいえ [Bertsou 2019: 72]，タイの政治および公共機関に対する圧倒的な否定的評価が調査で明らかになったことは深刻な懸念事項である．回答した若者の半数以上が，アンケートに挙げられたどの機関に対しても，全面的な信頼を寄せていると回答した機関はなかった．驚くべきことに，宗教団体を除いて，全面的な不信感を示す割合は，他のすべての機関に対する全面的な信頼感を示す割合よりも圧倒的に高いのである（図10-2）.

　政治的意思決定を通じて人々の日常生活に影響を及ぼしうる民主主義体制下の二つの主要機関，すなわち，首相および連立政権（いずれも4.6%），上院議員（5%），下院議員（6.2%）は，完全に信頼されている機関のランキングでは最下位となった．若い回答者は，首相（63.6%），上院（56.5%），連立政権（53.6%），軍（50.1%）に対して，最も信頼度が低いだけでなく，最も不信感（全く信頼していない）を抱いている．独立機関（10.9%），警察（10.9%），メディア（9.2%），労働組合（8.9%），大手企業（6%）など，その他の機関については，回答者の多くが全面的に信頼しているわけではない．

　「ある程度」信頼されている（またはある程度信頼されている）機関は6つある．メディア（65.1%），抗議運動のリーダー（56.9%），野党（54.5%），地方自治体（53.1%），労働組合（53.4%），大企業（50.9%）である．この「ある程度」の信頼の根拠は，それぞれ異なる可能性がある．若い回答者は，メディアをある程度信頼していると答えている．その理由は，メディアにはさまざまな選択肢があるからだ．大企業は，その信頼性と能力から信頼されている．抗議運動のリー

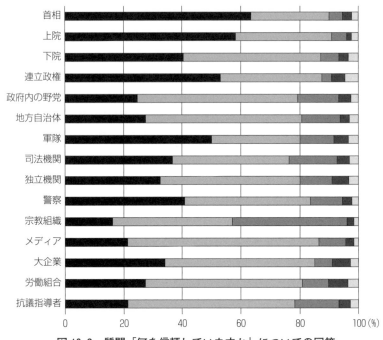

図 10-2　質問「何を信頼していますか」についての回答
（出所）Sawasdee［2022］で収集したデータにもとづき筆者作成．

ダーは，その大胆さと勇気から非常に尊敬され，評価されている．そして野党は，例えば政府の権力をチェックする機能があるとして評価されている．一般的に，タイの労働組合のほとんどは，弱小で職場ベースであるという特徴がある．政治における公式な役割は公には認められていないが，一部の労働者やリーダーは個人として若者運動を支援していることで知られている．

　政治的な信頼に加えて，本章は政治的志向のさまざまな側面について，若者たちの個人的な価値観を探る．ここでは政治的価値観を政治における望ましい目標の認知的な表現として定義する．価値観は，個人のアイデンティティ，態度，気質，政治的立場，政治的志向の指針となる．政治的価値観は，人々を動機づけ，政治的領域における人々の思考や意思決定に影響を与える力がある．

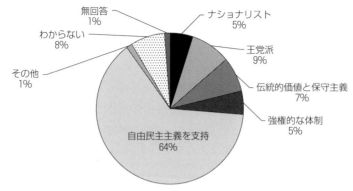

図 10-3 「今どうした政治的価値観を持っていますか」への回答
（出所）Sawasdee［2022］で収集したデータにもとづき筆者作成.

　政治的価値観は，政治的志向の基盤となる．例えば，有権者は，自らの信念に共鳴するような国の形成を約束し，自分にとって重要な価値観を提示する政党や候補者に投票する傾向がある．本研究における政治志向は，価値観の表現であり，政治的連続体における個人の位置を，価値観によって刺激されたイデオロギー的な自己認識として示したものである．[3]

　回答者の半数以上（50.9%）が，自らを自由民主主義の立場と関連付けている．2番目に多いのは，社会民主主義と福祉擁護の立場（19.7%）である．自由民主主義と社会民主主義の支持者の組み合わせである民主主義的な考えを持つ若者の割合は70.6%である．これは，異なる主義主張を持つ人々の割合15.7%と比較すると，非常に印象的な数字である．伝統的で保守的な政治的見解を支持する人々の割合は，王党派（6.2%），伝統的価値観と社会的ヒエラルヒーを維持する（4.5%），民族主義者（4.2%），強硬路線支持派（0.8%）である．政治的見解を尋ねられた回答者のうち，13.2%は回答しなかった（6.7%）か，または何を回答すべきか分からなかった（6.5%）（**図10-3**）．

　興味深いことに，伝統的または従来型の政治的志向を持つ回答者のうち，最も多い割合が王党派であることが判明した．一方，強硬派政権には支持者が最も少ない．タイの若者たちのよりリベラルな一連の態度やリベラルな社会政治的志向は，ソーシャルメディアやグローバル化に触れることで促進されているのかもしれない．年長世代の信念は，若い人々の考え方によってますます揺る

がされつつあり，タイでは民主主義の影響力が間違いなく強まっている．

　タイの若者や思春期の若者たちは，保守的な支配エリートや軍が支配する時代における機能不全や無能さの中で，十代のほとんどを過ごしてきた．こうした見せかけの選挙政治や専制的なリーダーシップの経験は，独裁よりも民主主義という明白な選択へとつながった．「民主主義は一般的に良い政治形態である」という意見に賛成する回答者の割合は 61.3% に上り，独裁を否定する意見が 37.7% であることは明らかである．逆に，「特定の状況下では，民主主義よりも独裁の方が良い政治形態である」という意見に賛成する回答者は 14.7% にとどまっている．

　別の観点から見ると，80% 以上（45.4%＋41.1%）の若者および青年層が，一般大衆の利益を代弁する強力な政党に大きな期待を寄せている一方で，タイの若者たちは，例え「公共の利益」のためであっても，過剰な権力を振るうポピュリストの指導者に魅了されているわけではない．「公共の利益のために強硬手段でタイを統治するリーダーが必要だ」という意見に賛成する回答者はわずか 15% で，最多の回答者グループは 42.9% で反対している．

　若い回答者の心理に見られるこの矛盾しているように見えるものを理解するには，慎重な分析が必要である．一方では強力な政党を必要としているが，他方では強力なリーダーには惹かれないのである．実際，この結果は，政治家（当選者および落選者）に幻滅した，主張のしっかりした若いタイ人の意見を反映している．彼らは政党により信頼を置き，「制度としての強力な政党が国民の利益を守ってくれる」ことを期待している．この考え方は，彼らの民主主義への渇望とはまったく相反するものではない．さらに，若いタイ人は，強力なリーダーシップを持つ人物は不安定で信頼できない場合があることを理解している．この信念は，健全な民主主義を育むためには政治的野党が必要だという考えと一致している．タイの若者の大半は，連立政権よりも野党を信頼している（野党支持 14% に対して連立政権支持 4.6%）．まとめると，専制的な指導者に対する憤りがはっきりと現れており，若い世代の間では，圧倒的多数で新たな民主主義の目覚めが起こっている．

8　溝を埋める

　世界的に見て，今日の若者たちは，自分たちの世代には世界をより良いもの

に変える潜在能力があり，より強固な社会とより健全な地球の創造に積極的に
かかわっていくと信じている．本章では，タイの若者たちのライフスタイル，
期待，希望，絶望，展望，態度，気質，価値観を探り，現代の政治的志向を理
解する一助としたい．結論の最初に断っておくが，この調査の目的は，調査結
果を単純化し結論を一般化することではなかった．

　本章は，若者たちをどう理解すべきかについて批判的に考察し，タイの若い
世代とつながることの価値について広く一般に力強いメッセージを送ることを
目的としている．調査結果は，若者たちの個人，社会，経済状況に対する評価
を浮き彫りにすることで，若者たちの視点と関与についての議論に新たな視点
を加えている．若い世代は，従来への挑戦者であり，政治を混乱させる存在で
あると認識されている．しかし，タイの若者たちのすべてが，ゲームのルール
を変える可能性のある教育を受けているわけでもなく，恵まれた中流階級の家
庭に育っているわけでもない．多くの若者は恵まれず，力を奪われた状態にあ
り，教育や社会的地位，あるいはインターネット接続さえも得るチャンスがほ
とんどない．

　調査結果から浮かび上がった複雑で憂慮すべき状況は，若者たちの間では不
平等が依然として続いており，一部の点では悪化しているということだ．若者
たちの社会的ヒエラルヒーは，彼らの多くが本質的には目に見えない集団とし
て社会から排除され，乏しい資源しかないまま自力で生き延びようともがいて
いることを意味している．この研究から得られた情報は，若者たちが政治参加
やタイおよび民主主義の将来に対するビジョンについて，個人の資源や構造的
な機会をどのように明確化しているか，また，地域や家庭の経済状況，教育レ
ベルの違いによる若者たちの格差をどのように是正し，可能であれば埋めるこ
とができるかについて理解するための基礎を提供している．

　テクノロジーの急速な変化，グローバルな課題，社会のダイナミズムによ
り，若者による政治活動は今後も進化を続ける可能性が高く，例えばデジタル
活動主義やソーシャルメディアに関して，研究者が新たな問題を提起すること
が考えられる．若者たちはテクノロジーやオンラインプラットフォームをどの
ように政治参加や運動の組織化に活用しているのか，デジタル時代の政治社会
化，すなわち情報過多で分極化が進む時代に，若い世代はどのように政治的見
解やアイデンティティを育むのか．これらはさらなる研究の対象となり得る分
野である．

注

1）この調査では，地域と都市・農村の区分にもとづいてサンプルが選定され，サンプル対象の人口が 2019 年の総選挙結果における投票傾向を比例的に表すことを目的としている．その選挙では，9 つの政党が少なくとも一つの小選挙区で議席を獲得した．すなわち，タイ貢献党（136 議席），国民国家の力党（97 議席），新未来党（31 議席），タイ名誉党（39 議席），民主党（33 議席），タイ国民発展党（6 議席），プラチャーチャート党（6 議席），タイのための行動連合（1 議席），チャート・パッタナー党（1 議席）である．

2）*Bangkok Post*［2020］"Bad Students' not your typical school troublemakers,"（20 November 2020）（https : //www.bangkokpost.com/thailand/politics/2022963/bad-students -not-your-typical-school-troublemakers，2024 年 10 月 7 日閲覧）.

3）タイの若者の多くが政治的志向性を説明するのが難しいという仮定のもと，各調査インタビューセッションでは，インタビュアーが各政治的見解の意味を説明するカードを表示した．

◆参考文献◆

＜欧文献＞

Bertsou, Eri［2019］"Political distrust and its discontents : exploring the meaning, expression and significance of political distrust.," *Societies*, 9(4), pp.1–18（DOI : 10.3390 /soc 9040072).

Carter, Ann［2021］"Let's Move Abroad Thai Facebook group exploding with potential defectors," *Thaiger*（3 May 2021）（https : //thethaiger.com/hot-news/media/lets-move-abroad-thai-facebook-，2024 年 10 月 7 日閲覧）.

Evans, Jonathan K., Joanna Sikora and Donald J. Treiman［2010］"Family scholarly culture and educational success : books and schooling in 27 nations," *Research in Social Stratification and Mobility*, 28(2), pp.171–197（DOI : 10.1016/j.rssm. 2010.01.002).

Horatanakun, Aakanit［2022］"The network origin of the Thai youth revolution," *New Mandala*（https : // www. newmandala. org / the-network-origin-of-the-thai-youth-revolution/，2024 年 10 月 7 日閲覧）.

Levi, Margaret and Laura Stoker［2000］"Political Trust and Trustworthiness," *Annual Review of Political Science.* 3 (1), pp.475–507.

National Statistical Office［2022］Population registration statistic : population by age（online）（https : //stat.bora.dopa.go.th/stat/statnew/statMONTH/statmonth/#/display-Datahttps : //stat.bora.dopa.go.th/stat/statnew/statMONTH/statmonth/#/display-Data，2024 年 10 月 7 日閲覧）.

Sawasdee, Siripan Nogsuan［2022］*Youth Study Thailand* 2020-2021, The Friedrich-Ebert-Stiftung, Bangkok.

Tamada, Yoshifumi［2014］"When Election Results Count : A Reflection on De-

democratization in Thailand," *Asian and African Area Studies*, 14(1), pp.96–110 (https://www.jstage.jst.go.jp/article/asafas/14/1/14_96/_pdf/-char/ja, 2024 年 11 月 5 日閲覧).

Thailand Population [2021] *World Population Review* (https://worldpopulationreview.com/countries/thailand-population, 2024 年 11 月 5 日閲覧).

第11章

幻の米「ガーデン・ライス」
──戦前期タイ米経済の発展と米の品質──

宮田　敏之

1　幻の米「ガーデン・ライス」

　タイは世界有数の米生産・輸出国である．2023年の米生産量は世界第6位，米輸出量は，インドに次いで第2位であった．同時に，タイは，世界的に有名なインディカ米の高級香り米，ジャスミン・ライスの産地・輸出国でもある．独特の香りを持つジャスミン・ライスは，インド・パキスタン産の香り米バスマティ・ライスと並ぶ高級米と評価されている．タイは，数量のみならず，品質においても，世界米市場で重要な地位を占めている．このジャスミン・ライスは，1950年代に在来品種の収集プロジェクトで，「発見」されて普及し，やがて，1970年代以降，世界市場でも高級米として取引されるようになった［宮田 2008；2017］．2023年では，タイ米輸出額の24％を占めるに至っている．しかしながら，タイは，戦前期においても，高級米の産地・輸出地として有名であった．当時，タイ産高級米として，その品質が高く評価され，国内外で取引されていたのは，ジャスミン・ライスではなく，「ガーデン・ライス」(Garden Rice) といわれる米であった．

　このガーデン・ライスは，タイ語ではカーオ・ナー・スアン，日本語で園産米と呼ばれ，品質の高い米としてタイから輸出されていた［水野 1922 b：68］．ガーデン・ライスは，ジャスミン・ライスのような香り米ではなく，インディカ種のうるち米であったが，米の品種名ではなく，田植えによって栽培され，品質が良く，高価格で取引された移植米のことを指す名称であった．ただ，この名称の米が取引されたことが確認できるのは，戦後，1960年代初頭までである[1]．1950年代後半に栽培奨励されるようになった香り米のジャスミン・ラ

イスが高級米として取り扱われるようになると，ガーデン・ライスとして取引される米はタイ市場から消えてしまった．そのため，ガーデン・ライスは，今や，いわば，「幻の米」となってしまった．タイの稲作，精米，米輸出の現場でも，タイの農業史研究や経済史研究においても，この米は忘れ去られた存在となった．そこで，本章は，このガーデン・ライスの特徴と意義を整理し，戦前期タイ米経済発展をタイ米の品質から再検討しようとするものである．

2 戦前期タイ米輸出経済発展は，従来，どのように語られて来たか？

　タイはイギリスとの間で1855年バウリング条約を締結し，自由貿易体制に組み入れられ，1870年代以降，米の輸出が急増した．戦前期タイの貿易統計によれば，1871年から1880年までの年平均タイ米輸出量は約17万t程度であったが，1930年代には155万tに増加した．この間，実に，約9倍増加した．戦前期タイのこうした米輸出拡大の要因は，一般的に，従来の研究では，19世紀後半以降の海外の米需要の拡大と，それにともなうタイ国内の米生産拡大であったとされる．19世紀後半，タイの米に対する海外の需要拡大は，アジアの対欧州向け輸出が増加したことによるアジア域内貿易，いわゆる「アジア間貿易」[杉原1996：83-84]の構造変化によってもたらされた．東南アジア島嶼部のゴムや錫の欧州向け輸出の増大は，華僑や印僑の東南アジアへの移民労働を増大させ，その結果，食料需要が拡大した．これにより東南アジア大陸部の米の需要は高まり，アジアの米貿易が活発化した．また，1869年スエズ運河の開通によってビルマ米の欧州向け輸出が拡大し，そのことが結果的にアジア市場におけるタイ米の需要を喚起させたともいわれる[Ingram 1971；Suehiro 1989]．

　さらに，1920年代以降は，東南アジアから，太平洋をまたいだアメリカ向けのゴムや錫の輸出が拡大したことによって，アジア域内貿易の構造的連関が強化され，欧州のみならず，太平洋を通じたアメリカとの貿易と深く結びついたアジア内部の国際分業[加納1995：44-47]が発展した．その中で，さらなる華僑や印僑の東南アジア移民労働も拡大し，その食糧需要も増大した．19世紀後半から第2次世界大戦前にかけて，アジアの米市場は，このようなアジア間貿易の構造変化の中で成長したが，同時に，米の輸出国と輸入国双方の天候

の変化, 特に雨量の変化に左右される不安定な米の需給バランスの上に成り立っていた. 世界貿易と連結したアジア間貿易の構造変化のみならず, 各地の天候の変化にも影響される「複雑な国際米貿易ネットワーク」[Latham and Neal 1983: 263] の下で, アジアの米市場は発展していったといえる. その中でタイの米輸出は拡大したわけである. 一方, こうした海外の米市場の発展に刺激を受け, 19世紀後半, タイ国内では, チャオプラヤー川流域のデルタを中心に米生産が拡大し, 20世紀にはいると北タイや東北タイへの鉄道の延伸とともに沿線の米生産も増大した [宮田 2001a: 160-180]. このように, 戦前期タイ米輸出の拡大は, 海外の米需要の増大やそれにともなうタイ国内の米生産増大に着目し, 国際的な貿易構造や生産構造の変化を中心に分析されてきた.

しかし, 戦前期の経済史資料には, タイ米, 中でも, ガーデン・ライスとして取引された米の「品質」が, 他の東南アジア産の米よりも高く, それゆえ高い価格で取引されていたという記録が確認できる [水野 1922b: 68]. こうした米の存在も, タイ米輸出経済を発展させた要因だったのではないか？ これが本章の問題意識である.

3 ガーデン・ライスとは？

戦前期タイでは, 700から800もの品種の米が栽培されていたといわれるが [古口 1921: 19], そのすべてが高い「品質」であったというわけではなく, 一部の地域で, 田植によって栽培された移植米が, ガーデン・ライスとして取引され, その米が, 19世紀後半以降, タイ国内においても, 香港やシンガポールなどアジア市場においても, さらに20世紀初頭以降は, 欧米においても, 高い価格で取引されたという.

一方, タイでは, 戦前期においても, そして, 21世紀の現代においても, 田植えをせず, 種籾を, 直接, 稲田に撒いて栽培する, 直播きの稲作が行われている. むしろ, 現代では, 直播の割合が圧倒的に大きい [宮田 2021: 88-89]. 戦前期においては, 稲作面積全体の3割で直播による稲作が行われていたという [水野 1922a: 38]. 戦前期, この直播きの米は, フィールド・ライス (Field Rice), タイ語でカーオ・ナー・ムアン, 日本語では野産米と呼ばれて取引されていた. このように移植栽培の米と直播栽培の米の違いが, 戦前のタイでは, 米の流通, 精米, 輸出, 輸入において, 明確に区別されていた. その内,

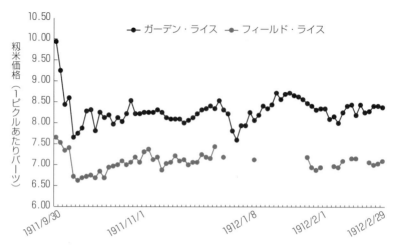

図 11-1　バンコクにおけるガーデン・ライスとフィールド・ライスの籾米価格動向：
1911年9月30日-1912年2月29日
（注）1ピクル=60 kgとする．フィールド・ライスは，年月日によってはデータの記載がない．
（出所）The Bangkok Times Weekly Mail（1911年9月30日～1912年2月29日）の記事をもとに筆者作成．

移植栽培の米，すなわちガーデン・ライスが「品質」の高い米として評価され，取引されていた．

　この違いを1898年当時日本の領事館報告は次のように伝えている．「園産ト称シ苗代ヲ作リ更ニ幼苗ヲ稲田ニ移植スルモノニシテ籾黄金色ヲ帯ビ美麗且品質モ甚優等價額随ヒテ貴シ．他ハ野産ト称シ稲田ニ籾種ヲ播キ漸々長スルニ及ヒテ草頭ヲ刈ルモノニシテ其籾赤色ヲ帯米質脆弱粉米ヲ出タス頗ル多量其味園産ニ劣ル」（『通商彙纂』第90号，1898年）．園産米，つまり，ガーデン・ライスは長粒で，先が細く，艶やかで，硬く，砕け米も少なく，高価格で取引され，優良な米として評価されていた．野産米，つまり，フィールド・ライスの米質はもろく，精米時の粉米が多く出て，味もガーデン・ライスに劣ったと評価されていた．

　ガーデン・ライスとフィールド・ライスの違いは，籾米価格の違いにも明確に表れていた．例えば，図11-1には，バンコクに運ばれてきたガーデン・ライスとフィールド・ライスの籾米価格が明らかに異なることが示されている．1911年9月30日から1912年2月29日までのガーデン・ライスの籾米価

格の平均は1ピクル（約60 kg）あたり8.26バーツ，フィールド・ライスの籾米価格の平均は7.06バーツであり，その差額の平均は1.20バーツであった．ガーデン・ライスの籾米価格はフィールド・ライスに対して，平均14.5％も高かった．ガーデン・ライスとフィールド・ライスは，地方の稲作地から，バンコクに運ばれる際に，すでに，異なる規格の籾米として峻別され，取引されていたことがわかる．農家は，直接，あるいは，米の流通業者を通じて，収穫後，籾米を精米所に運ぶが，米の流通業者および精米所の段階では，ガーデン・ライスとフィールド・ライスは明確に違うものとして扱われた．バンコクの精米所および輸出商も，二つの異なる規格の米を，二つの異なる「品質」の米として扱っていたわけである．

　さらに，ガーデン・ライスとフィールド・ライスの違いは，海外の米市場においても明確に示されていた．例えば，タイ米の主要な輸出先である香港やシンガポールでは，ガーデン・ライスが，ベトナム産米やビルマ産米に比べ，高価格で取引されていた．例えば，1894年，在香港日本領事館は，1894年9月の香港米市場の米価格動向を報告しているが，1894年9月の平均価格を整理してみると，暹羅園産（シャム・ガーデン・ライス）1等が1ピクル（約60 kg）あたり2.45香港ドル，暹羅野産機械精米（フィールド・ライス）2等が1.99香港ドル，西貢長粒米（サイゴン）が2.43香港ドル，西貢並米が1.99香港ドルであった（『通商彙纂』第9号，1894年）．香港米市場では，タイ産ガーデン・ライスとフィールド・ライスが明確に異なる規格として取引されていたこと，そして，ガーデン・ライスがフィールド・ライスよりも高い価格で取引されていたことがわかる．さらに，タイ産ガーデン・ライスがサイゴン米よりも高価格で取引されていたことも明らかであった．

　また，**図11-2**には，シンガポール米市場における1892年9月から1895年9月までの平均米価格を示している．ガーデン・ライスのシャム1等白米は，1ピクルあたり3.07シンガポール・ドルであったが，ビルマのラングーン1等白米は2.68シンガポール・ドル，サイゴン1等白米は2.61シンガポール・ドルであった（『通商彙纂』第31号，1895年）．このように，タイ産のガーデン・ライスが，高い価格で取引され，高い評価を受けていた．いわば，米をめぐる「アジア間競争」[川勝1991：181-193]の中で，高い評価を受けていたわけである．

図11-2 シンガポール米市場 1892年9月-1895年9月の月間平均価格

(注) 1ピクル＝約60kg.
(出所)「英, 佛領, 印度併暹羅米作ノ景況 (明治28年10月5日在新嘉坡領事館報告)」『通商彙纂』第31号1895年10-13をもとに筆者作成.

4 ガーデン・ライス研究の意義と研究上の限界

　ガーデン・ライスのように高価格で取引され,「品質」が高く評価されるような米が, タイから輸出されていたが, その栽培, 流通, 精米, 輸出を検証する上で留意しておかねばならない研究上の限界がある. それを, 以下, 2点, 指摘しておきたい.

　第一に, ガーデン・ライスとして取引された稲の品種や産地の詳細を特定することが困難であるということである. フィールド・ライスも同様である. 断片的な記述が確認されるだけである. 例えば, 1929年1月のタイ字紙『クルンテープ・デイリー・メール』には, ガーデン・ライスの中で最高品とされた「カーオ・ピンゲーオ」(玉かんざし米) という米の品種があったことが紹介されている. この品種の米は, タイ西部に位置するナコンチャイシー州で栽培され,「すべての精米業者が賞賛する米」であったといわれている[2]. しかし, ガーデン・ライスがこれ以外にどのような米の品種からなるものであったかは不明である.

他方，ガーデン・ライスがどの地域で主に栽培されていたかを示す資料も，断片的ではあるが，残っている．例えば，1929年3月28日の英字紙『バンコク・タイムズ』には，「タイ中央部のチャオプラヤー・デルタのバンコク，ラーチャブリー，そして，ナコンチャイシーなどの州（タイ語：モントン）では，主に，ガーデン・ライスが栽培されていた．雨季に，しばしば，稲作地が洪水に見舞われる，タイ中央部のチャオプラヤー・デルタ上流部に位置するアユタヤ，ナコンサワン，そしてピッサヌロークなどの州では，フィールド・ライスが主に栽培されている．チャオプラヤー・デルタの東部地域に位置するプラチンブリーでは，場所によってはガーデン・ライス，別の場所ではフィールド・ライスを栽培している」と報告されていた[The Bangkok Times Weekly Mail: 1929年3月28日]．また，タイ経済史研究者のタノーム・タナーは，ガーデン・ライスが主に栽培されたのはナコンチャイシーなどの古デルタ地域であったと説明している[Thanom 1984: 90]．

　ガーデン・ライス，つまり，移植米の稲作は，5月の雨季の始まりに籾を稲田の一部に播き，7月から8月にかけて，生育した稲を抜いて，稲田全体に移植する．そのため，移植米を栽培する地域は，田植え時に，移植可能な水深を維持・管理できる地域で，かつ，人の手による移植が可能な稲田の地域である．ガーデン・ライスは，こうした移植による栽培に適した地域，すなわち，古デルタの中位部[高谷1982: 203-205]において栽培された，さまざまな品種（稲の高さ，収量，味，白米の形状等）が，収穫後に，流通，精米，輸出業者によって一つの規格として分類されたものであり，ある一定の「品質」，つまり長粒で，先が細く，艶やかで，硬く，砕け米も少ない特性を持つ米が，ガーデン・ライスとして取引されたのである．

　研究上の限界として，第2に指摘しておきたいのは，ガーデン・ライスとして取引された米の輸出量や輸出額が，タイの貿易統計の中で示されていないということである．つまり，ガーデン・ライスの輸出額や輸出量を統計的に把握することが難しいということである．1856年から1899年までのタイの貿易統計は，一般に，英国議会資料に所蔵されている在シャムの英国領事報告の貿易統計表が利用される[宮田2001b]．同期間を通じて，この統計に記載されているのは，米（Rice）の輸出額と輸出量のみである．砕米（Broken Rice）や籾米（Paddy）の輸出額や輸出量の記載が確認できる年もあるが，同期間を通じてではない．

また，タイ国関税局が作成した，1902 年から 1939 年までの通関統計では，白米（White Rice）砕白米（White Broken Rice），玄米（Cargo Rice），玄砕米（Cargo Broken），粉白米（White Meal Rice），玄粉米（Cargo Meal），籾米（Paddy）に分類されて，輸出仕向け先別に輸出額と輸出量が記録されていた．タイ米はインディカ米であるため，精米の際，完全な米，つまり，丸米（割れていない完全な形の米）だけでなく，割れて砕けた米，すなわち，砕白米が大量に生じる［古口 1921: 201］．砕白米は，白米に混合されるだけでなく，砕白米のみでも輸出され，輸出地において消費された．また，粒の小さい米は粉の白米，つまり，粉白米として取引された．さらに，玄米や籾米で輸出されてもいた．1902 年から 1939 年までの通関統計によれば，種類別の年平均米輸出量の割合をみると，白米が 46.4%，砕白米が 34.9% で全体の 8 割以上を占めており，粉白米8.6%，玄米 6.9%，玄砕米 1%，玄粉米 1.4%，籾米 1% とわずかであった[4]．圧倒的に白米や砕白米の輸出の割合が大きかった．

　このように戦前期タイの貿易統計では，ガーデン・ライスやフィールド・ライスという分類は，公的に記載されていなかった．タイの稲作と米の取引の現場では，確かに，籾米が地方からバンコクに運ばれる際に，ガーデン・ライスとフィールド・ライスの違いは明確に峻別され，異なるものとして精米所や輸出商は扱っていた．しかし，公的な輸出統計では，この違いが反映されていなかった．

　以上，ガーデン・ライスの栽培，流通，精米，輸出を検証する上での，研究上の限界を，2 点にわたって整理した．しかし，そうした限界はあるものの，実際の米の取引の現場では，確かに，ガーデン・ライスとフィールド・ライスは峻別されて取り扱われていた．そこで，あらためて，戦前期タイにおける，農家から米輸出商までの米の栽培，流通，精米，輸出の流れを以下のように整理しておきたい．農家はその地域の自然環境に適した米の在来の品種を選択し，それを栽培した．収穫時においても，確かにその品種を農家は了解していた．しかし，流通，精米過程では，その農家の米の品種が特定された状態を維持することは困難となる．すなわち，各農家から手に入れた籾米を流通業者は，精米業者に持ち込み，精米業者は，例えば，移植による良質の米なのか，直播による割れやすくもろい米なのかといった基準に従って，同種のものを峻別する．それを，バンコクの精米所や米輸出商は買い入れる．輸出するにあたっては，海外の米輸入商の注文に従って，ガーデン・ライスとフィールド・

ライスを異なるものとして分別し，白米と砕白米の混合を調整し，輸出してい
た．

5 ガーデン・ライスの輸出が可能となった要因

　ガーデン・ライスについては，品種・産地の特定や輸出統計の把握という点
で，上記のように研究上の限界があった．しかし，そうした限界はあるもの
の，実際の米の取引の現場では，確かに，ガーデン・ライスとフィールド・ラ
イスは峻別されて取り扱われていた．

　では，なぜ，タイの米，特に，ガーデン・ライスのような「品質」の高い米
が，一つの米の規格あるいはカテゴリーとして，取引されることが可能だった
のだろうか？　その要因として，本章では，タイの稲作，米流通，精米，米輸
出の根底にある，自由な選択と自由な競争環境の重要性を強調しておきたい．
以下，その内容を3点に整理する．

　第1に，英領ビルマや仏領インドシナの植民地政府とは異なり，タイでは米
の生産，流通，精米や輸出にかかわる政府による管理が，きわめて弱かったと
いうことが挙げられよう．もちろん，タイ政府は，稲作や稲の品種に関心を
持っていなかったわけではない．例えば，1910年にはバンコクで農業・商業
博覧会が開催され，そこでは，タイ国内の7つの州（モントン）から900品種
にも上る多数の米が出品され，品評会が実施された．入賞者には金・銀・銅メ
ダルと賞金が授与された．良質な米を選抜し，農民，精米・輸出業者，海外の
米業者に紹介することが目的とされた [Barnett 1910: 20-25; 79-88]．しかし，
この博覧会でタイ政府は国内各地の米を紹介し，表彰したものの，米の品種選
抜，品種改良や普及を積極的に管理し，推進したというわけではなかった．

　また，1916年タイ政府は稲試験場をバンコク近郊のランシット地区に設立
した．この設立は，当時の農業大臣グロマルアンラーチャブリーディレーク
ルットの指示によるものであった．管轄したのは，作物局（Krom Phopluk）と[5)]
いう部局で，初代の稲試験場長に就任したのは，プラヤー・ポーチャーゴーン
（トゥリー・ミリンタスート：1887-1966）という人物であった．彼は，1907年に農
業省に就職した後，タイ政府派遣留学生に選抜され，アメリカに留学した．当
初，ハーバード大学にて地図学を学んだ後，農学に専門を変更し，ケンタッ
キー州立大学を経て，最終的にコーネル大学で育種学を学び，1914年農学の

写真 11-1　プラヤー・ポーチャーゴーン葬式頒布本表紙

(出所) 京都大学東南アジア地域研究研究所図書室所蔵.

学士号を授与された. 帰国後, 1916 年ランシットの稲試験場にて米の育種を担当した. 彼の葬式頒布本 (**写真 11-1**) に記載されている回想録によれば, ランシットの稲試験場では, ガーデン・ライス (カーオ・ナー・スアン) の選抜が目的であったという. しかし, 実際には, フィールド・ライスに分類されたカーオ・クン・ナーム (Khao Khun Nam：深水稲：ふかみずいね deep water rice) の中で, ガーデン・ライスに似たものを探すというものであった. 価格の低いフィールド・ライスの中から, ガーデン・ライスに似たものを探し, フィールド・ライスしか栽培できない地域への紹介を目指した. また, ガーデン・ライスの良好な品種を探し, 農民にそれを普及するための販売を目指そうともしたという.[6]

たしかに, プラヤー・ポーチャーゴーンの取り組みに示されるように 20 世紀前半, タイ政府はガーデン・ライスの普及や, より良質のフィールド・ライスの選抜に取り組んでいた. しかし, あくまで, 農民や精米・輸出業者の中ですでに定着していたガーデン・ライスとフィールド・ライスという分類を前提に, その枠組みの中で選抜と普及の取り組みを, 細々と開始したというものであった. 政府が, 稲作や精米・輸出を管理・指導するというものでなく, 民間の農民, 精米業者, 輸出業者の取り組みの, いわば, 脇役としての役割を担っていたといえよう.

なお, タイ政府は, 天候不順や国際的な米需給の変化により国内米価が高騰した際には, 米輸出禁止処置などを講じた. 例えば, 1919 年 6 月から 1921 年 1 月まで, タイ政府は, インドの米輸出停止に端を発するタイ米需要増大を背景に国内米価が高騰した際には, 米輸出を 1 年半に渡って禁止した [Kratoska 1991: 115-146]. しかしながら, この処置は, 国内の米価高騰と干ばつによる不作に対応した, あくまで, 例外的な緊急処置であった.

第 2 に, タイ政府は, 一般的には, 米取引に強い干渉をしてはいなかったため, 籾米の流通業者, 精米業者や米輸出業者は, 自由な競争環境の下で, 米取

引のネットワークを構築して連携を図り，精米，米国内取引や米輸出を拡大さ
せることができた．しかし，それは，同時に，同業者間の激しい競争にさらさ
れていた．しかも，稲作は，雨季の雨量によって，大きく豊凶が左右される，
きわめて不安定なものであった．こうした不安定な稲作を前提に，米輸出業者
は，同業者との激しい競争の中，海外の輸入商からの注文に応じて，精米業者
から米を調達し，白米と砕米の混合割合を調整し，米の「品質」を管理した．
例えば，シンガポール福建華僑の陳金鐘（Tan Kim Ching）はバンコクに精米所
を設立し，米輸出会社を設立してライス・ビジネスに参入したが，彼の精米所
と米輸出会社は，競争の激しいタイの米市場において，「品質」の高い米を，
一つの輸出商品として精米し，シンガポールに輸出することによって，独自の
地位を築き上げた［宮田2002b；Miyata 2006；2022］．戦前期，バンコクで米の貿
易に深くかかわっていたボルネオ社（Borneo Co.）のスティーブン（A. E.
Stiven）は，陳金鐘のライス・ビジネスについて，1908年，次のような解説を
残している［Stiven 1994（1908）：157；160-161；宮田2002b：38］．

> このキム・チェン精米所（Kim Cheng Rice Mill：引用者注 陳金鐘の精米所）
> は，チャオプラヤー川沿いにおよそ36年前（引用者注 1872年頃）に設立さ
> れた．この精米所はバンコクで初めて一等白米（No.1 white rice）を精米し
> たことで有名である．近年も技術の革新にはたゆまぬ努力をはらってい
> る．キム・チェン精米所は，数年前，籾殻を燃料とする新案特許を有する
> スコットランド製の最新型精米機械を導入し，燃料コストを100%削減す
> ることに成功した．この精米所の第1の目標は最上級の白米を生産するこ
> とにある．そして陳金鐘の商会の海運によってシンガポール米市場にもた
> らされた白米はここ何年もの間絶えることなく最高値を実現している．

また，1920年代末，欧州向けタイ米の輸出停止という異常事態が生じた
が，その際には，政府が米の「品質」について調査はしたものの，その管理に
積極的に介入した形跡はなかった．さらに，この米輸出停止も，政府の介入や
関与はなく，民間の欧州系米輸出商社と華僑系精米業者の対立が激化したため
に生じたものであった［宮田2003；Miyata 2018］．1938年の国有会社タイ・ライ
ス・カンパニー設立以前の戦前期タイの米流通・精米・輸出においては，政府
の統制や管理が届かない，自由ではあるが，であるがゆえに，苛烈な競争の中
で米取引が行われていた．そうした自由な環境の下で，ガーデン・ライスとし

て分類される米が精米，流通，輸出されていたと言えよう．

第3に，戦前期タイの稲作農家が稲作経営において，一定程度，自由な選択を有していた可能性があるという点である．例えば，タイでは，戦前期，バンコク近郊のランシット地域のような一部地域を除き，大土地所有制があまり発展せず，自作農，あるいは，小農による稲作が維持された［宮田2018］．イングラムも，「タイの法律や慣習は，地主層の拡大を妨げ，小規模の独立した農民（small, independent owner-farmers）の国家としての成長を促した」［Ingram 1971：79］と評価していた．また，ジョンストンも，タイでは「自国民所有の小農的土地所有」［Johnston 1975：414］がみられたとしている．さらに，ラーソンは，ラーマ5世をはじめとするタイの王族が，自国の主権を守り，外国人の土地所有を防ぐため，土地証書の発行を遅らせ，結果的に，大土地所有が拡大せず，自作農による農業が維持されたと説明している［Larsson 2012：45］．

すなわち，政府によって，稲の栽培や稲の品種の選択について何らかの強制的な政策が実施されたことは確認できず，地域の土壌，地形，水利，気候などの自然条件に応じて，稲の品種や栽培方法を，農家が選択しうる余地が大いにあったということである．もちろん，籾米の販売に関しては，仲買商人や精米業者が価格に対する主導権を持っていたかもしれない．しかも，雨季の干ばつや洪水のリスクも抱え，籾米価格も大きく変動し，農家経営は決して安定したものではなかったかもしれない．しかし，それでも，その地域の自然条件の中で，「小規模の独立した」農家が稲の品種や栽培方法を選択する余地があり，例えば，ガーデン・ライスに分類されるような，高価格で取引される移植米を栽培することのできる自然条件に恵まれた農家は，そうした品種と栽培方法を選択する余地が，タイの農村にはあった可能性があるわけである．稲作経営における選択の自由が農家に一定程度認められる状況が，結果的に，ガーデン・ライスとして分類される米の栽培を促し，その米が流通，精米，米輸出を経て，海外に輸出される土台を作った可能性がある．

ガーデン・ライスの輸出が可能となった背景と要因として，戦前期においてタイ政府が，米の生産・流通・精米・輸出について，過度の管理や干渉をせず，むしろ，民間の農民，流通業者，精米業者，輸出業者が，自由な選択や自由な競争の下で，米の生産や米のビジネスに従事することができた点が重要であるということを重ねて強調しておきたい．

6 タイ高級米の系譜
――ガーデン・ライスとジャスミン・ライスの連続性と非連続性――

　21世紀の現代において，本章で取り上げたガーデン・ライスの存在は，タイの農村や農家においても，流通，精米，輸出においても，あるいは農学分野においても，忘れ去られた存在である．今や，タイの米を代表するものといえば，香り米のジャスミン・ライスである．世界市場においても，インド・パキスタン産の香り米バスマティ・ライスと並び称される，世界的な高級米である．ジャポニカ米が主食である日本では，にわかに理解しがたいかもしれないが，日本以外の世界米市場では，タイ産ジャスミン・ライスは高級米であり，タイは高級米の産地・輸出として有名である．

　こうしてみると，タイは，戦前期から現代にいたるまで，150年近く，世界市場で高く評価される高級米の産地・輸出地であり続けてきたとみなすことができよう．であれば，この150年間のタイ米の高級米の系譜，あるいは，その連続性と非連続性を明らかにすることが重要な課題となろう［宮田2002a］．もちろん，品種を確定することが困難で，「品質」が良い移植米の総称であったとされるガーデン・ライスと，特定の香り米品種，カーオ・ドーク・マリ105とゴー・コー15であることが明確なジャスミン・ライスとは，全く異なる．しかし，時代は異なるとはいえ，世界市場で「品質」が高く評価される米の生産，流通，精米，輸出がタイで可能となった，共通の背景や連続する要因を分析することに意味はあるだろう．

　ガーデン・ライスと高級香り米ジャスミン・ライスの連続性と非連続性について三つのBに着目して整理した．それが**表11-1**である．三つのBとは，ブリーディング（Breeding），ブレンディング（Blending），ブランディング（Branding）である．例えば，ガーデン・ライスにおけるブリーディングは，戦前期タイ政府による品種改良は十分とは言い難く，政府の役割は稲の選別と紹介であり，自然環境に応じた農民の伝統的な知識による品種の選別に依存していた．ブレンディングは，流通，精米，輸出段階では，ガーデン・ライスとフィールド・ライスの峻別と白米と砕米の混合によるブレンド技術がタイ米経済発展の鍵を握った．また，ブランディングについては，確かに，民間の流通業者，精米業者，輸出業者が，ガーデン・ライスという，流通・精米・輸出にかかわる

表 11-1　タイ米経済発展のための三つの鍵：三つの B（Breeding・Blending・Branding）

タイ米経済発展のための 三つの鍵	戦前 （ガーデン・ライス）	戦後 （ジャスミン・ライス）
ブリーディング（Breeding）： 品種選抜・品種改良・農業省の役割	△	◎
ブレンディング（Blending）： 米の等級・品質の管理・平準化・商品化	◎	◎
ブランディング（Branding）： 銘柄・消費財	△	◎

（注）◎は実現していること，△実現の程度が不十分であることを意味する.
（出所）各種資料をもとに筆者作成.

規格，あるいはブランドを作り上げていたが，それは，現代のジャスミン・ラ
イスのように，政府が制定する規格をもとに，民間業者が「米の銘柄」や「商
標」を設定し，ブランドを強調して取り引きする，洗練されたものではなかっ
た.

　他方，戦後の高級米ジャスミン・ライスについて，ブリーディングに関して
いえば，1950 年のアメリカの国際農業援助の一環としてタイ国内で実施され
た「稲品種改良プログラム（Rice Improvement Program）」において，タイ人の農
業担当官が採取した香り米の稲穂がもとになっている. タイ農業省の純系選抜
によって，栽培試験がなされて，推奨品種となり，東北タイを中心に栽培が広
がった［宮田 2017］. ブリーディングがきわめて重要な意味を持っていた.

　また，香り米のジャスミン・ライスの取引においてはブレンディングも重要
な要素である. 非香り米，いわゆる普通のインディカ米と香り米のジャスミ
ン・ライスの峻別が適正に行われていることが，何よりも，香り米ジャスミ
ン・ライスの精米・輸出では重要である.

　さらに，ブランディングもジャスミン・ライスの取引において重要な意味を
持つ. 高価格で取引されるジャスミン・ライスの精米と輸出は，タイ国内の精
米業者と輸出業者間で熾烈な競争が繰り広げられている. 各業者は，自らのブ
ランド，例えば，日本にもジャスミン・ライスを輸出しているチアメン（Chia
Meng）社のゴールデン・フェニックス（Golden Phoenix：金鳳米）などのようなブ
ランドを作り上げ，販売を強化している. また，タイ政府も 2000 年には農
業・協同組合省が，2001 年には商業省が，タイ産の香り米ジャスミン・ライ
スの規格や商標を確立するため，タイ・ホーム・マリ・ライス（Thai Hom Mali

Rice: Hom は香る，Mali はジャスミンの意味）という香り米の公式な規格と名称を定めた．政府自らも，香り米のブランドを積極的に確立するために努力を継続している［宮田 2008；2017］．

この三つのＢという指標は，戦前，戦後を通じて，およそ150年近く，タイが世界市場で高く評価される高級米の産地・輸出地であり続けてきた高級米の系譜，あるいは，その連続性と非連続性を明らかにしうる．同時に，この３つのＢという指標は，タイ米のみならず，世界米市場において米ビジネスが発展する条件を明確化する鍵となる可能性を秘めている．

7　モノから考える地域研究

最後に，本章から示唆される東南アジア地域研究の方法論について，特に，「モノから考える地域研究」の重要性を強調しておきたい．「モノ」への着目は，すでに，地域研究を遂行する上では，当たり前すぎる方法論かもしれない．しかし，現代世界の各地域を取り巻く諸問題は，ますます複雑化しており，地域研究を志したとしても，問題の多様性や複雑さを目の当たりにして途方に暮れることがあるかもしれない．そうした際，地域の特性を示す一つの指標たる「モノ」に，素直に着目することによって研究の糸口を見つけることができるかもしれない．

本章は，「モノ」としての米を取り上げ，その米の品質に着目して，タイ米輸出経済の歴史を再考した．米という「モノ」の品質にこだわることによって，従来の研究，すなわち，国際貿易構造や生産構造の変化に重点を置きがちであった先行研究の空白を埋めようと試みた．もちろん，史料の不足などさまざまな研究上の限界があるため，明らかにできなかった部分は多い．しかし，米という「モノ」を品質という点から着目すれば，戦前期のガーデン・ライスから現代のジャスミン・ライスにつながるタイ米経済の伝統の連続と非連続が比較可能になる．また，より広く，「モノ」としての米に着目すれば，稲にかかわる儀礼，稲の品種の選抜や改良，稲作の機械化，精米機械の技術発展，政府の米価政策，気候変動と国際米需給の不安定化など，さまざまな研究課題を設定することができよう．「モノ」にこだわることによって，地域の特性を歴史・政治・経済・社会・文化から深く研究する道が開けるかもしれない．そして「モノ」を通じて，いわゆる文理共創としての学問たる地域研究の可能性を

広げることができるかもしれない．世界や地域を取り巻く状況が多様性や複雑さを増しているだけに，「モノ」への着目は，地域研究を遂行する方法論として，今こそ再評価されるべきではないだろうか．

注

1）1962年出版された長谷川善彦『タイの米穀事情』には，カーオ・ナー・スワンが移植栽培による米であり，カーオ・ナー・ムアンが直播き田で栽培される晩生種であることが明記されており［長谷川 1962: 353］，1951年から1958年のバンコクにおけるカーオ・ナー・スアン（長谷川氏は Kas Na Suan と表記）の籾価格統計が記載されている［長谷川 1962: 362-363］．しかし，1965年発行の農業省の報告書 *Rice Economy of Thailand* には，移植米は，Transplanted Rice と表記され，直播米は Broadcast Rice と記載され，戦前期のようなガーデン・ライスやフィールド・ライスのような記載はない［Ministry of Agriculture 1965: 6-7］．

2）タイ国立公文書館所蔵文書ファイル：Thai National Archives（TNA），R7.M.26.5/108 ：*Krungthep Daily Mail*, 1929年1月30日．

3）*The Bangkok Times Weekly Mail*, 1929年3月28日．

4）The Statistical Office, His Majesty's Customs, Ministry of Finance［1903-1940］*Annual Statement of the Foreign Trade and Navigation of the Kingdom of Thailand.* Bangkok: The Statistical Office, His Majesty's Customs, Ministry of Finance 各年版．

5）作物局（Krom Phopluk）は，もともと養蚕局であったが，1908年に，作物局と改称された．作物局長だったペンパッタナポン（ピチャイ）親王が1909年に亡くなったのを機に，局から部に格下げとなった．1931年作物局は，商業・運輸省品種調査部と統合されて，農業調査局となった［玉田 1996: 21-23］．

6）『プラヤー・ポーチャーゴーン葬式頒布本』1966年．

7）ゴー・コーはタイ語の Krom Kan Khao 米穀局の略である．英語で，米国局は Rice Department で，その略が RD である．香り米のゴー・コー 15 という品種は，英語では RD 15 と表記される．

◆参考文献◆
＜邦文献＞

加納啓良［1995］「国際貿易から見た20世紀の東南アジア植民地経済：アジア太平洋市場への包摂」『歴史評論』539, pp.39-55.

川勝平太［1991］『日本文明と近代西洋「鎖国」再考』NHK出版.

杉原薫［1996］『アジア間貿易の形成と構造』ミネルヴァ書房.

高谷好一［1982］『熱帯デルタの農業発展』創元社.

玉田芳史［1996］『タイ行政組織史 1892-1993年：局以上の組織の変遷』平成7年度文部省科学研究費補助金成果報告書.

長谷川善彦［1962］『タイの米穀事情』アジア経済研究所.

古口賢治［1921］『南洋の米』南洋協会.

水野宏平［1922 a］「暹羅の米（2）」『南洋協会雑誌』8(3)，pp.31-44.

―――［1922 b］「暹羅の米（4）」『南洋協会雑誌』8(5)，pp.63-75.

宮田敏之［2001 a］「戦前期タイ米経済の発展」，加納啓良編『岩波講座　東南アジア史
　　第 6 巻　植民地経済の繁栄と凋落』岩波書店，pp.169-194.

―――［2001 b］『第 1 次世界大戦前のシャム外国貿易統計と通関制度：シャムに関す
　　る英国領事報告の分析を通じて』近現代アジア比較数量経済分析シリーズ No.11，法
　　政大学比較経済研究所.

―――［2002 a］「世界市場とタイ産・高級米の輸出」，川勝平太編『グローバル・ヒス
　　トリーに向けて』藤原書店，pp.250-258.

―――［2002 b］「シャム国王のシンガポール・エージェント ― 陳金鐘（Tan Kim
　　Ching）のライス・ビジネスをめぐって」『東南アジア　歴史と文化』（東南アジア史学
　　会），31，pp.27-56.

―――［2003］「タイ米輸出とアジア間競争：1920 年代におけるタイ米の「品質問題」
　　を中心に」，川勝平太編『アジア太平洋経済圏史 1500-2000』藤原書店，pp.199-228.

―――［2008］「タイ産高級米ジャスミン・ライスと東北タイ」『東洋文化』（東京大学
　　東洋文化研究所），88，pp.87-121.

―――［2011］「中国市場とタイ産香り米ジャスミン・ライス：なぜ，世界最大の米生
　　産国中国がタイ米を輸入するのか？」経済産業省経済産業研究所（RIETI）Discussion
　　Paper Series 11-J-005, pp.1-27.

―――［2017］「アメリカ合衆国の経済援助とタイ：「稲品種改良プログラム」からみた
　　援助と自立」，渡辺昭一編『冷戦変容期の国際開発援助とアジア：1960 年代を問う』
　　ミネルヴァ書房，pp.242-269.

―――［2018］「タイ米経済と土地法：1901 年土地法制定とその影響」，秋田茂編『「大
　　分岐」を超えて：アジアからみた 19 世紀論再考』ミネルヴァ書房，pp.219-45.

―――［2021］「農業技術の発展（アジア）」，社会経済史学会編『社会経済史学事典』
　　丸善出版，pp.88-89.

―――［2022］「タイの稲作とコメ輸出の現状と課題」『農業』（大日本農会）1687，pp.42
　　-48.

＜邦語一次史料＞

「香港ニ於ケル米穀ノ商況（明治 27 年 9 月上旬）」『通商彙纂』第 9 号［1894 年］.

「英，佛領，印度並暹羅米作ノ景況（28 年 10 月 5 日付在新嘉坡領事館報告）」『通商彙
　　纂』第 31 号［1895 年］.

＜欧文献＞

Barnett, J. C. [1910] *Report of the First Annual Exhibition of Agriculture & Commerce
　　held in Bangkok. April 1910*, Bangkok : Bangkok Daily Mail.

Ingram, James C. [1971] *Economic Change in Thailand* 1850-1970, second revised edition, Stanford : Stanford University Press.

Johnston, David B. [1975] "Rural Society and the Rice Economy in Thailand, 1880-1930," Ph.D. Dissertation, Yale University.

Kratoska, Paul H. [1990] "The British Empire and the Southeast Asian Rice Crisis of 1919-1921," *Modern Asian Studies*, 24(1), pp.115-146.

Larsson, Tomas [2012] *Land and Loyalty : Security and the Development of Property Rights in Thailand*, Ithaca and London : Cornell University Press.

Latham, Anthony J.H. and Larry Neal [1983] "The International Market in Rice and Wheat, 1868-1914," *Economic History Review*, 36(2), pp.260-280.

Miyata, Toshiyuki [2006] "Tan Kim Ching and Siam "Garden Rice" : the rice trade between Siam and Singapore in the late nineteenth century,"in Anthony J.H. Latham and Heita Kawakatsu eds., *Intra-Asian Trade and the World Market*, London and New York : Routledge, pp.114-132.

Miyata, Toshiyuki [2018] "The Dispute over the Quality of Rice Exports from Siam to Europe in the 1920 s," in Latham, A. J. H. and Kawakatsu, Heita eds., *Asia and the History of the International Economy : Essays in Memory of Peter Mathias with the Special Contributions from H.I.H. Crown Prince Naruhito*, London and New York : Routledge, pp.154-167.

———— [2022] "Siam Rice and Tan Kim Ching's Rice Business." in Kua Bak Lim, Lim How Seng and Roney Tan eds., *An Illustrious Heritage : The History of Tan Tock Seng and Family*, Singapore : World Scientific, pp.128-150.

Sanitwongse, Yai Suvabhan [1927] "The Rice of Siam," *ruang* khao khong prathet sayam : momratchawong suwaphan sanitthawong na ayutthaya taeng nai phasa angkriti phim nai ngan phraratchathan phloeng sop momratchawong suwaphan sanitthawong na Ayutthaya, pp.1-9 (『モム・ラーチャオン・スワパン・サニッタウォン・ナ・アユッタヤー葬式頒布本』所収).

Stiven, A. E. [1994 (1908)] "Rice," in Wright, Arnold and Breakspear, Oliver T. eds., *Twentieth Century Impressions of Siam : Its History, People, Commerce, Industries, and Resources*, Bangkok : White Lotus, pp.144-169.

Suehiro, Akira [1989] *Capital Accumulation in Thailand* 1855-1985, Tokyo : The Center for East Asian Cultural Studies.

＜英語一次史料＞

The Bangkok Times Weekly Mail : 1929 年 3 月 28 日.

Ministry of Agriculture [1965] *Rice Economy of Thailand*. Bangkok : Ministry of Agriculture.

＜タイ語文献＞

Thanom Tana [1984] "Kitcakan rongsi khao nai thi rap phak klang khong phrathet thai pho. so.2401-2481," witthayaniphon prinyatho, phakwichaprawattisat mahawitthayalai Sinlapakon（『シャム国中央部平野における精米業：仏暦 2401-2481 年 ［西暦 1858 -1938 年］』シンラパコーン大学修士論文）.

＜タイ語一次史料＞

『プラヤー・ポーチャーゴーン葬式頒布本』1966 年.

第12章

タイ経済ナショナリズム論の再考
―― タイ米穀会社の事例から ――

船津 鶴代

1 タイ経済ナショナリズム期の官僚と華僑資本家

　1932年立憲革命後のタイにおける官僚と華僑資本家の関係をいかに捉えるかという課題は，人民党政権下のタイ経済ナショナリズム政策を分析する鍵となる中心的テーマである[1]．タイの統治を絶対王政から立憲主義の新体制へと転換した人民党政権期（1933-1947）の経済ナショナリズム政策は，主要な先行研究において，官僚主導の強硬なタイ化政策により華僑資本に制裁・同化の圧力を加え「華僑の経済力を封じ込める政策（policy of containment）」[Skinner 1957: 262] と理解されてきた [Coughlin 1960: 129-131]．実際，この時期に定められた経済ナショナリズム法制では，タイ人民の暮らしを向上させる目的で華僑・外国人に占有されてきた業種をタイ人の仕事に置き換える数々の措置が施行され，華僑商店や華僑労働力を主とする事業の閉鎖が相次いだ [Skinner 1957: 261-272]．特に1938年からのピブーン政権第1期（第1次政権1938年12月-42年3月，第2次政権1942年3月-44年8月）には，愛国運動の方針がラッタニヨム（国家信条）に明文化され [玉田 1996]，「タイのためのタイ経済」政策を官主導で推進し，外国人の掌中にあった経済分野への事業介入を本格化した．

　ここで，タイ華僑研究の古典であるスキナーの主著 [Skinner 1957] が示すように，1930年代末から新政府が本格化させた国有事業が，反華僑主義・排外主義にもとづくエスノ・セントリックな抑圧の意図のみから運営されていたとすれば，この時期の華僑資本家はそのエスニシティゆえに経済ナショナリズムの政策過程や利益から排除されていく流れが整合的であろう．

　ところが，1940年代の経済構造の変化に注目したヘウィソンやレイノルズ

が疑問を投げかける通り，現実にナショナリズム事業が本格化する1938年から第2次世界大戦期のタイで，主要な経済分野における華僑・華人系企業の占有率は逆に高まりをみせている [Hewison 1989: 72-73; Reynolds 1997: 387-388][2]. さらに，1940年代の国有事業の運営には，一部の華僑資本家が携わって収益をあげたことも報告されている [Suehiro 1989: 130-134]. これらの事実をつなぎ合わせたとき，タイ経済ナショナリズム政策が，総じて華僑・華人の経済活動を官僚が弱体化させ「封じ込めた」という華僑研究の定説は，ピブーン政権第1期における排除の一面だけを強調し，経済ナショナリズム政策を通じて同政権が試みた華僑の統合策 [村嶋 2002: 38] との間に齟齬をきたしている.

　他方，タイの経済ナショナリズム期における官僚と資本家の関係を，商務省商業登記局の詳細な資料から跡付けたサンシット・ピリヤランサンの「官僚資本主義」論は，革命後の官僚エリートがパトロンとして華僑資本家を庇護しながら，支配したことを強調する.「官僚資本主義」論は，革命後のタイで，支配エリート層に横滑りした人民党メンバーの軍将校・文民官僚が官僚の権力に依拠した「官僚国家」を維持し，タイ資本主義の発展を妨げた，と主張する [Sangsit 1983]. この観点からサンシットは，1930年代～40年代の経済ナショナリズム政策を「人民党が派閥の支配基盤を固めるためのレント・シーキングに他ならない」[Sangsit 1983: 168] と位置づけ，華僑資本家と人民党エリートが「大多数を占める人民の利益を顧みず」個人の利得を追求した，と批判した[Sangsit 1983: 82; 168]. 同様に，ピブーン政権の経済政策について公文書から詳細に記述したパーニットの修士論文も，ピブーン首相個人の決断に多くを負った経済ナショナリズム政策が，官僚機構の非効率に直面し，政治家・官僚・一部の華僑ビジネスに莫大な利益をもたらす一方，大多数のタイ人民に利益をもたらさなかったと論じている [Phanit 1978]. ただし，これら重要な先行研究は，当時の理論枠組みであったパトロン・クライアント関係の析出に重点をおき，個々の経済ナショナリズム政策の担い手がどのような目的から，タイの経済制度と組織を改変し，いかなる契機から官民事業に加わったか，といった政策過程の実態を検討していない.

　しかしながら，2000年前後からのタイ研究では，人民党政権期（1933-1947）の経済政策がレント・シーキングの問題も生みながら，同時に「タイのためのタイ経済」に向かう重要な変化（例えば農民の負担軽減策や土地政策の試み，国家財政支出の変化，教育の拡大，国立銀行他新たな官組織の設置等）をもたらしたと評価す

る動きも現れている［南原 2000；2022；Apichart and Isakun 2022］．加えて，1920〜1930 年代に政府の経済介入の必要を唱え，経済ナショナリズム政策に影響を与えたタイ生まれの華人ミドルクラスや華人新興企業家を取りあげた，Nakharin［1990］，末廣［1991］，南原［2000］，船津［2002, 2017］などの研究も，タイ華僑研究の古典に現れる華僑・華人像とは異なる類型を取り上げている．

　本章は，ピブーン政権第 1 期の政策がもたらした重要な制度に華僑資本の「タイ化」があることに着目し，その一例として革命後の国有事業で成功を収めた「タイ米穀会社」(Thai Rice Company Co.,ltd., 以下 TRC と略) に焦点を当てる．「タイのためのタイ経済」を目ざした人民党が，逆説的ながら華僑資本の一部を招いて官民協力事業を始め，戦前・戦中の国家的危機を背景にタイの流通網構築を実現する先駆けになったのが TRC（「タイ米穀会社」）であった．特に本章は，この TRC の設立・運営に国家の「構造的な危機要因」として二つの問題がかかわっていたことを，公文書や葬式本の記述から跡付ける．構造的な危機要因の一つは，1930 年代のコメ問題と華僑労働者の行動であり，これがタイの治安維持・安全保障問題の一部と認識された．そしてもう一つの構造的な危機要因は，タイが第 2 次世界大戦に参戦する前の 1940 年と戦中の品不足・物価高騰であった．この国家的危機に対処するためピブーン政権は TRC を用いてコメ輸出の戦時統制・独占に踏みだし，輸出入業に重要な役割を果たしてきた華僑資本を排除するのでなくその「タイ化」を進める措置へと移行する．

　こうした問題意識を踏まえ，以下では TRC の設立過程に最初の構造的な危機要因である華僑問題がどのように「タイのためのタイ経済」政策にかかわっていたか，に触れる．つづいて，もう一つの構造的な危機要因の発生から，TRC を通じてコメ貿易を独占する制度を築き，それを契機に華僑資本の「タイ化」が進められた過程をたどる．そして最後に，タイ経済ナショナリズム政策から拡大して華僑資本を新たな国家事業に取り込んでいく流れの一部を紹介し，立憲革命期の分析を積み重ねることの含意について概括したい．

2 タイ米穀会社（TRC）の設立

(1) タイ経済ナショナリズム政策の始動

1932年6月，ヨーロッパに留学した官僚らが結成した人民党は，絶対王政期の経済運営に不満を抱く陸軍将校の一部とともに立憲革命を実行し，立憲主義にもとづく新体制を発足させた．絶対王政期に結ばれた各国との不平等条約が外国人優位の経済・貿易体制をもたらしたと批判した人民党は，タイ経済の自律的運営とタイ人民の福利向上を目指す「タイのためのタイ経済」政策により，革命の正当性を主張した．

同年6月24日の革命布告第1号には，新体制の統治原則として，① 政治・司法・経済における独立の維持，② 治安の維持，③ 国民の経済的福利の増大と経済計画の策定，④ 国民の平等，⑤ 自由の保障，⑥ 教育普及の六項目が挙げられた．

そこから人民の多数を占める農民生活の改善策や経済の自律的運営をめざす政府事業の計画が，政権内部で議論されるようになった．ところが，パホン（本名ポット・パホンヨーティン，Phot Phahonyothin）政権期（1933-1938）におけるタイの貿易の大半は西欧商会と華僑が担っていた［Thompson 1941: 243-244］とされる．実際，1933年にはタイで輸出入を行う全事業所（235社）のうち，8割を海外勢であるヨーロッパ系（112社），中国系（61社），東インド系（16社），日系（8社）が占め，タイの事業所はわずか38社を数えるに過ぎなかった［Simoniya 1961: 60］．

こうした状況から，革命後の新政権がタイ中心の商業・貿易構造を作りだそうとする計画は，当初から困難をきわめた．とりわけ，コメ輸出では1920年代にタイ国内の華僑資本家グループが精米，コメ貯蔵，輸送と海運，販売，輸出，保険までを垂直的に統合した事業形態を作り上げており［末廣1989: 83-87］，そのネットワークは1920年代には地方にまで拡大していた［宮田2001: 179］．

こうした難題を伴う政策であるにもかかわらず，タイの経済ナショナリズム構想では，革命当初から「農民の労力と汗から生まれる」コメ事業［Boriphanyuthakit 1970］の政府事業化に最重点がおかれた．それは，20世紀に入りタイの輸出品目がコメ，チーク材，錫に特化されるなかで，コメ輸出が1930年代

に総輸出額の6割近くをしめる品目に浮上しており［末廣1989: 25-26, 宮田2001］，外国人事業者が過半を占めるこの基幹産業の変革を不可欠とみる人民党リーダーの認識にもとづいていた［Boriphanyuthakit 1970］．これと並行して，新政府は旧体制下で農民に課された田地税（カーナー）を革命後（1932年）に1931年1ライ当たり80サタンから50サタンへと減額し人頭税も廃するなど，人民の負担軽減策も実施した［Sompop 1993］．人民党は，こうした農民への措置で減少した税収分150万バーツを含め，新体制への移行後に生じた数々の税収問題について，新たな事業や税源創出によって埋め合わせる歳入の拡大策を探っていた．

(2) タイ米穀会社の準備と発足

1934年4月，政府によるコメ事業構想を繰り返し議論した経済大臣プラ・サラサートポンカン（Phra Sarasatphonkan, 以下プラ・サラサート）は，新たな事業の採算や慣例の問題に加えて，コメ事業にかかわる華僑の横やりから政府が直面するであろう国家の構造的問題への懸念を，次のように明記している［1934年10月4日閣議資料］．

「第1に，この事業には性能のよい精米機の入手が不可欠だが，政府が精米機を自前で買えば不採算に陥るリスクがある．第2に，華僑輸出業者の間には，欧米向けの高品質米に低品質米を混入する慣行があり，タイ米価格の下落を招いている．そして第3に，バンコクの大規模精米所は，すでに集荷できるコメの量に対して設備投資が過剰であり，そこに政府が新規参入すれば既存の業者が政府のコメ事業を赤字に陥れる嫌がらせもありえる」（下線は筆者）とした［NAT(2)So.Ro.0201.57.1,1/2］．これらの経営上の問題に加えて，タイで精米業に従事する華僑・華人労働者は，日貨ボイコット運動の一環で，1934～37年にかつてない大規模ストライキを組織し，日本へのコメ輸出を度々妨害した［村嶋1993］．さらに，精米所を所有する有力華僑は，命を狙われる危険もあって日本への輸出協力を拒んでいた．相次ぐ労働者の実力行使や華僑資本家による貿易拒否の動きは，あらためてタイにおける華僑の経済的支配力の大きさを印象づけ，これを国家的な脅威と捉える1930年代の世論を再燃させた．

プラ・サラサートが経済計画案を提出した当時の心情描写をイギリス外交文書から引用した南原［2000］は，経済大臣の切迫した認識を「タイの現在の経済状況は恐怖を示唆するものである．もし，状況が今年中に改善されなければ

政府の存続も危ない．政府が自らの存在価値を証明するための時間はたった1年しかない．」[南原 2000: 40] と記している．

コメの集荷・精米業の政府事業化が課題になるなか，1936年にはプラ・ボリパンユタキット経済大臣 (本名パオ・ピアンルート・ボリパンユタキット，Phao Phienloet Boriphanyuthakit) が，「コメ協働組合を地方に立ち上げ，政府がコメを農民から直接買い上げる」ことを提案し，1936年から地方17ヶ所にコメ貯蔵庫を建設する予算執行に着手した．

さらに，プラ・サラサートが指摘した構造的な危機要因は，1938年時点の国際情勢から新たな局面を迎えていた．TRC設立時のプラ・ボリパンユタキット経済大臣の意図についてレーヌー・スワンナシット (Renu Suwannasit，財務省官僚，4代目 NESDB 長官) が記した回想によれば，TRC設立には，「タイのためのタイ経済」という主目的の他，タイ政府が反日運動を繰り返す華僑のボイコットを抑止できることを外国政府に知らしめ，武器を手にコメ輸出を要求してくる日本との関係を安定させたいという，タイの主権にかかわる外交意識も反映されていた [Boriphanyutthakit 1970]．この喫緊の課題に直面した経済省商務局プラ・プラモンパンヤー局長 (本名プラモン・ネートシリ，Pramon Netsiri) は，タイに忠誠心をもつ華僑資本家を事業推進役に登用し，解決策を見出そうとした．

TRC設立前から華僑・華人労働者のストに苦戦してきた同局長は，1924年に家業の精米所を継ぎタイ国精米協会 (代表1925年～33年) を立ち上げた華僑企業家マー・ラップクン (馬立群 Ma Liapkhun，改名後マー・ブラクン) に相談をもちかけた [Ma 1964]．1930年から中華総商会主席もつとめたマーは，革命後のタイの国家経済会議 (Sapha Sethakit haeng Chat) 委員にも就任し [Ma 1964]，タイ政界と華僑社会をつなぐ存在として信望を集めていた．さらに重要な点は，TRC発足後の1940年，マーが自身のイギリス保護民籍をタイ国籍に変えることを決断し，ピブーン首相にブラクン (Bulakun) 姓を下賜されて名乗ったことであった．

商務省記録をみる限り，担当局長とマーの間で話し合われた事業方針は，タイ官僚の庇護をもとめ被支配関係に甘んじた華僑資本家像とはかけ離れていた．民間人であるマー側が主導権の多くを握り，担当局長はマーへのヒアリング後，その提言にもとづいて事業案に大きな変更を加えた．それは第1に，事業赤字化を防ぐため，局が自前で精米所を建てる案を取りやめ，華僑の民間精

米所を借り上げて開始することであった．第2に，地方からの籾米のうち25%のシェアを確保しバンコクに輸送する役割を官側が担い，精米並びに販売・品質管理はマーが担当するという官民分業の取り決めであった［NAT（3）SoRo.0201.29.1/19］．TRC の経営者トップには「官組織に利益のあがる商いをできる人材がいない」ことを理由にマーが推薦され，プラ・ボリパンユタキット大臣がこれを認めた［NAT（2）So.Ro.0201.57.1/2］．こうして政府出資による国有事業でありながら，華僑の民間企業家が経営方針の重要部分を決めて運営を担う TRC が発足した．

1938 年 12 月 3 日，50 万バーツの登録資本金を財務省が出資し，TRC が始動した．プラ・ボリパンユタキット経済大臣は，1939 年 3 月 9 日のラジオ放送において「タイ国中の精米業や海外の輸出業者をみてまわっても，コメの仲買人や輸出業は外国人の華僑（alien Chinese）ばかりが占め，海外輸出を手掛けられるタイ系の会社は二つとない」問題を挙げ，政府のコメ事業は「タイの同胞を助ける事業」であると宣言した．その目的は「農民を華僑の仲買人・精米業者から解放し」「農民が苗を植えるところから最終消費者の胃にコメがおさまるまでを助け」，「タイの商業網を創設する」ことにあると国民にむけて語った［Landon 1941 : 244-245］．

(3) TRC によるタイの商業網の設置と輸出事業の拡大

TRC 社の精米事業は，バンコクの中・大規模の民間精米所を借り上げて始まった．うち 3 か所はマーの経営する精米所（チンセーン精米所など）であった．新体制に協力的な華僑の既存施設を利用することで，官僚側は，1930 年代に構造的な危機を引き起こした華僑・華人労働者のストライキを回避し，反日感情をもつ華僑民間業者を経由せずに精米・コメ販売・コメ輸出事業の安定を図れたのである．

官庁の特権も利用したこの合同事業は，最初から順調な伸びをみせた［Landon 1941 : 244-245］．まず民間の精米業者が地方の籾米取引を争うなか，TRC は地方協同組合との交渉により有利な条件で直接コメを買い取り，民間業者にかなわない量の籾米を確保した．加えて同社の籾米輸送では，鉄道局の協力で国営鉄道の特別運賃を利用し，運搬コストを抑えることができた．また，TRC は輸出米の質を管理するため砕米混入量に応じた独自基準を新たに設け，従来取引してきた香港・シンガポールなどに加え，日本・ドイツなどからタイ米の注

文を受けつけるようになった [Ma 1964].

TRC社の精米能力と取引量は，設立から2〜3年で急拡大した．1941年商務ダイレクトリーによると，同社はバンコクで日産約500mtを産出する最大規模の精米所で事業を始め，2年でバンコクの大型精米所10ヶ所を買い取り，1941年の概算でTRCの商うコメ取扱量は全土の約3分の1を占める規模に成長した [Dept. of Commerce 1941 : 43].

こうした急激な事業拡張により，設立時の1938年に同社と取引するタイ系コメ商人が3割に満たなかったところ [Landon 1941 : 245]，1939年末にはTRCの商いに応じるコメ商人が7〜8割を占めるようになった [Phanit 1978 : 115].こうして設立からわずか2〜3年で，TRCは華僑と西欧商社が占有してきたコメ市場の一部にタイの集荷・精米・流通ルートを作り上げ，約束どおり「タイの商業網」を確立する政策の一翼を担った.

3　コメ輸出枠確保への布石

(1)　1938年から1940年代初めのコメ輸出事業

TRCの事業の範囲は，国内の籾米取引と精米に留まらず，事業に利益をもたらすコメ輸出にも重点がおかれた．コメ輸出業では，当初1930年代末の不安定な国際市場における輸出枠の確保と価格の安定を主要な課題としていた．そのため，TRC幹部の人民党員ワニット・パーナノン（Wanit Pananon）や商務局は1939〜1940年から，率先して日本や英領マラヤ政府に働きかけを行い，政府間の交渉によりTRCのコメ輸出枠を確保しようとした.

TRC設立前後の国際市場の動向について，1927〜1939年のタイのコメ輸出量・輸出価格をまとめたソムポップは，1930年代の国際価格の低迷と輸出量の不安定が当時のタイのコメ輸出実績を左右する要素であったと指摘している（図12-1）[Sompop 1993 : 30]．そのなかで，TRCが介入を始めた1938年末と1939年，タイからのコメ輸出量はわずかに上昇に転じ，タイ経済史を専門とする宮田敏之は，政府による経済介入政策が「一見，効果を挙げたかにみえる」ことにふれている [宮田 2001 : 172,179]．またTRC社の説明によれば，同社の輸出では砕米混入量に応じた基準を明確化したことも，その後の取引先との関係安定に寄与したとされる [Ma 1964 ; Landon 1941 : 245].

マー葬式本の記録によれば，はやくも1939年1月には，人民党員の官僚で

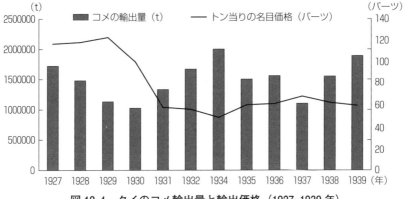

図12-1 タイのコメ輸出量と輸出価格（1927-1939年）
（出所）Sompop [1993 : 30] の数値をもとに筆者作成.

あるワニットとプラ・プラモンパンヤー局長が, TRCからのコメ買付け保障を日本に求め, 当時タイ国公使館にいた田村大佐がその要望を日本陸軍に伝えた, とされる [南原 2022: 103; Ma 1964 Det Sanitwong 回想]. こうした努力の末, TRCは1939年1月時点で2万袋分の注文を日本から受け, 同年3月にはドイツからも30万袋の輸出米の注文をとりつけた [Landon 1941: 245]. さらに日本軍のタイ駐留が始まった1942年には, それまでの日本国内向け輸出に加えて外地むけ輸出も上乗せされ, 日本へのピーク時のコメ輸出量は72.4万tに上った [南原 2022: 100].

驚くべきことに, こうした日本への輸出に並行して, タイ商務省は1940年11月に日本と敵対する陣営である英領マラヤ政府との間にも翌1941年（1年間）のコメ輸出契約を働きかけていた. タイ経済省文書によれば, 1940年1月からタイ商務局は英領マラヤ政府との契約交渉を独自に始め [NAT(2)SoRo 0201.57.3/1], 相手方と厳しい交渉を繰り返した. これを事前に把握していなかったピブーン首相は, 第2次世界大戦の戦火がヨーロッパで広まった1940年6月以降, 特にタイ日関係とタイの中立的立場への考慮を窺わせる立場から, 商務局に指示を出した.[4]

1940年2月3日, 経済大臣にあてた二つ目の書簡で, ピブーン首相は「コメ貿易は外交政策としても重要である. 特に戦争が始まった今は以前より注意しなければ, 外国に干渉の余地を与え, 我が国が属国化される危険を招きかね

ない」[NAT(2)SoRo 0201.57.3/1]（下線は筆者）と英領マラヤとの交渉に強い懸念を示した．そのうえでピブーン首相は「これまでのすべての売買契約を証左と共に首相に提出し，それぞれの契約がどの会社・どの主体と結ばれ，いつどこで，どれくらいの量を約束したか報告せよ」と経済大臣に命じ，「今後は外国との契約に際して首相府が中身を検討できるよう，事前に通知せよ」[NAT(2)SoRo 0201.57.3/1] と TRC にくぎを刺した．

その後，英領マラヤ政府とのコメ輸出交渉の山場は，1940年11月4日から19日に訪れ，英領マラヤ政府の食糧管理事務所長オーテンとタイのプラ・プラモンパンヤー局長が交渉に立ち会った．英領マラヤ政府側は，1941年にタイから輸入したいコメの量を月間3.5万t（年間42万t）と伝え，契約に記載する購入価格は，輸出数ヶ月前のレートに固定した額で契約したいと提案した．これに対してタイ側は，コメの国際価格は変動が著しいため，コメ売却額を輸出前に定めてしまえばタイが大損失を被るリスクがあるとマラヤ側の提案に難色を示し，両者は交渉を継続した．その結果，コメ売却予定日30日前からの平均価格を算出し，応札できる最高価格と最低価格をその都度双方が合意して輸出することで合意が成立し（1940年11月19日），1941年1月から1年間のコメ輸出契約が締結された [NAT(2)SoRo 0201.57.3/2]．ただし，プラ・ボリパンユタキット大臣がピブーン首相に宛てた文書では，年間42万tを英領マラヤに輸出することは難しく，現実には22.5万t程度の輸出量に留まるとの見通しも伝えられた．

こうした政府間交渉の記録は，諸外国との貿易経路が遮断されて国際的な輸出統計が得られない時期（1940年以降〜）のタイのコメ輸出量について，一部を推計する手がかりを与えてくれる．日本へのコメ輸出では，南原が三菱商事のタイ米取扱文書（1940〜44年）から推計を行っている [南原2022: 100]．その値と上述の英領マラヤ政府との記録から概算すると，1941年に少なくとも英領マラヤへの22.5万t輸出（同年限り，輸出実績とされる値）と三菱商事に対する40.89万tを合わせた輸出量は，計63.39万tに上る．その後，1942年には三菱商事だけで72.4万tのコメが TRC から日本に輸出されている．すなわち，TRC は1938年のコメ輸出量全体（155万t）から換算して少なくとも4割〜半分程度の輸出枠を1941年・1942年に単独で確保し，国内で生産されたコメの余剰を吸収し国内の生産体制を支え，「タイのためのタイ経済」事業の維持に，役割を果たしていた．

(2) 太平洋戦争開始前からの物資不足と市場統制

ところが，国内のコメ市場では，すでに 1940 年前半の国際価格の上昇を背景にコメ輸出のペースが速まり，1940 年後半には国内消費に回すコメがひっ迫し，食料価格の急騰が国内経済を揺るがせていた．特に 1941 年 12 月に日本軍がバンコク進駐すると，人民党政府は，戦時下で深刻化する物資不足に介入しながら，日本による大量の資源買付け要求に応じ，国家存立にかかわる対外関係を調整する難題に直面した．国内生計費のインフレ問題が生起するなか，ピブーン政権は，深刻な危機を意味する「緊急事態」(タイ語で phawa khapkhan, 英語の critical situation に相当) という言葉を用いて，人民の直面した食糧難や困窮に対処し，コメの輸出統制や輸出入企業の登録制度を導入した．TRC は，こうして 1940 年以降の経済的混乱の収集に対処する国営事業として，新たな役割を果たすようになる．

ピブーン政権は，コメなど数品目の必需品にかかわる物品統制を参戦前の 1941 年 4 月に導入し，12 月には輸出入管理の政令を発布した．その一つは，特定の必需品 (コメ・錫・木材・ゴム・塩等) にかかわる物品統制であり，1941 年 4 月 10 日の「1941 年国外への特定物資輸出規制に関する政令第 5 号 (Phrarachakrisadika khuapkhum kansong ok pai nok ratcha anajak sung sinkha bang yang chabap thi 5)」が重要な契機になった．同政令 (第 3 条) は「経済大臣の許可を得るか，経済大臣から委託をうけた者でなければ，すべての種類のコメを輸出してはならない」ことを定めている．国内精米所と輸出業者の多くは，これを全面的な「輸出禁止令」と捉えたことから，華人の精米所資産の多くが政府に移転され [Phanit 1978: 117-118]，のこった精米所からのコメ輸出も正規ルートを辿るためには省の認可を必要とした．ここから，タイのコメは実質的に TRC を経由しなければ正規に輸出できなくなり，政府による独占状態が出現した [Sangsit 1983]．

もう一つは，消費財の輸出入企業を管理するため日本軍のバンコク侵攻直後の 1941 年 12 月 26 日に発布された「1941 年需要を満たすための消費財統制に関する政令 (Phraratchakrisadika khuapkhum khrueang upaphok boriphok hai phiangpho kae khwam tongkan Pho.So.2484)」である．これにより，タイ政府に輸出入企業として登録しない会社は，公式の輸出入業務を扱うことはできなくなった．この定めにより，タイ国籍をもつ華人の商人団体である「タイ商人協会」(Samakhom phokha thai，母体はタイ商業会議所と同一) が商務局 (1942 年緊急勅令以降は商務省)

のもとで企業登録を取りまとめることになった．タイ企業として登録した事業
所には輸出入枠の 6 割が割り当てられ，外国企業の 4 割より有利な条件を得ら
れた．華僑資本の一部は物品統制が敷かれたタイで事業を継続するため，タイ
化の波に合流する途を選んだ [船津 2017]．この統制が敷かれる直前，タイ国内
の主な輸出入会社の国籍別事業所数 (Directory for Bangkok and Siam に掲載)
は，1940 年の全事業所数 299 社のうち，タイ系が 56 社 (18.7%)，中国系 98 社
(32.8%) を占め，ヨーロッパ系 103 社 (34.4%) を凌ぐ数に増えていた [Landon
1941: 141]．タイ経済ナショナリズム政策がめざした貿易事業のタイ化は，
徐々に進展していた．加えて，戦争を機に半強制的な措置を経て，華僑事業者
の一部は，「タイ商人協会」に加盟し，全商業分野を含む協会の登録者数は，
発足時の 46 名から 1943 年時点で 747 名にまで急増した [Samakhom Phokha Thai
1950]．

　このように 1941 年 12 月以降の輸出管理制度から政府の輸出独占化が進み，
経済ナショナリズム事業に華僑資本家が加わる重要な契機になった．1941-44
年の TRC では，コメの国内消費を確保しながら日本の要求に応じて輸出を調
整する危機管理対策が事業の中核を占め，そのなかで TRC の事業拡張が図ら
れることになった．

4　華僑資本の対応と新たな官民関係の拡大

(1)　TRC 事業の垂直的統合にむけた政府の投資拡大

　本節では，TRC を中心に経済ナショナリズム事業が拡大する過程で，この
時期の華僑企業家の役割に生じた変化にふれたい．

　1938 年からタイ系のコメ・ビジネスを構築した TRC では，1940 年前後か
ら経営者のマーが，政府が輸出にかかわる他の事業に追加出資する提案を打ち
出した．TRC の関連事業は，戦前から戦中に集中して設置され，これら関連
事業により，官僚エリートが華僑資本をタイ国有事業に取り込んでいった痕跡
を数多く見出すことができる．

　民間のコメ輸出業の流れに明るかったマーは，政府版のコメ輸出統合を図る
銀行・損害保険・海運会社を立ち上げて垂直的に事業を統括し，輸出事業の円
滑化とコストダウンを目指していた [Ma 1964: 21]．例えば，1941 年 1 月以降
の英領マラヤへのコメ輸送契約を機に，TRC のコメ搬送は船賃の高い西欧商

会 (ボルネオ社やアングロサヤーム社) に代えてタイ政府所有のタイ海事航海社 (The Thai Maritime Navigation Co.,Ltd., 1940 年設立) の船による海上輸送に切り替えられた. 加えてここに, タイ海運会社 (The Thai Navigation Co.,ltd., 1943 年設立) の船も加わっていった.

TRC の関連事業は金融・保険部門にも拡張し, TRC が出資する公営モントン銀行 (The Provincial Bank, 1940 年設立時の名称はタイ銀行) とタイ経済保険会社 (The Thai Sreschthakich Insurance Co., Ltd., 1942 年設立の損害保険会社, TRC・モントン銀行が 38% ずつ出資) がそれぞれ TRC や他の政府事業を担当した.

この事業拡大の過程で, タイの官民関係に特筆すべき深化が生じた. それは, 経済ナショナリズム初期に精米業・コメ輸出業への政府介入で不利益を被り, 当初は人民党の事業運営には距離をおいていた華僑大資本のなかに, TRC の保険業, 銀行, 海運業や, 並行して発足したタイニヨム商事会社 (Thainiyom Phanit Co.,ltd.), 農業・農産物関連会社 (カープートポンタイ社 Kha Phoetphon Thai, プートカシカム社 Phoet Kasikam など) にタイの企業として参画し, 人民党政府と主体的に協力関係をむすぶ者が現れたことである. これらの国営事業には, ① 人民党主要メンバー (ワニット・パーナノン, プラ・ボリパンユタキット, ウィラート・オーサターノンら) に並んで, ② 華僑資本家 (マー・ブラクン, ワンリー家, プラスック家, マハーサワット家), ③ 1920 年代からナショナリズム運動に参加し, タイ商人協会 (タイ商業会議所) で活動してきた華人の協会メンバー (おもにタイ国籍をもつ華人新興企業家) の名前をみいだせる. とりわけ, タイの第 2 次世界大戦への参戦後, 西欧の事業所が撤退した保険・金融業では, タイ政府が「敵国資産」接収などにより代替事業を立ち上げ, その会社発起人や役員, 経営者に, コメ財閥や華僑資本の企業家を登用し始めた[5]. すなわち, ピブーン政権第 1 期には, 戦争という構造的危機を背景に, 西欧の事業所撤退により経済ナショナリズム政策においてタイ系の新規事業を立ち上げるチャンスが生まれ, 精米業や西欧商会のミドルマンであった華僑資本は, タイ国有事業への接近から国家資源にアクセスし, 海運業や保険・金融業に進出する足がかりを得ることになった.

(2) タイ経済ナショナリズム期の再検討

上記のラフな素描にもとづき, タイ経済ナショナリズム政策の分析に新たな視点を加えていく可能性を検討したい.

まず，人民党リーダーによる非効率なレント・シーキング策に位置づけられてきた経済ナショナリズム政策について，TRCの事例をみる限りでは，短期間に国内コメ市場に政府の集荷・流通ルートを組み入れ，外国人に占有された商業を「タイの商業網」創出によってタイ化する目標の一部を達成した．経済省は，地方にコメ貯蔵庫や協同組合を設置し，地方のコメ商人・鉄道局を全国の集荷システムに巻き込み，1940年以降の消費物資不足と社会の混乱期に地方からのコメ買い取りが途絶えないルートを整えた．さらに1939〜41年には，商務局主導で外国政府と輸出枠の交渉が始まり，国家の「構造的な危機要因」を背景に国際貿易が遮断されかけた状況で輸出枠の一部を維持し，国内の余剰米を買い支えた．ピブーン政権第1期を通じた流通網のタイ化とコメ・ビジネスの維持は，戦後賠償を終えたタイが1950年代から世界的なコメ輸出国に転じる前段階を準備したと捉えることもでき，より長期的視点からTRCの役割を再評価する作業が必要になろう．

　第2に，経済ナショナリズム期の官僚・華僑資本家の関係を，支配—従属関係として単純化した「官僚資本主義」論（Sangsit 1983 他）の見直しである．本章の筆者の立場は，経済ナショナリズム政策の過程で，人民党と華僑資本家の間にパトロン・クライアント関係が生まれ，レント・シーキングが生じた事実を否定するものではない．ただし，この問題と並行して，ピブーン政権第1期には「構造的な危機要因」に後押しされて「タイのためのタイ経済」化を短期間で進め，タイ化の波に取り込まれた華僑資本家の一部と支配—従属関係の枠に収まらない官民合同事業を作り上げている．これらの華僑資本家は，精米業・輸出入業から国家の資源をもちいて海運・保険・金融業へと転業・事業拡大する過程を後押しされている．「官僚資本主義」論が強調する支配・抑圧された華僑像にとどまらず，華僑資本家の「タイ化」への対応は多様であり，こうした官民関係の変化を時期ごとの事業の担い手や役割からたどり，検証する余地が残されている．特に戦時のTRCから派生した国有事業（海運・金融・保険等）において，官僚エリートと華僑資本家の一部にどのような利害が共有されていったのか，タイ現代史の転換点の一つを今後具体的に裏付けていく必要があろう．

　本章では，人民党政権の経済ナショナリズム政策の一つであるTRCを取り上げ，「タイのためのタイ経済」への転換過程と，従来強調されてきた華僑排外主義・官僚支配に留まらない官僚と華僑資本間の関係変容に焦点をあてた．

こうしたピブーン政権第1期以降の経済ナショナリズム政策を跡ける作業は，開発主義以降に成立したタイ独特の官民関係の原点をさぐることにもつながるであろう．

　最後に，タイ国内における立憲革命史研究は，ともするとタイの保守派・民主派がそれぞれの立場を主張する政争の具にされ，この時代のあらたな歴史分析がタイ現代史をみる多様な視点をもたらすよりも，政治的対立・亀裂を深める材料に転じることが多かった[6]．立憲革命史をどのような立場から探索するにせよ，その時代背景や事実を史料から積み重ね，この革命の実相を掘り起こそうとする営みは重要である．こうした試みの積み重ねから現代タイの混迷の由来が解きほぐされ，タイ社会のなかで深まる政治的亀裂をのりこえていく土壌がつくられていく可能性に，今後にむけた一縷の望みを託したい．

注

1）本章はピブーン首相（本名プレーク・ピブーンソンクラーム，Plaek Phibun-songkhram）の第1次〜第2次政権（1938年12月〜1944年8月）の政策を主に取り上げている．この間に，政府は国名をシャムからタイに変更したが（1939年），煩雑なため本章では固有名詞を除き，国名表記をタイでとおしている．

2）本章では［Skinner 1957, Landon 1941］を踏まえ，タイの華僑・華人を主に①中国生まれの華僑（China born Chinese）と②タイ生まれの華人（Local born Chinese,またはSino-Thai）とに分けて考えている．特に①の華僑は，1936-1937年以降に外国人登録法の影響で市民権をもたない Chinese Alian に分類され始め，その前に享受してきた「タイ人とほぼ同一の待遇」を受けられなくなった．タイ経済ナショナリズム政策におけるこの転機の重要性については，稿を改めて取り扱いたい．

3）ここで挙げる「構造的な危機要因」の概念は，［Doner and Slater 1995］が強い開発国家が形成される背景に Systemic Vulnerability（民衆の生計悪化から管理不能な事態に至るリスクや国家の安全を脅かす戦争や外貨の変動，予算制約等の脆弱性）が関わるとした議論から着想を得ている．もちろん東アジア諸国との比較でタイは強い開発主義国家に位置づけられるわけではないが，ピブーン政権初期に強い国家を目指す試みがあり，その時期に限られた改革の状況をあらわすため，ドナーらの議論を援用している．

4）1939年9月のドイツによるポーランド侵攻を発端に第2次世界大戦が欧州で開戦したのち，1940年のタイ公文書にはピブーン首相が「戦争」に言及する発言が多く見出せる．1940年時点で，タイは6月12日にタイ日友好和親条約と英仏との相互不可侵条約を同時に結び中立を守ろうと努めたものの［市川 1982: 66］，国際秩序の変化から国内経済は混乱をきたし始めていた．タイの参戦自体は少し遅れ，1941年12月8日太平洋戦争開始と共に日本軍がバンコクに侵攻したことを受けて同12月21日にタイ日同盟

条約を結び，ピブーン首相ら（プリディを除く）は翌年1月，英米に宣戦布告した［市川 1982：66-67］．

5）事業系列は異なるが，1942年1月に設立された「タイ生命保険会社」（Thai Prakan Chiwit Co.,ltd.）初代役員に人民党リーダーに並んで旧体制下のコメ財閥であるタンチンゲン（Tan Chin Ken，陳振敬，ワンリー家）とTan Kiyak Pun（［Sangsit 1983：99］によればワンリー家）とローテックチュアン（Lo Tek Chuan Bulasuk，盧啟川）が加わった．役員には1942年3月にチャオプラヤー・シータマティベートやチャウェーン・キアンシリ（Chaweng Khiangsiri，陳成瀛）など1930年代から活躍する政治リーダーや商人の名も見いだせる（https://www.thailife.com/prawadborisat，2024年2月15日閲覧）．

6）新たな立憲革命研究に呼応した若者や2020年の反体制運動との関係，立憲革命の歴史を消そうとする保守派の動きについては，宇戸［2023］等を参照されたい．タイの保守派にとって立憲革命は絶対王政に対する軍・文民官僚の謀反であり，それゆえ保守派の視点からは人民党エリートがもたらした混乱や派閥争い，官僚による国家機構の独占といった立憲革命史の負の側面が強調される．これに対して民主派の分析は1932年をタイの立憲主義・人民中心主義の起点とする見方を強調し，革命後の変動や政策を再評価する議論が盛んに展開されている．

参考文献

＜邦文献＞

市川健二郎［1982］「タイの対米英宣戦布告（1942年）をめぐる諸評価」『東南アジア歴史と文化』11，pp. 65-78.

宇戸優美子［2023］「タイの新世代の出版社と若者たちの政治的関心」東京大学附属図書館アジア研究図書館上廣倫理財団寄付研究部門（U-PARL），6月15日．

末廣昭［1991］「戦前期タイの登記企業分析：1901〜1933年」大阪市立大学経済研究所『季刊経済研究』14(1)，pp. 27-71.

末廣昭・南原真［1991］『タイの財閥：ファミリービジネスと経営改革』同文館．

玉田芳史［1996］「タイのナショナリズムと国民形成：戦前期ピブーン政権を手がかりとして〈特集〉インドネシア国民の形成：故土屋健治教授を偲んで」『東南アジア研究』34(1)，pp.127-50.

南原真［2000］「1930年代のタイにおける外国人アドバイザーとタイ人の確執：経済政策論争と経済ナショナリズム」『アジア経済』41(12)，pp.28-61.

―――［2022］「タイ米穀社の設立と初期の発展」『東京経済大学会誌経済学』313，pp. 81-106.

船津鶴代［2002］「タイにおけるナショナリズム言説と華人：華人排外主義の維持と変容をめぐる考察」，加納弘勝・小倉充夫編『変貌する「第三世界」と国際社会』東京大学出版会，pp.137-159.

―――［2017］「タイ立憲革命期の華人新興企業家と官僚：サイアム商業会議所創設メ

ンバーの政治・経済活動の分析」『アジア経済』58(1)，pp.35-72.

宮田敏之［2001］「戦前期タイ米経済の発展」，加納啓良編『岩波講座東南アジア史6 植民地経済の繁栄と凋落』岩波書店，pp.169-94.

村嶋英治［1993］「タイ華僑の政治活動」，原不二夫編『東南アジア華僑と中国：中国帰属意識から華人意識へ』（研究双書436）アジア経済研究所，pp.263-364.

―――［2002］「タイにおける華僑・華人問題」『アジア太平洋討究』4，pp.33-47.

＜欧文献＞

Chatthip Nartsupha, Suthy Prasartset and Montri Chenvidyakarn eds. [1978] *The Political Economy of Siam, 1910-1932*, Bangkok : Social Science Association of Thailand.

Coughlin, Richard J. [1960] *Double Identity : The Chinese in Modern Thailand*, Hong Kong : Hong Kong University Press.

Department of Commerce [1941] *Commercial Directory for Thailand B.E. 2484 (Fifth Edition)*, Bangkok ; Ministry of Economic Affairs.

Doner, Richard F., Bryan K. Ritchie and Dan Slater [2005] "Systemic Vulnerability and the Origins of Developmental States : Northeast and Southeast Asia in Comparative Perspective," *International Organization*, 59, pp.327-361.

Hewison, Kevin [1989] *Bankers and Bureaucrats : Capital and the Role of the State in Thailand* (Southeast Asia Studies Monograph Series), New Haven : Yale University.

Landon, Kenneth P. [1941] *The Chinese in Thailand*, New York : Oxford University Press.

Reynolds, E. Bruce [1997] "'International Orphans' : The Chinese in Thailand during World War II," *Journal of Southeast Asian Studies*, 28(2), pp.365-388.

Simoniya N.A. [1961] *Overseas Chinese in Southeast Asia-a Russian Study*, Ithaca : Cornell University Press.

Skinner, William G. [1957] *Chinese Society in Thailand : An Analytical History*, Ithaca : Cornell University Press.

Suehiro, Akira [1989] *Capital Accumulation in Thailand 1855-1985*, Tokyo : UNESCO Center for East Asian Cultural Studies.

Thompson, Virginia [1941] *Thailand, the New Siam*, Macmillan.

＜タイ文献＞

Apichart Satitniramai and Isakun Unhaket [2022] *Thun Wang Khlang (Sakdi) Na* (資本，王宮，サクディナー（財政），田んぼ)，Bangkok : Matichon Press.

Boriphanyuthakit, Pao [1970] *Anuson nuang nai Ngan phrarachathan phloeng sop PhonEk Phao Boriphanyutahakit*, Bangkok : Wat Thepsirintharawat (タイ語葬式本).

Ma Bulakun [1964] *Nangsue ngan sop nai ngan phrarathchathan phleongsop Nai Ma Bulakun*, Bangkok : Wad Makutkasatriayaram, May 6 (タイ語葬式本).

Nakharin Mektrairat [1990] *Khwamkhit khwamru lae amnat kanmueang nai kanpathi-wat Sayam* 2475（1932 年のシャム革命における思想・知識と政治権力）. Bangkok : Samakhom Sangkhomsat Haeg Prathet thai（タイ語）.

Phanit Ruamsin [1978] "*Nayobai kanphatthana setthakit samai ratthaban chomphon po Phibun Songkhram tangtae Pho.So.2481 thueng Pho.So. 2487*（ピブーン・ソンクラーム元帥時代の経済開発政策 1938～1944 年）," MA thesis, Chulalongkon University（タイ語）.

Sangsit Phiriyarangsan（本人表記 Sungsidh Phiriyarangsan）[1983] *Thunniyom khunnang thai Pho.So.* 2475-2503（タイの官僚資本主義 1932～1960 年）, Bangkok : Sangsan（タイ語）.

Sompop Manarangsan [1993] "Kanphalit lae Kankha Khao Khong thai nai chuang Pi 1930's," Paper Presented for the 5th International Conference on Thai Studies, SOAS, London（タイ語）.

第13章

マレーシア，タイにおける天然ゴム産業の発展
——「中所得国の罠」からの脱出をめざして——

河野　元子

1　「中所得国の罠」を再考する

　およそ半世紀にわたって，インドネシア，タイ，フィリピン，マレーシアなど東南アジア新興国は，国家主導の開発戦略で著しい経済成長を遂げた．なかでも，マレーシア，タイは80年代後半より工業化に成功し，製造業部門で飛躍的な伸びをみせて，隣国より早く低所得国から上位中所得国へと移行した．しかしながら，1997/98年のアジア通貨危機は，輸出志向型経済の両国に大きな打撃を与えることになった．その後，両国の経済は一旦持ち直したが，経済的危機のインパクトを払拭できず，苦悶している．中所得のまま経済が停滞し，さまざまな生産性が低下したことから，両国は「中所得国の罠」に陥ったと指摘されてきた [Agenor, Cauto and Jelenic 2012；Aiyar et al. 2012]．コロナ禍後においても，その状況は続いてきたといってよい．「中所得国の罠」についての議論は，その背景，現状，課題についてさまざまに論じられているが，段階的な知識や技術などの習得を経て経済成長に成功したものの，その後経済成長が鈍化している状態であることは共有認識されている．

　リチャード・ドナーは，中所得国の地位を越えるためには，付加価値を高め，輸出の効率化（特に価格，品質，流通面）を実現するために，財やサービス強化のインプットベースの生産からイノベーションによる産業の高度化が必要であると指摘している [Donner 2016]．しかし，東南アジア新興国のような製造業後発国は，①技術高度化に向かう前に，基本的な知識と技術習得が不可欠[Bell and Pavitt 1995；Bell and Figueiredo 2012]，そのうえで，②「中所得国の罠」からの脱却もしくは回避するために，教育，インフラ，研究開発の改善政策の促進

[Agenor, Cauto and Jelenic 2012]，③現地および民間企業，政府機関，学術機関からなる「国家イノベーションシステム」を支援する制度の導入 [Harrison and Rodrigues-Clare 2010] および企業・政府間の密接な連携の強化 [Donner and Schneider 2016] が重要であるとされる．ただし，新興国では，このような要素の入手は容易でなく，新旧の利益団体間の対立が妨げになることが多々見受けられる [青木 2014；Donner 2016]．

　東南アジア経済をみてみると，急速な経済成長の成功は，冒頭でしめしたマレーシア，タイのように，製造部門とりわけ外国直接投資 (FDI) をベースとした輸出志向型経済の発展によることが大きいといわれてきた．しかしながら，新興国における天然資源産業発展の可能性はもっと考えられるべきであろう [Khoo and Tsunekawa 2017]．振り返ってみると，多くの東南アジア新興国の経済発展に，天然ゴム，米，砂糖またオイル・パームなど資源生産が経済成長の大きなエンジンとなってきたことは明らかである．翻って，現在の経済発展においては製造業の成功が強調されるが，実は東南アジア新興国における現在の輸出構造と競争力が示すように，天然資源の生産，加工および天然資源製造業の貢献度は依然として高く，国民経済に重要であること，一方で，その発展経路をみると，公的機関の重要性，民間企業の貢献のあり方に地域差があることが指摘できる [Kawano 2015]．

　このような視座にたち，本章では，歴史的，現代的に同地域の経済発展に大きく貢献しているマレーシアとタイの天然ゴム産業に焦点をあて，東南アジア新興国の新たな経済成長の可能性を見出すことを試みる．具体的には，両国の天然ゴム産業の史的展開を明らかにしつつ，高度化をめぐる官民の戦略と役割，および課題について比較考察することで，天然資源利用の展開と選好の特性を明らかにする．分析にあたっては，上述した Donner や Bell など先行研究の議論，マレーシアとタイの独自の背景を考慮しつつ，両国の天然ゴム産業の生産から加工，製造各部門（川上，川中，川下部門，第3節の冒頭に後述）を比較分析する．20世紀以降，両国は天然ゴム (NR: Natural Rubber) 生産のリーダー的存在であるが，天然ゴム産業における発展の時期，部門構成は異なっているため，その共通点と相違点が明らかになる．

　以下では，まず，東南アジアにおける天然ゴム産業の特色について概説する．次に，マレーシアおよびタイの天然ゴム産業の生産（川上部門），加工（川中部門），製造部門（川下部門）の展開について，官民関係と絡め合わせつつ叙

述する．分析のキーとなる高度化以前に必要とされる「基礎的な技術および知識」の受け入れ状況，高度化のための「R&D 政策」また「産官民の連携」について明らかにする．その結果，「川上部門では公的セクターが重要な役割を果たす一方で，川下分野では民間によるニッチ分野の国際市場開拓が新興国における製造分門の成功のカギを握っている」という共通点を導き出す．他方，両国の天然ゴム産業の発展時期および部門構成の相違点を，官民の選好，政策とともに明らかにする．そして最後に，マレーシア，タイの経験が，後進のインドネシアやベトナムはじめ東南アジア新興国の天然資源生産および天然資源産業にどのように生かされるのか，その課題について述べる．さらに天然資源産業を軸とした研究が，これからの東南アジア地域研究において，いかなる視座提供の可能性があるのか展望してみたい．

▌ 2 天然ゴム産業はいかに発展してきたのか

(1) 天然ゴムの生産と消費

　現代の車社会において，ゴムは不可欠な天然素材である．天然ゴムの消費[1]は，20 世紀初頭の自動車の実用化と密接に結びつき，欧米の需要にともなって急速に拡大した．第 2 次世界大戦後，石油から生産される合成ゴムの台頭で一旦，消費量は減少した．しかし，80 年代以降，① 石油ショック・原油価格高騰，② 天然ゴムの特性見直し，③ ラジアルタイヤの普及などで，天然ゴムは劣勢を跳ね返し，その需要を拡大させることになった．マレーシア，タイ，インドネシアなど東南アジアのゴム生産国においても経済成長とともに自動車の需要が急増した．世界の天然ゴム消費は，1990 年の 520 万 t から 2010 年の 1080 万 t へと倍増した．2015 年の消費の内訳は，タイヤが 76％，工業・一般ゴム製品が 12％，使い捨てゴム手袋などの医療・衛生製品が 12％ となっている[2]．

　90 年代以降の天然ゴム産業には二つの大きな構造変化があった．一つは，1990 年代以降の東南アジア諸国の急速な工業化・都市化，さらに中国・インドの台頭にともなって，アジア地域での消費が拡大することになったことである．特に車のタイヤまたゴム関連産業の急成長による中国の需要が著しく，2015 年の同国の天然ゴム消費は世界全体の 35％ を占めている[3]．もう一つは，80 年代後半からの HIV の流行，今世紀に入っての鳥インフルエンザ，高

度医療のニーズにともなうゴム手袋，医療用手袋，コンドームなど新しい需要が飛躍的に拡大した．上述の2015年の天然ゴム消費の内訳に示したように，医療・衛生製品は工業・一般ゴム製品と同様の消費量を示している．とりわけ，マレーシアでは，1997年～98年のアジア通貨危機，2008年のリーマンショックによる経済危機にかかわらず，高い需要を受けて地場ゴム製造業は急成長し，世界トップクラスの地位を確立させている［Kawano 2017］．

このような世界的な天然ゴムの消費動向は，東南アジアにおける天然ゴム生産をいっそう拡大させ，1980年代より増産がすすみ，90年代以降，急増した．しかし，生産国には大きな変化がみられる．20世紀初頭から世界一の生産国であったマレーシアの生産量は，1991年に3位，2013年には6位へと減少しているのに対し，1990年代以降，インドネシア，タイでの増産が進む．さらに新規参入国として，ベトナムおよび大陸部東南アジア各国，さらにインド・中国も台頭してきた．

(2) マレーシア vs. タイ

1896年にマラヤ（現，マレーシア）で最初のゴム農園が設立され，その後，およそ1世紀弱，マレーシアは世界最大の天然ゴムの生産，輸出国であった．し

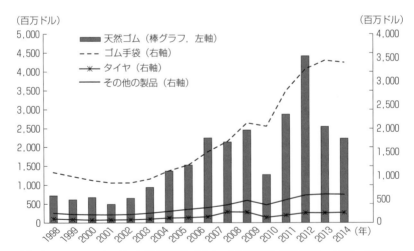

図13-1　マレーシアにおける天然ゴムとゴム製造品の輸出額　1998～2014年
(出所) Global Trade Atlas (GTA) (2002-2012)，統計データ各年より筆者作成．

かし，現在では，タイが最大の生産・輸出国であり，ついでインドネシア，ベトナム，中国，インドが続いている．

2015年のタイとマレーシアの天然ゴムの輸出額は，それぞれ49億7700万ドル，8億7100万ドルであった［GTAデータ］[5]．2011年以降，国際価格の下落に伴って天然ゴムの輸出額は大きく減少しているものの，タイでは輸出量は増加傾向にあり，その需要はひきつづき堅調であることがうかがえる．

他方，両国の天然ゴム製造業は，製造品の構成内容が全く異なることに特性がある．図13-1は，1998年から2013年までのマレーシアの天然ゴムとゴムを使った製造品の輸出の推移である．図13-1から明らかなように，手袋などのラテックス製品の輸出の伸びに対して，タイヤの生産は低迷している．ラテックス製品の急増は，HIV/AIDSの拡大にともなう使い捨て手袋の新たな市場機会にマレーシアがうまく対応できたことによる．

一方，タイは，図13-2から明らかなように，天然ゴムの輸出額は1990年代末にはマレーシアを上回りトップとなったが，製造業部門では，マレーシアとは異なってタイヤ製造のシェアが高い．けん引しているのは地場企業ではなく外資系大企業であるところに特色がある．

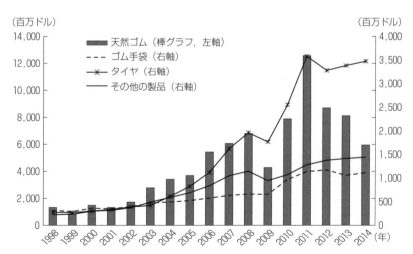

図13-2　タイにおける天然ゴムとゴム製造品の輸出額　1998～2014年

(出所) Global Trade Atlas (GTA) (2002-2012)，統計データ各年より筆者作成．

3 マレーシアにおける天然ゴム産業の高度化
——国家の成長戦略を越えて——

(1) 天然ゴムのグローバル・バリューチェーン

両国の天然ゴム産業発展の比較にあたって天然ゴムのグローバル・バリューチェーンの構成要素を軸に考察することにする[6]。

天然ゴムのグローバル・バリューチェーンは3つのセグメント（川上，川中，川下）からなる。川上部門では，ゴムの木の栽培，タッピング[7]，収穫までが含まれる。川中部門では，収穫したフィールド・ラテックスを異なる加工法によって中間品に品種化する。大別して，技術的格付けゴム（Technically Specified Rubber：TSR，一般的にはブロックラバーまたはスタンダードラバーと呼称），燻製シートゴム（Ribbed Smoked Sheet：RSS），液状ゴム／ラテックス（Latex）の3種に分類される。川下部門では，輸送用（タイヤ，ベルトなど），工業用（板，ベアリングなど），一般用（糸，靴の部分など），一方で衛生・医療用（医療用・一般各種のゴム手袋，コンドームなど）と，最終消費用のさまざまなゴム製品が製造される。

(2) 川 上 部 門

マレーシアは，20世紀初頭より，英領植民地政府によって天然ゴム生産をいち早く開始し，独立後も政府主導によって川上部門（天然ゴムの生産）のパイオニアとして活躍した。英領植民地時代，天然ゴムが重要な輸出品であったことも手伝って，英国人による研究開発が現地ですすめられたことが産業発展のキーとなった。独立後はマレーシア政府の主導で新たな開発が行われた。その特色は，人口・地理的条件（比較的小さな人口と狭い土地），植民地時代からの研究開発の遺産，マレーシア政府の新経済政策（NEP，マレー人優遇の社会経済再構築政策であり国家の基本政策）の実施のコンビネーションにあるといってよい。

マレーシアにおける天然ゴムの研究開発は主に川上部門の発展に大きく貢献してきた。中心的役割を果たしたのがマラヤゴム研究所（Rubber Research Institute of Malaya：RRIM，のちにマレーシアゴム研究所，現在のマレーシアゴム公社 MRB）である[8]。川上部門の研究開発においてもっとも重要な目標は，天然ゴム収量の増加であった。研究所では，1920年から高収量クローンの開発を行って，収量があがる天然ゴムの木のタネを次々とつくっていった[9]。

天然ゴム生産による経済基盤は独立後も引き継がれた．マレーシア経済は，天然ゴムと錫の輸出に大きく依存し，天然ゴム生産は，国家歳入の30％，雇用総額の30％，輸出総額の60％を占めていた．新しく出現した合成ゴムとの競争や価格の低迷などを背景に，天然ゴムのみに頼るモノカルチャーからの脱却をめざして，マレーシア政府はアブラヤシ栽培など多様な天然資源利用を徐々に進めていった［MRB 2000］．

　独立後の川上部門における活動は，さらなる高収量クローンの開発という技術開発および成長と連邦土地開発公社（FELDA）によるアブラヤシ栽培の促進と，それにともなう天然ゴム栽培の減少という明暗に特色づけられる．独立後もマレーシアゴム研究所は高収量クローンの開発を続け，そのタネから育った苗木の再植林を奨励した［MRB 2000］．1990年代までに年平均のラテックス収量は1500 kg/ha にまで上昇した．このようなクローン技術の発展により，天然ゴム生産ひいては天然ゴム産業分野において世界の競合相手を抑え，マレーシアの研究開発の地位を先行させ，世界の研究開発のトップを走ることに貢献した［Ong 2001］．

　しかし，単一作物からの脱却をめざした政府の決断により，マレーシアの天然ゴム生産は後退しアブラヤシ生産へと移行していくことになった．さらに，1970年代に導入された新経済政策による経済変革は，マレーシアの天然ゴム生産の減少に拍車をかけることになった．労働人口の少ないマレーシアでは，農業従事者を近隣諸国に求め，外国人労働者の流入を拡大させた結果，農村部のマレーシア住民の賃金低下を促した［Pilai 1992］．かたや，製造業が拡大しはじめていた都市部の工場労働者として農村部のマレー系若年層が都市へ移動することになる．マレー系農民の移動はマレー系を優遇する新経済政策により後押しされることになった［堀井 1990；岩佐 2005］．その結果，農村部にあるゴム農園の生産はますます高齢者の手に委ねられるようになり，天然ゴムの品質や生産量の維持が難しくなっていった．マレーシアでは後に川下部門のゴム手袋産業が著しく発展して天然ゴムの需要が急速に伸びるが，天然ゴムの国内供給不足に直面することになった．

(3) 川中部門

　川中部門の発展とりわけ技術向上に貢献したのも，川上同様に公的セクターであった．R&D最大の成果としてとり挙げられるのが，この川中部門の技術

的格付けラバー（TSR, 1章第3節参照）で，マレーシアゴム研究所のインド系マレーシア人研究者のセーカー（Sekar, B.C.）によって開発また実用化された．セーカーは，合成ゴムのもつ特性と市場での競争を睨みつつ，その中で天然ゴム利用の可能性を求めて，新しい天然ゴムの加工品 TSR を製造するためブロックゴムの加工法を発明した．セーカーはプロモーターとしても尽力し，ついに1970年代には，ダンロップ，ミシュランはじめタイヤメーカーに彼の発明したブロックゴムが受け入れられ，世界のスタンダード技術になっていった [MRB 2000 ; 2005]．

　セーカーの活躍はそれだけではなかった．さまざまな人種の若いマレーシア人科学者を米国や英国に留学させることを率先して行った．最先端の知識を身につけて留学先から帰国した若手研究者で，マレーシア研究所は切磋琢磨の場となった．さらに，実験研究にとどまらず，マレーシアゴム研究所による先導で，政府機関と民間企業との協力関係の基盤を形成した[10]．

　しかしながら，若手研究者の一部，とりわけ華人系研究者の民間企業への転職が増加した[11]．マレー人優遇の新経済政策の実施に伴うもので，非マレー系研究者が研究所から離れることになったのである．このような変化にともなって，マレーシアゴム研究所におけるこの部門の研究開発活動は停滞していくことになった．

　このような状況にかかわらずゴム研究所の研究開発が維持できたのは，もう一つの研究機関の存在によるところが大きい．イギリスのロンドン郊外にあるラザックゴム研究所（Tunk Abdul Razak Research Centre : TARRC）である．この研究機関は，1938年に英国ゴム生産者研究協会としてロンドンに設立されたもので，イギリス政府の支援も得ていた．第2次世界大戦後，その維持，経営はマレーシア政府に移っていった．現在なお，マレーシア政府の予算支援により，ラザックゴム研究所はマレーシアゴム研究所（後にマレーシアゴム庁 MRB の傘下になる）と連携し，ゴム関連の科学，技術，応用に関するセンターとなって，ゴムの基礎研究から実用化までをカバーしてマレーシアゴム研究所への技術移転，関連諸団体，民間企業へのアドバイスなどの役割を果たしている [TARRC 2013]．

(4) 川 下 部 門

　川下部門であるゴム製造業が本格的に成長したのは，マハティール政権が重

化学工業政策を推進した時期であった．とりわけ，タイヤ，自動車部品，建築，ゴム手袋など産業向けの新しい生産方式や新材料の開発が目指された．

公的セクターの成果が低迷する一方で，新たな動きが起きてきた．地元民間すなわちマレーシア企業による製造部門の台頭である．アジア通貨危機の波及と前後してSARSや鳥インフルエンザの蔓延が起き，ゴム研究部門の使い捨てゴム手袋生産への再挑戦に弾みをつけたのであった．使い捨てゴム手袋のブームは，1980年代後半のHIV/AIDSの流行に端を発したものであり，20世紀末のパンデミックの影響を受けての世界的な需要に呼応したものであった．例えば，アメリカでは血液や体液の感染を監視し，保護のために使い捨て手袋が病院，空港などで着用されることが義務または推奨された．このような状況の中，マレーシアゴム研究所はゴム手袋の研究開発の強化にのりだした．上述のラザックゴム研究所において，基礎的技術が開発され，その成果は，すぐさまマレーシアのゴム研究所に引き継がれ，市場向けの製品開発，実用化がすすめられた［MRB 2000；2009；TARRC 2013］．最終製品の開発においては，豊富な資金力と世界市場へのアクセスがしやすい海外の大企業が，現地企業より競争力があるという理解が一般的であるが，使い捨てゴム手袋産業は，公的セクターが習得，開発した基礎知識と技術をもとに，華人系マレーシアの企業家によって高品質の手袋が開発され，世界市場に参入することに成功したユニークさをもつ．

80年代後半のHIV/AIDSの流行を契機に，台湾や米国を中心とした外資系企業と現地企業がゴム手袋製造に参入し，1990年には約250社のメーカーが設立された．しかし，アジア通貨危機に端を発した経済不況によって，2005年には100社にまで減少している．他方，ブームにのって起業したマレーシアの工場もおよそ半分が廃業した．時同じくして，米国の食品医薬品局（FDA）によって，ラテックスタンパク質のアレルギー反応が報告され，欧米の諸政府は，使い捨て手袋の認可基準を引き上げた［Ong 2001］．これに対して，公的研究機関はさらなる開発実験をすすめたが，重要な点は，実用化と品質の向上が公的機関の主導ではなく，華人系マレーシア人企業によって実現したことである．新基準にそって，またその後のリクエストにあわせて民間によってアレルギーフリーの手袋が迅速に開発，商品化され，ついに世界市場を獲得したのであった．

この成功は，華人系マレーシア人企業，とりわけ世界のトップを走るトップ

グローブ（Top Glove）とコッサン（Kossan）の技術革新，経営戦略に負うところが大きい．両社の発展は，ニッチゆえの優位性志向と，かつ企業家精神をもった鋭敏さ，柔軟さ，スピードを特徴とし，活動の初期段階から高次段階への移行においても類似した軌跡を辿っている．両会社は基礎的知識や技術はマレーシアゴム研究所から習得し，中間段階では実用的な技術の提供を公的セクターから受けつつ，他方で台湾など海外のゴム企業から知識や技術さらに経営面について学ぶことも怠らなかった［Kawano 2015］．

　しかしながら，世界市場にうってでることができたのは，より高次元レベルにおける技術革新の成功と経営戦略の独自性によるといってよい．両社は，社内において研究開発をすすめ，その促進のために人材育成を行いつつ，力をつけていった．スタンダードレベルに達した時，東アジアの製造業でもみられる，他社ブランドの製造 OEM 事業を欧米の大手企業と契約し，顧客のブランド品を安いコストで製造した．その一方で，外国の大手医療，製薬会社などがまだターゲットにしていない発展途上国や低所得国などニッチ市場を確保すべく，新しいデザイン ODM やオリジナルブランド OBM を提供する戦略をとった．なぜか．天然ゴム手袋産業は天然資源に依存すること，原材料の価格変動の影響を受けやすいこと，また外資系大手製薬会社などによる市場支配を受けやすいことなどが考えられたからである．そのため，高い技術を持ちながらも，外資系大手製薬会社などとの良好な関係を維持するために，OEM 事業を続けたのである．これは，東アジアの発展モデルの中心である「キャッチアップ」からの脱却を意味した．両社は，「キャッチアップ」と「リーチダウン」を組み合わせた独自の発展スタイルを確立したのである［Kawano 2017］．彼らの発展経路は，後発の新興国が技術面また経営面におけるイノベーションのためのリソースの獲得・創出する際の新たな可能性を示唆していると考えられる[12]．

4　タイにおける天然ゴム産業の高度化
──ニッチをめざして──

(1)　川　上　部　門

　東南アジアで唯一植民地化されなかったタイでは，南部においてのみ小農によって天然ゴム生産が行われていた．当時のタイ経済において，米が最も重要

な商品作物であり，南部地域を除いて，国家も社会もゴムにあまり関心を示さなかったという [Barlow 1994]．しかしながら，マレーシアがゴム栽培からアブラヤシ栽培に注力していったことを契機に，1980年代以降，タイ政府は同国におけるゴム栽培に触手を動かし，植え付け地域として，タイ北部と東北部での栽培可能性をめざして実験農場での開発がはじまり，ついに東北部でのゴム栽培がはじまることになった．1989年には，ゴム振興政策を導入し，北部と東北部でのゴム栽培が奨励された [Fujita 2017]．

　大きな変化は，アジア通貨危機への対応策としてゴム事業を活用しようとしたタックシン政権による．農村開発の一環としてゴム栽培を拡大することで，都市と農村の格差是正，緩和する戦略をとったのである．とりわけ，北部と東北部において「100万ライ・プロジェクト」と呼んで先のゴム振興政策を拡大することにした．拡大が本格化したのは2013年以降のことである．なぜか．降雨量，土壌の性質，水分など自然環境への不適合という困難な問題が立ち上がってきたからである．タイにおいて古くよりゴム栽培が行われてきた南部と違って，北部・東北部は降雨量が少なく，天然ゴムを生むパラゴム (Hevea brasiliensis) が必要とする年平均1600 mm以上に到底達することができず，ゴム栽培には不向きな自然環境であった．そこで政府は，チャチェーンサオ県，ノーンカーイ県などに4つのゴム研究機関を設立し，実験農場における研究開発を行った．重点をおいたのが，東北地域の植え付け地に適した新しいクローンの研究開発であった．最初のプロトタイプのクローンは，マレーシアから調達したRRIM 600をベースとし，異なる種類のタネをかけあわせる実験を重ね，約7年の歳月を経て高収量のクローン開発に成功した[13]．ついに，東北部また北部を含む新しい地域でのゴム植え付けと生産量拡大に貢献することになったのである．

　上記から，タイ天然ゴム産業の川上部門の強みは，「基礎知識，技術のマレーシアからの移転」「自然環境に適合したクローン開発の成功」「公的セクターによる貢献」「広い土地と恵まれた労働力」の4点とまとめられよう．実際，その後は中国の原材料としての天然ゴムの需要の急増で，政府の支援以上に需要に対応すべくゴム栽培は拡大していった．天然ゴムの外需は，タイの天然ゴム輸出の構造を変える重要な要素となっていった．工業化・都市化がすすむ中国のタイヤやゴム工業製品メーカーの拡大，原料となるラテックスが不足するマレーシアのゴム手袋メーカーが大きな供給先となった．1996年から

2014 年にかけて，中国の天然ゴム需要は約 5 倍，マレーシアは約 3.5 倍に増加している．

(2) 川中部門

　川上部門の著しい発展に対して，タイの川中部門の技術成長は比較的緩い．ただ，日本企業による発達促進がその後のゴム生産に影響を与えた．1970 年代後半，マレーシアにおけるブロックラバーの開発は，欧米のタイヤメーカーに受け入れられ，生産加工国のゴム生産に弾みをつけた．当時の加工の種類は，この新タイプの格付けゴム（TSR）と燻製シートゴム（RSS）であった（第3節参照）．興味深いことに，当時，天然ゴムの生産国と顧客には独自の関係があって，特定の顧客との取引が通常となっていた．例えば，マレーシアの最大顧客はフランスのミシュランであり，インドネシアのそれは米国のグッドイヤーであった．その他の企業も含め，タイで生産されていた燻製シートゴムは品質が低く，無視されていた［末廣・重冨 1989］．

　このような中，タイ天然ゴムの新たな需要先として登場したのが日本タイヤメーカーのブリヂストンであった．1970 年代後半，欧米のタイヤメーカーに遅れをとっていた日本メーカーは，何とかシェアを拡大するも，低品質な原材料と高くない技術で安価なタイヤしか作れないでいた．そこで，ブリヂストンは，「ブリヂストン革命」と呼ばれる生産と流通の大変革を行うことに成功した．加工管理，技能訓練，コンテナによる高速輸送，小農からの天然ゴム直接買い付けなどを導入し，タイにおいて品質が向上した燻製シートゴムが増加し，90 年代頃までその生産量のほとんどが日本へ輸出されることになった．この成功は，タイのゴム加工品レベルを上げるとともに，日本のタイヤメーカーが世界に躍り出ていく契機をつかむことになった．後に開発され特に寒冷地で使われるラジアルタイヤは，燻製シートの使用を必要とした［末廣・重冨 1989］．

　タイの天然ゴム生産および輸出は急増し，量的には確かに成功しているといえる．しかしながら，原材料の品質は最高級品ではないと指摘されている．繊細な技術が要される特殊タイヤや手術用ゴム手袋などはより高品質が求められる．より高品質な加工品の提供には，川中部門のイノベーションへの投資が考えられるべきだろう［Donner and Abonyi 2013］．

(3) 川下部門

第2節で示したように，タイのタイヤ部門の発展は外資主導で発展してきた．2014年時点で，216社のタイのゴム製造企業が存在するが，これら企業による収益は，タイのゴム製造業全体の2割にも満たない[14]．

その中，川下部門においても新たな動きとして，「公的セクター主導の再開発計画」，「産学官民の連携の動き」「民間企業の変化」の3点を挙げることができる．

第1に，中国のゴム需要に対して，世界一の天然ゴム生産・輸出国であるタイは，中国からの投資を活用し，タイのゴム産業を新たに発展させる機会を得た．一例として，タイ南部ソンクラー県南部工業団地に建設された「ラバーシティ」である．川中から川下までの天然ゴム需要を拡大するため，工業省はタイ工業団地公社を設立し，川中のゴム製品（使い捨てゴム手袋をつくるための原材料加工），川下の製造製品へのハブとしての役割を果たすことをめざした [T. R. I. Global 2016；Industrial Estate Authority of Thailand 2015]．

第2に，官民学の連携についてである．特に川下部門での付加価値の高い製品やシステムの研究開発を強化されたことである．タイ政府は，ソンクラーナッカリン大学（ソンクラー県ハジャイ市）に天然ゴム・イノベーション研究所を設立した．同県は，古くから天然ゴムの栽培と取引の中心であり，かつ生産地に近く，外国資本の工場が立地している．このような背景から，中央政府は，ソンクラーナッカリン大学に2015年から5年にわたって大型助成金を付与し，ゴム技術や高分子化学の発展，実用化を奨励した．また，2015年にはソンクラーナッカリン大学は中国のチンタオ科学技術大学とゴム製造，製造品開発に焦点をあてた共同ダブルディグリープログラム実施のMOUを締結している[15]．

第3に，民間企業の変化が挙げられる．これまで天然ゴム生産・加工に特化していたタイ財閥企業が，製造部門とりわけ使い捨て手袋製造分野に参入してきたのである．その特徴に，高い工学知識，企業家精神にあふれた高学歴の若い世代が，古い伝統的な家族経営の枠組みを離れて，新たな分野に活路をみいだそうとしている．

手袋製造業の中企業の活動からも，重要で興味深い変化をみてとれる．例えば，使い捨て手袋製造の大手ラバーメイトの代表であり，タイゴム手袋製造協会会長のプラチャイは次のように語っている[16]．

タイの中小手袋メーカーにとって，よりよい未来は，自分たちの強味を大事にすることだ．私たちは，マレーシアの Top Glove や Kossan のような大手企業には勝てない．しかし，お客様の要望に応じた「プレミアム」な品質，サービスなどを提供することは工夫次第でできる．そうすれば，ビジネスも人生もうまくいくのではないだろうか.

このようなアプローチは，マレーシアの大手にまで上り詰めたゴム手袋製造会社が，使い捨て手袋製造をタイヤとは違った「ニッチ産業」として位置づけたことと似通った部分はあろう．しかし，「プレミアムニッチ」という別の付加価値を提供するという点において，タイ独自のニッチを見出すことができるのかもしれない.

▌5　天然ゴム製造業にみる新たな経済成長の可能性と課題

本章では，製造業の輸出経済で著しい経済発展に成功したマレーシアとタイにおける伝統的な天然資源の天然ゴム産業に着目し，天然資源産業およびその製造業の発展経路を比較検討することで，両国の共通点と相違点を明らかにした.

マレーシアでは，生産加工（川上・川中）から製造（川下）にいたるすべての部門において，公的セクターの研究開発育成が国家（植民地政府，独立したマレーシア政府）によって先導され，確かな利益を得た．植民地時代に形成された民族関係および経済的差異の是正を目指す新経済政策の導入で，マレーシア政府は農村開発戦略として天然ゴム単一栽培からアブラヤシを含む多様化に舵をきった．この流れのなかで，天然ゴム産業はより収量の高い高品質なクローン研究や新しいゴム加工のブロックラバーの発明など，その高度化がとりわけ重工業化政策の下ですすめられた．一方で，新経済政策の促進は，マレー農村人口を都市工場労働者へと誘致し保護する，公的研究機関における非マレー人離れ（あるいは「頭脳流出」）に影響を与えるなど，さまざまな問題を引き起こした．天然ゴム産業の高度化において最も輝きをはなったのは，世界的なパンデミックという危機を，使い捨てゴム手袋製造をとおして一つのチャンスにかえることができた華人系マレーシア企業家の大胆かつ革新的な対応であったといえる．彼らは技術向上を続けつつ，ビジネス戦略において，これまでの東アジ

アの発展モデルに代表される「キャッチアップ」と「リーチダウン」を組みあわせるという独自なアプローチを生み出して，世界のトップに躍り出たのである．

一方，タイである．マレーシアが川上・川中から川下の全部門において自国の官民でゴム産業の発展に貢献したのに対して，タイは不均等な発展を遂げている．タイが天然ゴム栽培を本格的に展開するのは 70 年代後半から 80 年代と栽培の後発国になる．その後もゆるやかな発展にとどまっていたのが，1997/98 経済危機と中国の工業化・都市化にともなうゴム需要に押されて，後発生産国から一躍天然ゴム生産輸出の世界一へと躍進した．それを可能にしたのは，タックシン政権時代の農地政策「100 万ライ・プロジェクト」の実施とそのためのクローン研究が躍進に加速をかけることになった．タックシン政権時代にゴム研究センターが増設され，そこでの研究開発によって，乾燥したタイの東北および北部地域でのゴム栽培に適したクローンや栽培方法が生み出されたのである．しかしながら，加工および製造（川中，川下）部門では，タイはいまだ後進国といわざるをえない．製造品は自国企業ではなく外資系企業とりわけタイヤメーカーによるところが多く，自らによる技術発展が遅れている．さらに重要な点として，天然ゴムの世界的需要が高く，現地ゴム会社が川上に集中していることである．タイにとって，川下部門での技術向上は，資金的にも技術の習得／再習得においても難しいのが現状なのだろうか．ただし，その中で華人系マレーシア人によるゴム手袋メーカーのスタイルを模倣するような若手企業家がでてきている．彼らの成長で，タイのゴム産業は変化をみせるかもしれない．

両国の比較から得られた主な知見は以下のとおりである．第 1 に，両国のつよみは，原材料である天然ゴムとの距離が近いことである．熱帯作物を生産できる自然環境，また恵まれた労働力（現在ではそうはいえなくなってきているが）も重要となる．第 2 に，しかし両国を比較すると，国土面積，労働力，環境条件，さらに歴史的背景も違う．その中で国家も社会も異なった知識・技術の向上と改良のプロセスを踏まねがならなかった．国家の成長戦略の選好も異なってきた．第 3 に，とはいえ，経済成長における R&D の重要さ，促進のための国家の政策の大切さは両国の共通認識といってよい．川上・川中部門においては公的機関が，川下においては公的研究機関の役割はベーシック段階では大きいが，さらなる飛躍には民間が果たす役割が大きい．ただし，両国において明

らかなように，各部門の発展における官民の貢献は異なる．第4に，世界的な需要の変化に対して，柔軟な対応が不可欠で，そのためには産官学の連携，一方で時代の潮流を読みつつスピード感をもって対応する企業家精神が求められている．

　最後に，マレーシア，タイ両国における天然ゴム産業の発展を比較することで，いくつかのインプリケーションを得ることができるだろう．いわゆる「中所得国の罠」に関する先行研究は，絶えず変化する製造業とりわけハイテク分野に焦点をあてがちで，新興国の知識・技術・制度などにおける後進性を強調する．しかしながら，本章で明らかにした天然ゴム産業の現代的発展の姿は，資源に恵まれた新興国のもう一つの成長のあり方を示唆しているといえる．つまり，世界的な開発モデルが製造部門を中心とした一輪での成長を重視するのに対し，天然資源生産とそれを使った製造部門という両輪による経済成長があり得るという発想である．

　本章でみたタイ，マレーシア両国の発展は，国家の開発戦略，制度化された研究開発，ダイナミックな企業家精神，官民の連携などの組み合わせ，タイミング，各部門の構成など違いこそあれ，世界の需要構造や方向性の変化に革新的に対応することができるまでに，国家として社会として成長してきていることを物語っている．その結果，資源に恵まれた新興国が，資源をもつ優位性とより身近な技術改良を組み合わせることで，これからの天然資源産業の発展において，新しい生産，サービス，市場を含む独自の「ニッチ」を創出する可能性を秘めている．他方，このことは東南アジア地域研究における天然資源産業研究の再考と今後の新たな研究の方向性を示唆するものと確信する．

注

1）天然ゴムには，生ゴムおよび一部加工された中間製品が含まれる．

2）International Rubber Study Group（IRSG）Outlook of rubber, statistic data, various years, 各年版.

3）International Rubber Study Group（IRSG）Outlook of rubber, statistic data, 2015.

4）International Rubber Study Group（IRSG）Outlook of rubber, statistic data, various years, 各年版.

5）Global Trade Atlas（GTA）2002-2012.

6）グローバル・バリューチェーンとは，生産，加工から製造，さらに最終消費者への配送，それを支える活動（技術開発，人材管理など）のさまざまな段階での諸活動を指す．

7）タッピングとは，植樹後 6，7 年の採液可能なゴムの木をナイフで切りつけ，そこから流れ出るミルク状の液体（フィールド・ラテックス）をカップで受ける収集方法である．

8）マラヤゴム研究所は，1920 年代のゴム価格の下落や変動，ゴムの木の植替え事情により，1925 年に植民地政府が設立した．天然ゴムは大英帝国にとって重要な輸出品であっただけでなく，その利益は英領マラヤの政府予算にとっても大きな役割を果たしていた．

9）最初のクローンである RRIM 600 と呼ばれるタネから育ったゴムの木からの平均年間ラテックス収量は，実験農場で 800 kg/ha であった．

10）Ong Eng Long（マレーシアゴム製造業協会会長，元マレーシアゴム研究所副所長）へのインタビュー（2015 年 10 月 15 日，2016 年 2 月 17 日）．

11）Pong Kai See（マレーシア・プラスチックゴム研究所代表）へのインタビュー（2016 年 9 月 7 日）

12）トップグローブとコッサンの創業者は，ビジネス環境が複雑化した時代にあって，先見性と決断力，また独立心をもった強力なリーダーであった．華人系マレーシア人としてマレーシアに生まれたふたりは，政府からの援助もなく，富裕なファミリービジネスの出自でもなかった．彼らは大学また大学院で蓄積したハイスペックの知識と現場での経験に裏打ちされたビジネスセンスのみを武器に，会社を立ち上げ，成長させる，いわゆる企業家精神をもって，事業の拡大・発展をめざしたのである［Kawano 2017］．

13）タイ・ゴム研究所関係者へのインタビュー（2017 年 12 月 26 日）．チャチェーンサオ・ゴム研究所関係者へのインタビュー（2014 年 9 月 8 日）．

14）Ong Eng Long（マレーシアゴム製造業協会会長，元マレーシアゴム研究所副所長）へのインタビュー（2015 年 10 月 15 日，2016 年 2 月 17 日）．

15）ソンクラーナッカリン大学天然ゴム研究センター関係者へのインタビュー（2017 年 12 月 29 日）．

16）Prachai Kongwaree（ラバーメイト株式会社代表兼タイ・ゴム手袋協会会長）へのインタビュー（2017 年 3 月 7 日，12 月 25 日）．

◆参考文献◆

＜邦文献＞

青木昌彦［2014］『青木昌彦の経済学入門：制度論の地平を拡げる』筑摩書房（ちくま新書）．

岩佐和幸［2005］『マレーシアにおける農業開発とアグリビジネス：輸出志向型開発の光と影』法律文化社．

末廣昭・重冨真一［1989］「天然ゴムの需要構造と輸出戦略：タイにおける『ブリヂストン革命』を中心として」，平島成望編『一次産品問題の新展開─情報化と需要変化への対応』アジア経済研究所，pp.107-44．

堀井健三［1990］『マレーシアの工業化：多種民族国家と工業化の展開』アジア経済研究

所.

＜欧文献＞

Agenor, Pierr-Richard, Otaviano Canuto and Michael Jelenic [2012] "Avoiding Middle-Income Growth Traps," *Economic Premise*, 98, The world Bank.

Aiyar, Shekhar, Romain Duval, Damien Puy, Yiqun Wu and Longmei Zhang [2012] "Growth Slowdowns and the Middle-income Trap," *IMF Working Paper, No.13/71*, Washington, DC.

Barlow, Colin, Sisira Jayasuriya and C. Susan Tan [1994 (revival edition 2011)] *The World Rubber Industry*, Routledge.

Bell, Martin and Paulo N. Figueiredo [2012] "Innovation Capability Building and Learning Mechanisms in Contributions and Implications for Research,"*Canadian Journal of Development Studies*, 33(1), pp.14-40.

Bell, Martin and Keith Pavitt [1995] "The Development of Technological Capabilities," in I. U. Haque, Irfan-ul ed., *Trade, Technology and International Competitiveness*, Washington DC: The World Bank, pp.157-211.

Donner, Rick and George Abonyi [2013] "Upgrading Thailand's Rubber Industry: Opportunities and Challenges," *Thammasat Economic Journal*, 31(4), pp.44-66.

Donner, Rick [2016] "The Politics of Productivity Improvement: Quality Infrastructure and the Middle-Income Trap," *Thammasat Economic Journal*, 34(1), pp.1-37.

Donner, Rick and Ben Ross Schneider [2016] "The Middle-Income Trap: More Politics than Economics," *World Politics*, 68(4), pp.608-44.

Fujita, Wataru [2017] "Social Adaptation to Rubber Boom,"in *Consortium for Southeast Asian Studies in Asia* (SEASIA) 2017, Chulalongkorn University, December 16-17.

Industrial Estate Authority of Thailand [2015] Rubber City Industrial Estate brochure.

Kawano, Motoko [2015] "Achievements and Limitations in the Transformation of the Rubber Industry of Malaysia," *GRIPS Emerging States International Workshop*, GRIPS, Tokyo, May 29-30.

——— [2017] "Upgrading Malaysia's Rubber Manufacturing: Trajectories and Challenges," in Khoo Boo Teik, Keiichi Tsunekawa and Motoko Kawano eds., *Southeast Asia Beyond Crises and Traps: Economic Growth and Upgrading*, Palgrave Macmillan, pp.193-223.

Khoo Boo Teik and Tsunekawa, Keiichi [2017] "Southeast Asia: Beyond Crises and Trap," in Khoo Boo Teik, Tsunekawa, Keiichi and Kawano, Motoko eds., *Southeast Asia Beyond Crises and Traps: Economic Growth and Upgrading*, Palgrave Macmillan, pp.1-32.

Malaysia Rubber Board (MRB) [2000] *Milestone in Rubber Research*, Malaysia Rubber Board.

——— [2007] *Tun Abdul Razak Research Center: TARRC*, Malaysia Rubber Board.

———— [2005] *The Evaluation of the Rubber Industry in Malaysia.*

———— [2009] *R&D Achievements* 1980–2005, Malaysia Rubber Board.

Ong Eng Long [2001] "The Malaysian Rubber Industry in the Next Millennium," *Malaysia Rubber Products Manufactures' Association Annual Report*, 2000–2001, MRPMA.

Pilai, Patrick [1992] *People on the Move : An Overview of Recent Immigration and Emigration in Malaysia*, Institute of Strategic and International Studies Malaysia.

Tun Abdul Razak Research Center (TARRC) [2013] *Celebrating 75th Anniversary*, 1938 –2013, Hertford, UK : TAARC.

T.R.I. Global [2016] *What & Who in Thailand Rubber Industry*, T.R.I. Global.

人 名 索 引

欧米の人名についてはファミリーネームで分類している．その他の人名については本文の表記にしたがっている．タイ語，マレー語，インドネシア語については通名で分類し，本名は括弧内に記している．

〈ア 行〉―――――――――

アブドゥッラー国王　22, 29, 31-38
アフマド・ザヒド・ハミディ　30-35
アンダーソン，ベネディクト　4, 13, 15, 18-19, 21, 138-139, 166
アンワル・イブラヒム　30-32, 37-38
石井米雄　ii
イスマイル・サブリ・ヤアコブ　34
イブラヒム・イスカンダル（イブラヒム新国王）　38
イングラム，ジェームス C.　204
ウィチャイチャーン副王　45
ウィリアム・ペッペ　53-54
ウィルソン，デイヴィッド A.　165
オルコット，ヘンリー　53-54

〈カ 行〉―――――――――

カラカウア国王　46
グエン・アイ・クオック　121, 125-126, 130
クンイン・シー　50
呉正国　127-128
伍治之　127
小松宮彰仁　49

〈サ 行〉―――――――――

サリット・タナラット（元帥）　68, 165
サワッディワットナウィシット親王　47, 58
サンシット・ピリヤランサン　214
ジェノヴァ公　46
ジョンストン，デイビッド　204

スウェッテナム，フランク　52
スキナー，ウィリアム　213
スハルト　5-9, 17
スブーティ師　52-54
セーカー，B. C.　238

〈タ 行〉―――――――――

タックシン・チンナワット　72, 160
チャオプラヤー・スラサックモントリー　50
チャオプラヤー・ヨムマラート　53
チャオワリット・ヨンチャイユット　153, 158
チュアン・ブンナーク　45
チュアン・リークパイ　153
陳金鐘　203
ティン（ウ・ティン）　101-102, 106, 108-116
ティンカー，ヒュー　104
テーワウォン（テーワウォンワローパカーン）親王　46, 54-55, 58
テイラー，ロバート　114

〈ナ 行〉―――――――――

ナジブ（モハンマド・ナジブ・アブドゥル・ラザク）　30
ナリット　50
ナレート（ナレートウォーラリット）親王　46-47, 58
ノロドム王　51

〈ハ 行〉―――――――――

パーヌランシー親王（パーヌランシーサワーンウォン親王）　51, 55, 59

パホン（ポット・パホンヨーティン）　216
ピッタヤラーブブリッターダー親王　47, 58
ピブーン（プレーク・ピブーンソンクラーム）
　　214, 218, 221–222, 227–228
ファン・ボイ・チャウ　119, 125
プラサートクン（セークサン・プラサートク
　　ン）　143
プラ・サラサートポンカン　217
プラ・プラモンパンヤー（プラモン・ネートシ
　　リ）　218, 221–222
プラ・ボリパンユタキット（パオ・ピアンルー
　　ト・ボリパンユタキット）　218–219, 222,
　　225
プラヤー・スントーンソンクラーム（チャン・
　　セーンチュートー）　50
プラヤー・ポーチャーゴーン　201–202
ブレイク，ヘンリー　54
ボー・チャー　106, 109–110
ボー・マッ　106

〈マ　行〉─────────────

マー・プラクン（マー・ラップクン）　218, 225
ムヒディン・モハマド・ヤシン　22

〈ヤ　行〉─────────────

矢野暢　166

ユドヨノ（スシロ・バンバン・ユドヨノ）　12
　　–13, 18

〈ラ　行〉─────────────

ラーソン，トマス　204
ラーマ2世王の子　45
ラーマ3世王　45
ラーマ4世王　45
　　──の子　58–59
ラーマ5世王　43–51, 53–55, 57–59, 65, 76,
　　123, 136, 168, 204
ラーマ6世王　43, 54–55, 58–59, 83–87, 90–96,
　　98
ラーマ7世王　58–59, 86, 90, 92–96, 98
ラーマ9世王（プーシポン国王）　iv, 3, 38,
　　69–70
ラーマ10世王（ワチラーロンコーン国王）　iv,
　　38, 75
ラオタンマタット　142, 163
リッグス，フレッド W.　139, 141, 147, 165–166
ルイーズ，メアリー　54

〈ワ　行〉─────────────

ワチラヤーン親王　53, 55, 59
ワニット・パーナノン　220, 225

事 項 索 引

〈ア 行〉─────────────

赤シャツ派運動　145
アジア間競争　197
アジア間貿易　194-195
アジア通貨危機　iv, 6, 231, 234, 239, 241
ASEAN　181
アムナート　136, 139
イェナンジャウン　101-102, 105-114
イッティポン（→「影響力」へ）
一夫多妻制　50, 76
イデオロギー的な自己認識　187
インターネット　177, 184, 189
インドネシア共和国党　130
影響力（イッティポン）　136-143, 147-148,
　　154, 156, 164
　　──者（プーミーイッティポン）　136, 165
HIV/AIDS　235, 239
園産米　193, 196
恩顧主義（クライアンテリズム）　135-136, 138-
　　141, 144, 146, 148-149

〈カ 行〉─────────────

改革要求運動（レフォルマシ運動）　6-9, 14,
　　16-17
海外直接投資　ii
カーオ・ドーク・マリ105　205
カーオ・ナー・スアン　193, 202, 208
カーオ・ナー・ムアン　195
華僑資本家　213-214, 216-218, 224-226
学歴　179, 181
　　高──　175, 243
　　低──　175, 184
価値観　56-57, 74, 136, 146, 175-176, 184-189
　　政治的──　175, 184, 186-187

カチン人　109, 113
ガーデン・ライス　193, 195-208
カナ政治　165
カムナン　153-156, 158-159, 161-162, 164,
　　167, 169
カリスマ　14, 16, 19, 140
カレン人　108-109, 113
カレン民族同盟（KNU）　103-105, 107-110,
　　112, 116
管区長官　109-113
管理監督　156-157
「官僚資本主義」論　214, 226
官僚　43, 47, 50, 84, 142, 147, 149, 157, 165,
　　213-214, 216, 218, 220, 224, 226, 228
　　──機構　113, 146, 148, 214
　　──制　135-137, 140-141, 146-147, 149,
　　219
官僚政体　139-142, 147, 165-166
　　──論　139
議会制民主主義　22, 36, 38
企業家精神　240, 243, 246
教育　46, 89, 97, 125-126, 176-180, 182, 189,
　　214, 216, 231
　　学校──　58-59, 87-88, 95, 98
　　義務──　88-90, 98
　　初等──　85, 87-95, 98
　　中等──　87-90, 92-93, 98
共産主義運動　119-130, 132
京都大学東南アジア地域研究研究所（東南アジ
　　ア研究センター）　i-ii
近代国家　136, 138, 141, 143-147
クーデタ
　　（1912年）（タイ）　43
　　（1932年）（タイ）　142
　　（1962年）（ミャンマー）　114

（1976 年）（タイ）　66

（1988 年）（ミャンマー）　116

（2006 年）（タイ）　144, 167

（2014 年）（タイ）　141, 162

（2021 年）（ミャンマー）　115

——計画　43

クローン開発　241

君主制　3-4, 12-13, 16, 21-23, 35-38, 43-44, 48, 65-66, 72

　立憲——　11-12, 18, 22-24, 36, 38-39, 43-44, 56, 71

　絶対——　38, 43, 45, 48, 56, 58-59

　選挙——　23

　連邦——　23, 36

郡長　155-157, 161-162, 167-169

経済状況　176, 180-183, 189, 217

　家族の——　181, 182

警察　8, 70, 101, 113, 120-125, 128-129, 131-132, 185-186

　武装——　107-113

県知事　15, 101, 109-111, 155-157, 167

憲法　22-23, 27, 38, 43, 48, 56, 58, 71-74, 139, 175

　——裁判所　63, 72-74, 77

　1991 年——（タイ）　73

　1997 年——（タイ）　77, 141, 155-160

　2007 年——（タイ）　73, 77

　2017 年——（タイ）　73, 77, 178

　連邦——　23-29, 35-36

権力（→「アムナート」へ）

公式の政治制度　184

公的なリーダーシップの不足　182

高度化　236-244

幸福度　179

黄埔軍官学校　125, 132

国王を元首とする民主主義政体（体制）　22, 38, 73

国軍　9, 43, 101, 104, 108, 111

国際連盟　43

国民連盟（PN）　29

ゴー・コー 15　205, 208

コタヘーナ　54

国家危機　102-103, 106, 115

国家形成　135, 140-141, 143, 145-148, 166

コッサン（Kossan）　240, 247

子供　83-85, 89, 91-92, 94-97, 110

コミンテルン（第 3 インターナショナル）　119-121, 125-126, 130

ゴム振興政策　241

ゴム手袋（ゴム手袋産業）　239-245

コメ輸出　215-226

〈サ　行〉————————

サヤーム・オブザーバー　55

サリット政権, 体制　138, 166, 169

市民社会　56, 142-144

社会関係資本　169

社会民主主義（→「民主主義」へ）

ジャスミン・ライス　193, 205-207

ジャワの王権概念　14-17, 19

自由民主主義（→「民主主義」へ）

出版法　70-71, 77

植民地抵抗運動　119

シリラート病院　49

辛亥革命　43

新型コロナウィルス感染症　22, 26, 29, 31-34, 36-37

新経済政策　236-238

人民義勇機構（PVO）　101, 103, 106, 108-114, 116

人民公正党（PKR）　30-31

人民党（タイ）　43, 56, 71, 213-217, 220, 223, 225-226, 228

人民党（カンボジア）　38

信頼　176, 184-186

枢密院　49, 58-59

スハルト政権　4, 10, 16

スルタンによる統治　4, 13-15

政治行動　184

政治参加　138, 175-176, 181, 183, 189

政治不信　185

Z世代　176-177

1991年国家行政組織法　154-155

1997年憲法（タイ）（→「憲法」へ）

1991年憲法（タイ）（→「憲法」へ）

選挙政治　135-136, 138-140, 148

戦時統制　215

前進党　75

扇動罪　65, 71-72, 74-75, 77

ソーシャルネットワーキング　177

ソーシャルネットワーク　177, 184

ソーシャルメディア　175-177, 183, 187, 189

ソンクラーナッカリン大学　243

村長　148, 153-156, 158-159, 164, 167, 169

〈タ　行〉————————————

第1次世界大戦　43

タイ共産党（CPT）　145

タイ経済ナショナリズム（→「ナショナリズム」へ）

第3次英緬戦争　47

タイ商人協会　223-225

第2次世界大戦　58, 70, 96, 123, 142, 194, 214-215, 221, 225, 227, 233, 238

タイのためのタイ経済　213-216, 218, 222, 226

タイ米穀会社（タイ・ライス・カンパニー, TRC）　203, 215-217

タイ・ホーム・マリ・ライス　206

タイヤ　233-239, 242-244

タックシン政権　44, 144, 241-245

タックシン派　72

脱植民地　103, 114-115

タムボン（行政区, 区）　153, 155-159, 161, 163, 167-168

——自治体　155-164, 168-169

——評議会　156, 159, 168

チアメン社　206

地域開発　i-v

地方王国　169

地方行政局　154, 157-158, 166

地方行政法（1914）　155, 167

地方選挙　158, 161

地方分権　141, 146, 154, 160, 162-164, 167-168

チャート（国民）　83-85, 87, 94-95, 98

チャオ・ポー　136-140, 149

中央地方関係　154, 167, 169

中間所得層　184

忠誠　83-85, 87, 94-98, 113-114, 218

中所得国の罠　231-233

中立的権力　21, 37

勅令　28-29, 33-36, 48, 65-67, 77, 185, 223

低所得層　183

テーサバーン（Municipality, 市・町）　155-164, 168-169

　——・タムボン（町）　164, 168

　——・ナコーン（特別市）　164, 168-169

　——・ムアン（市）　164, 168-169

デジタルネイティブ　177

デジタルメディア　184

天津条約　47

天然資源産業　244-246

統一マレー人国民組織（UMNO）　30-31, 33-35

統治者（マレーシア）　22-24, 28, 32-34, 36-38

　——会議（マレーシア）　23

トップグローブ（Top Glove）　239-240

土木省　49

〈ナ　行〉————————————

内務省　10-12, 18, 101, 109, 111, 113, 127, 153-158, 160-162, 164-167

ナショナリズム　21, 74, 84-85, 95-97

　——運動　119, 125, 128

　タイ経済——　213-216, 224-225, 227

二極化　175

ニッチ（ニッチ産業）　240-244, 246

2017 年憲法（タイ）（→「憲法」へ）

2007 年憲法（タイ）（→「憲法」へ）

ネーション　83-85, 87, 96

野産米（→「カーオ・ナー・ムアン」へ）

ノンバイナリー　182

〈ハ　行〉────────────

排外主義　213, 226

バウリング条約　47, 194

バスマティ・ライス　193, 205

パッタヤー市　155-157, 159, 163-164

バッド・スチューデント　178

パトロン・クライアント関係　15, 139, 140, 214, 226

反華僑主義　213

バンコク都　155-157, 159-160, 163, 164

万国郵便連合　47, 49

パンデミック（感染症流行）　175, 177-178, 185, 239, 244

非常事態宣言（マレーシア）　22-29, 31-38

ピブーン政権　70, 213-215, 223, 225-227

票の取りまとめ人（フア・カネーン）　158

ビルマ共産党（BCP）　103, 105-106

貧民フォーラム　143

フィールド・ライス（→「カーオ・ナー・ムアン」へ）

副王宮危機　45

武装警察（→「警察」へ）

仏舎利　53-54, 59

富裕層　183-184

ブリヂストン革命　242

ブンナーク家　50, 59

ボーイスカウト　83-85, 87-89, 93-94, 96-98

〈マ　行〉────────────

マグエ県　101, 106, 108

マレーシアゴム研究所（マラヤゴム研究所）　236-240

マレーシア統一プリブミ党（Bersatu）　29

満足度　178-180

民主化　4, 9, 11, 13, 16, 18, 44, 76, 115, 142, 144, 146, 148-149, 163, 165, 181

　脱──　144, 166

　非──　144, 175

民主主義　4, 12, 18, 21-23, 29, 35-39

　社会──　187

　自由──　187

モノから考える地域研究　207-208

〈ヤ　行〉────────────

ヤン・ディプルトゥアン・アゴン（最高元首）　23

融合型地方自治　154-155, 158, 162, 167

ユドヨノ政権　11

〈ラ　行〉────────────

ラザックゴム研究所　238-239

ラッフルズ・カレッジ　46

（1932 年）立憲革命　43, 56, 168, 213, 216, 227

ラバーシティ　243

立憲君主制（→「君主制」へ）

連邦君主制（→「君主制」へ）

連邦憲法（→「憲法」へ）

ロンドン大学キングスカレッジ　46

〈ワ　行〉────────────

Y 世代　176-177

若者　175-190, 228

　──運動　145, 178, 182-183, 186

　──の政治参加　176, 183

ワスカドゥワ寺　52

《執筆者紹介》(執筆順, *は編著者)

＊中西嘉宏 (なかにし　よしひろ) [はじめに, 第6章]

1977 年生まれ.

京都大学大学院アジア・アフリカ地域研究研究科修了, 博士 (地域研究).

現在, 京都大学東南アジア地域研究研究所准教授.

主要業績

『ミャンマー 2015 年総選挙：アウンサンスーチー政権はいかに誕生したのか』(共著, 日本貿易振興機構アジア経済研究所, 2016 年), 『ロヒンギャ危機：「民族浄化」の真相』(中央公論新社, 2021 年), 『ミャンマー現代史』(岩波書店, 2022 年).

＊永井史男 (ながい　ふみお) [はじめに, 第9章]

1965 年生まれ.

京都大学大学院法学研究科博士後期課程単位取得退学, 修士 (法学).

現在, 大阪公立大学大学院法学研究科教授.

主要業績

『自治体間連携の国際比較：平成の大合併を超えて』(共編著, ミネルヴァ書房, 2010 年), 『変わりゆく東南アジアの地方自治』(共編著, 日本貿易振興機構アジア経済研究所, 2012 年), 『東南アジアにおける地方ガバナンスの計量分析：タイ, フィリピン, インドネシアの地方エリートサーベイから』(共編著, 晃洋書房, 2019 年).

＊河野元子 (かわの　もとこ) [はじめに, 第13章]

京都大学大学院アジア・アフリカ地域研究研究科修了, 博士 (地域研究).

現在, 京都大学東南アジア地域研究研究所連携准教授.

主要業績

『国家と経済発展』(分担執筆, 東洋経済新報社, 2010), *Southeast Asia Beyond Crises and Traps : Economic Growth and Upgrading* (共編著, Palgrave Macmillan, 2017, 『東南アジアにおける国家のリスケーリング：都市研究と地域研究の対話』(分担執筆, ミネルヴァ書房, 2024).

森下明子 (もりした　あきこ) [第1章]

1977 年生まれ.

京都大学大学院アジア・アフリカ地域研究研究科修了, 博士 (地域研究).

現在, 同志社大学法学部准教授.

主要業績

『天然資源をめぐる政治と暴力：現代インドネシアの地方政治』(京都大学学術出版会, 2015 年), *States and Societies in Motion* (分担執筆, NIAS Press, 2020), 『2019 年インドネシアの選挙』(分担執筆, 日本貿易振興機構アジア経済研究所, 2020 年).

左右田直規（そうだ　なおき）[第2章]

1969 年生まれ.

京都大学大学院人間・環境学研究科博士後期課程研究指導認定退学，博士（地域研究）.

現在，東京外国語大学大学院総合国際学研究院教授.

主要業績

『東南アジアのイスラーム』（分担執筆，東京外国語大学出版会，2012 年），『歴史の生成：叙述と沈黙のヒストリオグラフィ』（分担執筆，京都大学学術出版会，2018 年），*Conceptualizing the Malay World: Colonialism and Pan-Malay Identity in Malaya*（Kyoto University Press & Trans Pacific Press, 2020）.

日向伸介（ひなた　しんすけ）[第3章]

1982 年生まれ.

京都大学大学院アジア・アフリカ地域研究研究科修了，博士（地域研究）.

現在，大阪大学大学院人文学研究科准教授.

主要業績

「ラーマ7世王治世期のバンコク国立博物館に関する一考察：ダムロン親王の役割に着目して」（『東南アジア：歴史と文化』41, 2012 年），『東南アジアと「LGBT」の政治：性的少数者をめぐって何が争われているのか』（分担執筆，明石書店，2021 年），『現代東南アジアにおけるラーマーヤナ演劇』（分担執筆，めこん，2022 年）.

櫻田智恵（さくらだ　ちえ）[第4章]

1986 年生まれ.

京都大学大学院アジア・アフリカ地域研究研究科修了，博士（地域研究）.

現在，上智大学総合グローバル学部助教.

主要業績

『タイ国王を支えた人々：プーミポン国王の行幸と映画を巡る奮闘記』（風響社，2018 年），『現代世界の陛下たち：デモクラシーと王室・皇室』分担執筆，ミネルヴァ書房，2018 年，『国王奉迎のタイ現代史：プーミポンの行幸とその映画』（ミネルヴァ書房，2023 年）.

圓入智仁（えんにゅう　ともひと）[第5章]

1977 年生まれ.

九州大学大学院人間環境学府博士後期課程単位取得退学，博士（教育学）.

現在，中村学園大学教育学部教授.

主要業績

『海洋少年団の組織と活動：戦前の社会教育実践史』（九州大学出版会，2011 年），『子どもの虐待と学校：新しい教育福祉論』（櫂歌書房，2013 年），『社会教育における防災教育の展開』（分担執筆，大学教育出版，2018 年）.

鬼丸武士（おにまる　たけし）[第7章]
1973年生まれ.
京都大学大学院アジア・アフリカ地域研究研究科修了, 博士（地域研究）.
現在, 九州大学大学院比較社会文化研究院教授.

主要業績

『上海「ヌーラン」事件の闇：戦間期アジアにおける地下活動のネットワークとイギリス政治情報警察』（書籍工房早山, 2014年）, *Emerging States and Economies : Their Origins, Drivers, and Challenges Ahead*（分担執筆, Springer, 2016）, *Changing Dynamics and Mechanism of Maritime Asia in Comparative Perspectives*（分担執筆, Palgrave Macmillan, 2022）.

ヴィエンラット・ネーティポー（Viengrat Nethipo）[第8章]
京都大学大学院法学研究科単位取得退学, 博士（地域研究）.
現在, チュラーロンコーン大学政治学部准教授.

主要業績

After the Coup : The National Council for Peach and Order Era and the Future of Thailand（分担執筆, ISEAS Yusof Ishak Institute, 2019）, "The Roles of Thailand's City Municipalities in the COVID-19 Crisis."（*Contemporary Southeast Asia*, 43 (1), 2021）.

シリパン・ノックスワン・サワディー（Siripan Nogsuan Sawasdee）[第10章]
京都大学大学院アジア・アフリカ地域研究研究科修了, 博士（地域研究）.
現在, チュラーロンコーン大学政治学部教授.

主要業績

"A Tale of Two Hybrid Regimes : A Study of Cabinets and Parliaments in Indonesia and Thailand"（*Japanese Journal of Political Science*, 19 (2), 2018）, "Breaking Bonds : Voter-Party Linkages in Thailand's 2023 General Election"（*Contemporary Southeast Asia.* 45 (3), 2023）.

宮田敏之（みやた　としゆき）[第11章]
1963年生まれ.
京都大学大学院人間・環境学研究科博士後期課程研究指導認定退学, 博士（地域研究）.
現在, 東京外国語大学大学院総合国際学研究院教授.

主要業績

『「大分岐」を超えて：アジアからみた19世紀論再考』（分担執筆, ミネルヴァ書房, 2018年）, 「タイの稲作とコメ輸出の現状と課題」（『農業』（大日本農会）1687, 2022年）, *An Illustrious Heritage : The History of Tan Tock Seng and Family*（分担執筆, World Scientific, 2022）.

船津 鶴代 (ふなつ　つるよ) [第12章]

1966 年生まれ.

東京大学人文社会研究科博士後期課程単位取得退学.

現在, 日本貿易振興機構アジア経済研究所主任研究員.

主要業績

『タイ政治・行政の変革：1991 年〜2006 年』（共編著, アジア経済研究所, 2008 年）, 「タイ立憲革命期の華人新興企業家と官僚：サイアム商業会議所創設メンバーの政治・経済活動の分析」（『アジア経済』58-1, 2017 年）, *Origins and Evolution of Environmental Policies : State, Time and Regional Experiences*（共編著, Edward and Elgar. 2021）.

シリーズ 転換期の国際政治 23

東南アジア政治へのアプローチ
——君主制・統治・社会経済——

2025年3月30日　初版第1刷発行　　＊定価はカバーに
　　　　　　　　　　　　　　　　　　表示してあります

　　　　　　　　　　　　中　西　嘉　宏
編著者　　　　　　　　永　井　史　男　ⓒ
　　　　　　　　　　　　河　野　元　子

発行者　　　　萩　原　淳　平

印刷者　　　　藤　森　英　夫

発行所　株式会社　晃　洋　書　房

〒615-0026　京都市右京区西院北矢掛町7番地
電話　075 (312) 0788番代
振替口座　01040-6-32280

装丁　尾崎閑也　　　　印刷・製本　亜細亜印刷㈱

ISBN978-4-7710-3935-3

JCOPY　〈(社)出版者著作権管理機構 委託出版物〉
本書の無断複写は著作権法上での例外を除き禁じられています.
複写される場合は，そのつど事前に，(社)出版者著作権管理機構
(電話 03-5244-5088, FAX 03-5244-5089, e-mail:info@jcopy.or.jp)
の許諾を得てください.

月村 太郎 編著
紛 争 後 社 会 と 和 解
——ボスニアにおける国家建設——

A 5 判 208 頁
定価 4,180 円（税込）

髙岡 豊 著
シ リ ア 紛 争 と 民 兵

A 5 判 174 頁
定価 3,520 円（税込）

芝崎 厚士 著
グ ロ ー バ ル 関 係 の 思 想 史
——万有連関の世界認識研究へ——

A 5 判 328 頁
定価 5,060 円（税込）

小阪 真也 著
国 際 刑 事 法 廷 の「遺 産」
——「積極的補完性」の軌跡と展開——

A 5 判 184 頁
定価 3,850 円（税込）

外山 文子・小山田 英治 編著
東南アジアにおける汚職取締の政治学

A 5 判 368 頁
定価 5,280 円（税込）

吉田 仁美 編著
グ ロ ー バ ル 時 代 の 人 権 保 障

A 5 判 310 頁
定価 4,180 円（税込）

五十嵐 美華 著
人 権 保 障 と 地 域 国 際 機 構
——アフリカ連合の役割と可能性——

A 5 判 130 頁
定価 2,860 円（税込）

宇佐見 耕一 編著
ラテンアメリカと国際人権レジーム
——先住民・移民・女性・高齢者の人権はいかに守られるのか？——

A 5 判 198 頁
定価 2,970 円（税込）

吉留 公太 著
ド イ ツ 統 一 と ア メ リ カ 外 交

A 5 判 550 頁
定価 9,900 円（税込）

林田 秀樹 編著
アブラヤシ農園問題の研究Ⅰ【グローバル編】
——東南アジアにみる地球的課題を考える——

A 5 判 318 頁
定価 4,180 円（税込）

林田 秀樹 編著
アブラヤシ農園問題の研究Ⅱ【ローカル編】
——農園開発と地域社会の構造変化を追う——

A 5 判 316 頁
定価 4,180 円（税込）

晃 洋 書 房